U0433424

The Entrepreneurial Mindset

Strategies for
Continuously Creating Opportunity
in an Age of Uncertainty

创业思维

在不确定时代
持续创造机会的战略

[英] 丽塔·冈瑟·麦格拉思
Rita Gunther McGrath
[美] 伊恩·麦克米兰
Ian MacMillan
著

蔡地 译

机械工业出版社
CHINA MACHINE PRESS

图书在版编目（CIP）数据

创业思维：在不确定时代持续创造机会的战略 /（英）丽塔·冈瑟·麦格拉思（Rita Gunther McGrath），（美）伊恩·麦克米兰（Ian MacMillan）著；蔡地译. -- 北京：机械工业出版社，2021.9（2024.5重印）

书名原文：The Entrepreneurial Mindset: Strategies for Continuously Creating Opportunity in an Age of Uncertainty

ISBN 978-7-111-69086-3

I. ①创… II. ①丽… ②伊… ③蔡… III. ①创业 - 研究 IV. ①F241.4

中国版本图书馆CIP数据核字（2021）第192486号

北京市版权局著作权合同登记　图字：01-2021-2349号。

Rita Gunther McGrath, Ian MacMillan.The Entrepreneurial Mindset: Strategies for Continuously Creating Opportunity in an Age of Uncertainty.

Copyright © 2000 Harvard Business School Press.

Published by arrangement with Harvard Business School Press.

Simplified Chinese Translation Copyright © 2021 by China Machine Press. This edition is authorized for sale in the Chinese mainland (excluding Hong Kong SAR, Macao SAR and Taiwan).

No part of this book may be reproduced or transmitted in any form or by any means, electronic or mechanical, including photocopying, recording or any information storage and retrieval system, without permission, in writing, from the publisher.

All rights reserved.

本书中文简体字版由Harvard Business School Press授权机械工业出版社在中国大陆地区（不包括香港、澳门特别行政区及台湾地区）独家出版发行。未经出版者书面许可，不得以任何方式抄袭、复制或节录本书中的任何部分。

创业思维：在不确定时代持续创造机会的战略

出版发行：机械工业出版社（北京市西城区百万庄大街22号　邮政编码：100037）

责任编辑：吴亚军　　　　　　　　　　　　责任校对：殷　虹

印　　刷：固安县铭成印刷有限公司　　　　版　　次：2024年5月第1版第2次印刷

开　　本：170mm×230mm　1/16　　　　印　　张：18.75

书　　号：ISBN 978-7-111-69086-3　　　　定　　价：79.00元

客服电话：（010）88361066　88379833　68326294

版权所有·侵权必究
封底无防伪标均为盗版

前 言

本书的实践启示源于我们对以下几个方面的总结：①我们自身积累的创业经验；②我们在创业领域所进行的学术研究；③我们面向商业组织和创业者所开展的教学以及与他们共同工作的经历，这些教学和工作经历可以帮助商业组织应对不确定性，帮助创业者创立和发展企业。麦克米兰对创业的早期兴趣源于他身为一名创业者的经历。当时，他与约翰·福吉特（John Foggitt）合作，创建了一家基于新概念的全球旅游公司。麦格拉思也曾是一名创业者，她先是创立了一家政策咨询公司，然后又创建了一种名为"Unworried Words"的商业原型，这种商业模式类似于金考公司（Kinkos）快印业务的运营模式。尽管这两次创业都是很好的学习经历，但事实证明，它们都没有足够的吸引力让人愿意长期坚持下去。在关闭这些企业后，麦格拉思开始了自己的学术生涯，在信息技术设计领域寻求令人兴奋的机会。

我们认为，读者可能会对本书中一些观点的起源感兴趣。因为本书的主要观点——假如用正确的方法去看待不确定性，它将会带来巨大的机遇，一直以来都是创业学术研究的核心话题。[1]

第 2 章源于我们讲授创业学和帮助准创业者的经验。我们面临的最持久的挑战之一是让那些想成为创业者的人确信他们提出的创业想法是有价值的。选择任何过时的创业项目，都将不可避免地带来一些看似可行但实际上很没前途的业务（如遛狗服务）。因此，我们会要求他们认真思考与在大公司工作的机会相比更有价值的经营理念。认真做好这一步能够帮助准创业者轻而易举地把那些没有足够利润空间的想法剔除掉，取而代之的是那些在一开始就具备足够的商业化潜力，并能以有价值的方式为公司做出贡献的业务。这就是我们所说的创建业务框架。

在第 3 章和第 4 章中，我们将从新的角度审视现有的产品和服务。我们从实地调查中获得了广泛的材料，并从中分析出了独立创业者和寻求公司创业项目的职业经理人的机会识别模式。我们有幸与花旗银行（Citibank，现在是花旗集团）、丘博（Chubb）及旗下的子公司、美国再保险公司（American Reinsurance）、杜邦公司（DuPont）和其他一些公司合作，这些公司向我们展示了新的机会是如何出现的，以及如何将这些机会作为新业务模式的基础。[2] 我们所说的业务模式，指的是一个企业组织资源，将其转化为有价值的产出，并让顾客为其付费的方式。换句话说，业务模式就是如何设计业务来产生利润。

第 5 章源于我们与知名公司管理者所进行的合作研究。通过此类研究，我们试图了解这些公司的竞争领域并找出它们可能错过的具有突破性的机会。这项工作在很大程度上得益于麦格拉思对实物期权推理的浓厚兴趣，这是一种在不确定条件下制定战略的方法。正如它的名字所暗示的那样，新业务在开始时往往是一种"期权"——一种小型的、不确定的投资，后来被证明值得进一步投资。因此，早期的试验可能在以后非常重要。默克（Merck）、松下（Matsushita，后统一更名为Panasonic）和杜邦等跨国公司就已将新技术作为期权进行评估。最近，杜邦公司赞助了一项由麦格拉思担任首席研究员的合作项目，并得出结论：这种方法为杜邦公司提供了一种探索机遇的新方法。[3]

第 6 章和第 11 章主要是基于麦格拉思博士论文的研究，其中涉及广泛的实地调查和对新业务的调查分析，包括新产品、新技术，或由知名公司开拓的新市场。第 11 章中介绍的工具已被用于诊断上千个具有战略重要性的新业务开发项目的进展情况，这些项目的管理者都参与了我们的高管教育和研究项目。[4]

第 7 章和第 8 章主要呈现了以下两个方面的内容：①我们在公司业务方案组合方面的见解；②实现战略聚焦以及在有吸引力的项目之间进行权衡的重要性。这两章主要源于我们对许多公司及其创业计划的观察。这些观察源自麦克米兰参与 4 年的通用电气精进项目，以及他与通用电气克劳顿管理学院的管理者 10 多年来的密切交流。我们还借鉴了一些战略领域早期的实证研究，采用统计方法来验证战略竞争领域的普遍假设。例如，早期的一篇文章挑战了人们普遍持有的观点：在著名的波士顿咨询公司的市场增长率 – 相对市场份额矩阵中，被归为"瘦狗类"的业务本质上是无利可图的。[5]

新市场进入策略是第9章的重点，其在麦克米兰的竞争动力学研究成果中占据了相当大的一部分，是他在20世纪80年代末研究的一个主要方向，那时即使对最保守的企业管理者来说，过度竞争的影响也开始变得明显起来。于是，麦格拉思开始将传统的竞争动力学理念应用到高度不确定的商业环境中。[6]

第10章介绍了探索驱动计划，这是我们设计的一种方法，用来帮助管理者在高度不确定的情况下制订计划。这一概念源自与泽纳斯·布洛克（Zenas Block）之间的合作，他是麦克米兰一些作品的合著者，也是一位多元创业者（multiple-venture entrepreneur）。探索驱动计划的概念与传统的战略计划有很大不同，但同样受到严格的约束。它背后的概念是从布洛克、麦克米兰与习惯性创业者合作的经验中提炼出来的，习惯性创业者是那些习惯于发现和利用由不确定性带来的商机的人。麦格拉思和麦克米兰在《哈佛商业评论》上联合发表过几篇文章，其中，第一篇就是关于探索驱动计划的。这种方法现在正被诸如英特尔、惠普、福陆丹尼尔、松下、索尼拉等公司积极采用。[7]

第12章主要介绍了创业领导力实践的精华，这是对大量实地工作所进行的提炼和总结。我们先比较了公司创业部门经理的行为。在类似情况下，有些管理者取得了巨大的成功，而另一些却碌碌无为，无法为公司创造新的商业机会。后面的内容借鉴了我们在公司创业领域的研究成果，比如我们在20世纪90年代初参与的Citiventures项目。[8]我们建议读者酌情参考我们在本书中所使用和开创的其他研究成果。

在本书中，我们提供了很多图表，读者可以根据这些图表进行评分并得出结论。这些材料均基于大量的理论和实证研究。然而，读者应该意识到，我们建议管理者利用这些信息来做决策的方式不应该与纯粹经验主义的方法相混淆。出于必要的考虑，我们简化了工具，并省略了用于评估偏差、可靠性和普遍性的附加变量，以帮助读者对"大致正确"的解决方案持有一些洞见。

下面的内容较为全面地描述了本书与有关战略方面的学术观点之间的契合之处。

不确定性下的战略管理理论

在不确定情境下开展计划和领导工作，这是所有管理者在日常工作中都要面对的普遍问题，但这些问题并不总是战略管理理论的核心。例如，新古典主义经济学家通过专注于寻求实现均衡的条件，巧妙地解决了破坏性变革的问题。20世纪40~50年代，战略管理学者从新古典主义传统中汲取灵感，试图找出有规律的模式，以便进行理论预测。

结构-行为-绩效范式是被较早采用的一个框架模式，且时至今日仍然有用。它的基本论点是，某些市场结构，如跨区域的市场，需要特定的组织来响应（比如创建一个多部门或多事业部制的公司，相比于中央集权制的官僚组织架构，这些部门被赋予了更大的自由裁量权）。在这种市场结构下，公司管理层采取适当的行为将带来更高的绩效。结构-行为-绩效范式中的不确定性主要与确定竞争环境下的哪些特征值得关注有关，而这些特征本身的变化是相当缓慢和罕见的。[a] 因此，相关的战略也就相对稳定。[b]

1980年，迈克尔·波特的《竞争战略》出版，这本书不但给我们带来了极具实践价值的五力模型，也极大地影响了上述观点。[c] 书中重点关注了相对稳定的竞争环境的特征，以及如何利用这些特征对人产生有利的影响。例如，一个战略家可能会研究如何设置进入壁垒来限制竞争。同时，战略顾问也开始探索相对稳定的行业结构的现实意义，并开发相应的工具来帮助管理者识别竞争环境的主要特征，以便做出明智的选择。比如，从这个时期开始，有关市场份额和盈利能力之间的紧密联系被发现，这影响了许多管理者去寻找具有高增长性，并能占据较大市场份额的潜力业务。[d]

与这种思路平行的另一种战略观点则强调企业的内部能力。这种观点关注的重点是变化、演变和路径依赖的发展，而不是稳定性；是内部资源，而不是环境或竞争特点。[e] 先驱经济学家理查德·R.纳尔逊和西德尼·G.温特在1982年提出的进化经济学的概念，成了这一战略体系的一部分。他们的观点之一是，公司在经营过程中会形成习惯性的路径依赖，这些惯例有价值，但很难改变。在这一假设下，不确定性就成了主要挑战，因为最佳的资源组合可能只有在事后才会变得清晰。从这个角度得出的结论是：适应性、打造新能力、学习才是战略管理的重要组成部分。[f]

在创业思维研究中，不确定性、个人特质和意外总是占据显著位置。[g]在全新的要素资源组合下，不确定性被认为是通过创建新的生产性资源组合来获取利润的关键，因为利润来自创业者对别人无法察觉的机会的感知，然后对这些机会加以投资利用。[h]此外，那些新业务模式也极有可能取代那些效率低下的旧模式，正如约瑟夫·熊彼特（Joseph Schumpeter）提出的著名的"创造性破坏理论"（gales of creative destruction）中描述的那样。[i]

导致行业和公司战略不稳定的因素（全球化、放松管制、技术变革、信息强度等）如今已为人熟知，并迫使管理者不断应对这种快速的、意想不到的变化，而这种变化长期以来一直是创业理论的核心。因此，我们认为现在正是将创业精神和战略管理进行融合的新时机。未来，成功的战略家将利用创业思维，将旧模式的优点与即使在高度不确定情境下也能迅速感知、行动和组织的能力相融合。[j]

注释

a. Bain (1959); Chandler (1962).

b. Miles and Snow (1978).

c. Porter (1980); Porter (1985); Porter (1990).

d. 其中，最著名的框架是波士顿咨询集团的产品组合矩阵，它利用对经验曲线效应和行业增长模式的洞见来为投资组合及决策提供信息 (Henderson, 1980)。

e. Selznick (1947); Penrose (1959); Nelson and Winter (1982); Wernerfelt (1984); Barney (1991); Dierickx and Cool (1989); Amit and Schoemaker (1993); Teece, Pisano and Shuen (1997).

f. March (1991); Levitt and March (1988); Levinthal and March (1993); Cohen and Levinthal (1990); Cohen and Levinthal (1994); Levinthal (1997); Henderson and Cockburn (1994); Leonard-Barton (1992).

g. 事实上，Hebert 和 Link（1988）研究发现，"创业者"一词最早出现在理查德·坎蒂隆（Richard Cantillon）的著作中，他在 1755 年用这个词来描述那些"面对不确定性进行商业判断"的人。

h. Knight (1921); Schumpeter (1950); Kirzner (1997); see also Rumelt (1987); Venkataraman (1997).

i. Schumpeter (1950).

j. McGrath (forthcoming); see also Brown and Eisenhardt (1998); Christensen (1997); and Slywotzky and Morison (1997) for other books that are consistent with this point of view.

目录

前言

第1章 需求：一套创业思维体系 1
  定义习惯性创业者的特征 3
  创业战略要领 4
  定向探索 6

第2章 框定挑战 8
  设定挑战性目标 10
  建立创业框架 11
  创建机会清单 15
  行动要领 17

第3章 打造轰动性的产品和服务 18
  使用属性映射图来评估顾客态度 20
  创造轰动性设计 28
  行动要领 37

第 4 章 重新差异化产品和服务 39

情境问答 40

消费链分析 45

行动要领 62

第 5 章 颠覆游戏规则 63

寻找新的细分市场 64

发现重组市场的机会 71

行动要领 84

第 6 章 打造突破性的能力 86

达成关键比率 87

评估并发展能力 96

为能力打造创造条件 99

行动要领 102

第 7 章 选择竞争领域 103

描绘你的竞争形势 104

面向未来分层映射以实现聚焦 114

你在公司里担任什么职务 120

行动要领 126

第 8 章 搭建机会组合 127

理解实物期权推理 128

　　　　　　理解替代方案：直接启动 133

　　　　　　考虑市场和技术的不确定性 134

　　　　　　启动 138

　　　　　　让战略方向指引资源配置 139

　　　　　　在同一类别中选择项目时，使用竞争绝缘 144

　　　　　　行动要领 148

第 9 章　选择并执行进入策略 149

　　　　　　从零销售到"首次五连发" 150

　　　　　　评估竞争反应 153

　　　　　　竞争性卷入 156

　　　　　　带着竞争意识设计进入策略 164

　　　　　　行动要领 173

第 10 章　让探索驱动计划发挥作用 174

　　　　　　为什么是探索驱动计划 175

　　　　　　假设 / 知识比率 176

　　　　　　探索驱动计划的准则 178

　　　　　　创建一个探索驱动计划：花王的创业项目 186

　　　　　　行动要领 201

第 11 章　管理结果不确定的项目 202

　　　　　　为不确定的项目制定先行指标 203

　　　　　　诊断你的项目进程 206

解释数据并利用数据制订行动计划 221

行动要领 226

第 12 章 最重要的工作：创业领导力 227

营造工作氛围 229

精心编排 233

亲自动手 241

时刻把准脉搏 250

管理失败 252

关键问题小结 254

第 13 章 创业优势：探索即战略 256

以创业思维进行管理的核心准则 258

积极的一面 261

译后记 262

注释 264

参考文献 276

The Entrepreneurial Mindset

第1章
需求：一套创业思维体系 01

现如今，随手拿起一本商业书籍，都会不可避免地读到关于竞争日益激烈和技术变化不断加剧的内容。这些描述让人感觉到在日常管理工作中，不确定性已无处不在。这似乎已不是什么新鲜事。但在本书中，我们希望为读者提供一套全新的思维方式。一旦建立了这套思维方式，就能够对不确定性加以利用并获得好处，最终将不确定性转化成为自身的优势。当你习惯运用这套创业思维之后，便能够不断地识别出那些既蕴含不确定性，同时又潜力巨大的商业机会，并迅速、果断地对其加以利用。不确定性将成为你的盟友而非敌人。

本书所介绍的这套创业思维与其他商业书籍相比有三点不同。第一，成功的创业者都是行动导向的。因此，本书的每一章都旨在为读者提供能够即刻实践的点子，不论你所面临的外部环境是否存在不确定性。第二，我们尽可能采用通俗易懂的语言描述理论概念。因为当你快速阅读时，复杂的语言可能会导致理解上的混乱并拖累你的阅读进度。对于一个成功的创业领导者而言，其很大一部分工作就是将复杂的问题简单化，使同事能够满怀信心地采取行动。这本书中讲述的技巧已经帮助很多之前的读者增强了信心，我们相信它们也会对你有所帮助。第三，这本书旨在与你一起成长。我们先从简单的部分开始，然后随着阅读的推进逐步增加挑战的难度。

那么，如何才能确定你已经具备了创业思维呢？关键在于你是否能像我们称为"习惯性创业者"（habitual entrepreneurs）的翘楚人物一样思考和行动。习惯性创业者以创业为职业，他们中有的人从成熟的现存企业中孵化新项目，有的人则独立培育新企业。但是，他们有一个明确的共同点：从不确定性中创造机会。

本书提炼了我们对习惯性创业者的观察结果，旨在向你展示他们如何思考，如何行动以及他们究竟有哪些不凡之处。习惯性创业者不回避不确定性，相反，他们会想方设法对其加以利用，他们会将别人认为复杂的地方化繁为简，会积极承担可预测的风险并从中学习。他们意识到当机会稍纵即逝时，行动缓慢比判断错误所付出的代价更为高昂。因此，他们会先去寻找"大致正确"的解决方案，而不是追求一个"完美无瑕"但耗时漫长的答案。[1] 这类特殊的群体可以为你提供丰富的洞见和经验。[2] 无论你是一名经理、一名高管，还是一名创业者，我们相信你都可以从习惯性创业者那里学到很多东西。通过这本书，我们还将向你展示如何将这些想法应用到你的领域（domain），无论你负责的是一个部门、一个单位，还是整个企业——不管这个企业是大是小,是否为你所拥有。在接下来的章节里,我们将把这个领域(domain)称为你的企业或组织。

定义习惯性创业者的特征

习惯性创业者具有以下五个特征。

1. 他们总是充满热情地寻找新的机会。习惯性创业者会时刻保持警惕,他们总是在寻找机会,以从业务运作方式的变化和颠覆中获利。每当创造出全新的业务模式(business model)时,他们的影响力也随之增长到顶峰。新的业务模式会颠覆收入的来源、成本的构成和运营的方式,有时甚至会影响整个行业。互联网作为一种新兴商业媒介,能催生出大量令人眼花缭乱的高估值公司的原因,正是在于投资者意识到它具有在经济生活的各个方面推动盈利模式转型的潜力。

2. 他们在追求机会的同时遵循严格的行动准则。习惯性创业者不仅需要敏锐地发现机会,更要确保能够针对机会采取行动。他们中的大多数都有一个属于个人的投资机会清单,他们会经常回顾这个清单,但只有在条件允许时才采取行动。除非竞争领域极具吸引力且时机成熟,否则他们不会真正出手进行投资。

3. 他们绝不会随波逐流地去追逐每一个可能的风口,并因此耗尽自己和组织有限的精力。相反,他们只追求极少数最好的机会。尽管许多习惯性创业者都很富有,但那些最成功的创业者依然会严格限制自己所关注的项目的数量。在不同的发展阶段,他们会选择经过严格筛选的机会组合。这些项目的选择与他们的既定战略紧密地联系在一起,避免了精力的过度分散。

4. 他们聚焦于执行——特别是适应性执行。执行和适应性这两方面同等重要。具有创业思维的人会采取行动,而不是反复地分析一个新想法,最终不了了之。但与此同时,他们也能随机应变,每当有新机会或新的最优路径出现时,他们总能及时地调整方向。

5. 他们会从身边的每个人身上汲取其专业能量。习惯性创业者在寻找机会的过程中会借助很多人的力量,包括组织内和组织外的。他们会建立和维持一张关系网,而不是单打独斗。他们会充分利用人们提供的智慧和其他资源,也会帮助这些人实现他们的目标。

创业战略要领

基于多年的观察和总结，我们将创业战略的基本框架提炼出来，用以指导本书内容的组织及写作。接下来，我们将简要介绍这些组成部分，并在图1-1中进行总结。

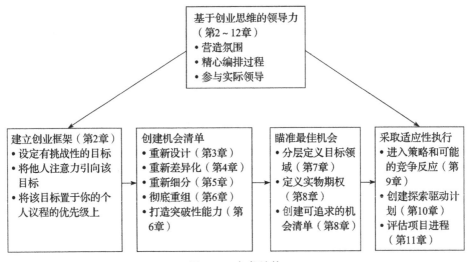

图 1-1　本书结构

建立创业框架

建立创业框架的基本目标是要先定义一个标准，这个标准框定了你将去追求怎样的商业机会。要做到这一点就要明确你的挑战目标，即明确这种商业机会能够为你的业务增加多少价值。这么做不仅是为了增加利润，更是为了提高盈利能力。换言之，你的目标应该是进入利润率和利润额都比现在更高的行业。实现的诀窍是提出现实但具有挑战性的目标。你所追求的不仅仅是可能性，更是对可能性的延伸。我们将在第2章中向你介绍应该如何开展这项工作。

创建机会清单

我们将会描述为企业创建机会清单的相关技巧。机会清单就像是习惯性创业者用来储存商业机会的仓库，它列出了改进甚至彻底颠覆当前业务模式的想法，或是进入全新机会空间的可能性。正因如此，这个清单不可能一成不变，它注定是一个需要你持续不断修正和打磨的东西。接下来，我们将描述捕获五类机会的技巧，这些技巧都是在实践中被应用过的。

◇ 重新设计产品或服务（使用一种称为属性映射的方法，见第 3 章）。

◇ 重新差异化产品或服务（使用消费链分析和问答的方法，见第 4 章）。

◇ 重新细分市场（行为细分，见第 5 章）。

◇ 彻底重组市场（改变当前市场的边界，见第 5 章）。

◇ 打造突破性能力，或者开发具有竞争优势的领域，从而获得全新的竞争优势（见第 6 章）。

瞄准最佳机会

有了完善的机会清单之后，你的下一个挑战就是挑选那些最佳机会并付诸实践。这需要你做出取舍，有时可能会很艰难，但为了避免让你和组织的资源过于分散，这么做是至关重要的。我们将向你展示如何建立你的战略，并构建与之匹配且能给予支持的业务机会组合。第 7 章介绍了如何通过分层映射来划定你感兴趣的目标竞争领域。

第 8 章介绍了如何将实物期权推理应用于不同的机会。期权推理是创业投资模式的关键，因为它允许你在保留上涨潜力的同时，控制下跌可能带来的损失。我们将向你展示不同类型的期权在你面临技术不确定性、市场不确定性或它们的各种组合时是多么有用，并就如何管理不同类型的期权向你提供建议，以期为你带来最大限度的战略利益。

采取适应性执行

一旦确定了瞄准领域，你的下一个挑战就是适应性执行。请注意，适应性执行在这里指的是在抓住机会的同时,避免成为高度不确定性的牺牲品。核心关注点是新的和不断变化的业务模式所带来的新的顾客、竞争对手和能力。这些变化将迫使你接受更高频的共识和知识演变,有些频率之高将远远超出你原先熟悉的范畴。本书这一部分的章节将向你展示最大的危险所在,并描述可以用来避免这些危险的技巧。

在第9章中,我们描述了进入市场所需要考虑的重要因素。我们首先分析了你应该先瞄准哪些细分市场,并进一步考虑竞争反应。其次,考虑到计划永远赶不上变化,我们将向你介绍一种做计划的技巧,即便在无法准确预测结果的时候,这种技巧也同样适用。这种方法将使你在真正的机会浮现时,能够及时调整行动方针。第10章详细讨论了这种探索驱动的计划方法。

最后,我们会讨论如何评价你对新创业方案的投资是否真正产生了竞争优势的问题。第11章描述了一个简单的诊断工具,它基于一组调查,可以帮助你做出判断。

创业领导力实践

本书的最后一部分关注你在一个组织中作为创业领导者的角色。在第12章中,我们将向你展示领导者如何去营造一种人人都能乐在其中的氛围,这种氛围将让你的同事每天一上班就迫不及待地想要帮助你继续发现重组业务模式的方法,并持续在不确定性中创造优势。

第13章是对本书的一个简要总结。在这一章中,我们将关注创业者世界和战略家世界之间不断扩大的交集,最终形成本书的完整闭环。

定向探索

我们推荐的技巧风险很低。我们特别提醒你,不要仓促地采取那些成本高昂又容易导致士气低落的行动,例如裁员、重建、重组或引入其他可能带来系统性创伤的变革。当然,你最终可能会发现这些行动中的某一个或一些是必要的,但它们不是我们关注的重点。我们的理念的核心是指导定向的探索,为不确定的未来规划方向,并随着现实的发展随时调整。

这需要快速反应能力和洞察力。我们需要速度，因为机会是稍纵即逝的；我们需要洞察力，因为我们必须根据不充分的、粗略的信息采取行动。只有重视速度并不断产生新洞见的组织才有可能在当前激烈的竞争环境下成长为一个强有力的竞争者。

我们希望这本书能给你一些直接的收获，书中有一些观点能够快速有效地投入实践，另一些好的想法可能需要你在遇到具体情况时重新回顾本书。当你阅读这些章节时，你会逐渐意识到你的企业所面临的重大机遇，这些机遇可以构成你的企业的突破战略的真正基石。

在一个充满不确定性的世界里，我们的指导思想是：主动承担。如果没有人知道未来会是怎样的，那么你关于如何驾驭未来的愿景就和别人一样好。未来同样可能属于你。

第 2 章
框定挑战

建立创业思维的第一个目标是确保你已经清晰地确立了值得为之努力的业务目标。这套思维模式必须推动你和你的团队追求真正有意义的创业行动，而不仅仅是渐进式的改良。换句话说，对于企业真正有意义的是利润和盈利能力的显著增长，而你的所作所为必须以此为目标。这似乎显而易见，但请你现在停下来想一想，你和你的同事是否真的清楚你们的努力会带来哪些结果，这些结果又会如何使股东受益？人们对这一基本问题的认识有时会模糊到令人惊讶。这带来了许多负面的后果，比如容易自满，或者只敢寻求渐进式改良，而怯于争取重大胜利。

沃顿小企业发展中心（Wharton Small Business Development Center）每年都会帮助几百名想要创业的准创业者，这里经常会涌现出一些案例，生动地诠释了上文提到的这种模糊的认知。我们给这些想要创业的准创业者的第一个任务，是要求他们从盈利潜力的角度来描述他们的新商业理念。在当今时代，我们通常会看到一些这样的想法，比如在互联网上为纯天然护肤品的消费者创建交流社区。问题是，这种业务模式所带来的风险调整后的预期收益通常还比不上这些准创业者在原先单位拿到的固定收入。我们会强制他们去思考这些想法所带来的利润影响，而不是仅仅关注收入构成，或者那些按部就班取得的自然增长。

接下来，我们会要求这些有抱负的准创业者走出去，寻找那些至少能带来两倍于当前收入的商业机会（当然是指成长起来以后）。有时我们的参与者是来自通用电气、大型银行或保险公司的员工，有时是来自工程或生命科学学院的教授，有时又是拿到高盛（Goldman Sachs）或麦肯锡（McKinsey & Company）工作机会的MBA学生。因此，他们的起点本身就非常高。我们坚持让他们寻找能带来两倍于当前收入的商业机会，只有如此，他们在创业时的付出才有意义。然后，我们会要求他们设计一个能够在两三年内实现这一目标的方案。

结果几乎总是令人振奋的。准创业者会放弃那些容易做的业务，转而去追寻那些可能无法量化，但通常比第一批想法更有趣、更有利可图的创意。为业务需要达到的结果制定一个清晰明确的标准，会激发他们去努力，迫使他们去聚焦，帮助他们坚持下去。请注意，我们其实什么都没做，只是告诉他们这些想法必须要好到什么程度。一旦他们明确了这一点，他们接下来该怎么做就简单多了。

设定挑战性目标

那么,你应该如何开始呢?最好的方式就是仔细观察你的业务当前的表现。问问你自己,如果我要在未来 3～5 年里做一些让自己、老板和企业的投资者都认为是重大胜利的事情,那么我的业务的表现应该是什么样的?这一答案将帮助你建立我们所说的创业框架。这是一个具体的、可衡量的挑战,可以提高你的业务的价值。这个框架会使你和你的合作者聚焦,进而制造一种紧迫感。

创业框架由两部分组成。首先,你要明确新创业项目(到成熟期)至少需要获得多少额外利润才有做的意义。你要紧盯利润增长,而不应只关注销售收入的增长。其次,你还需要明确新机会能够带来的盈利能力(资产回报率或行业普遍认同的其他指标)的提升。如果新项目可能获得的利润比你现有业务的利润还低,那就很难让人感到兴奋,而且也不值得为其投入时间或金钱。当然,这一原则也有例外。当某些颠覆性技术出现的时候,它们带来的重要影响在一开始也许并不那么直观。[1] 详见第 4 章。

请注意,这种思维不仅适用于利润中心的经营管理者。即使你是一个成本中心的经营管理者,你也可以建立一个创业框架。在这种情况下,你要明确指出的是如何显著降低成本并提高资本收益率。

试着进一步提高你的目标,但不要让它变得遥不可及。如果你所在行业的平均利润正以每年 5% 的速度增长,那么期待一项新创业方案的利润达到 10% 的增长速度就是合理的。你要决定哪些是可行的,最关键的事情就是给出一个堪称挑战的数字。作为领导者,你的工作就是设定挑战,在不超越同事能力极限的前提下,将他们推向极限——我们将多次讨论这个主题。

建立一个创业框架可以帮助人们准确地认识到对自己的期望。它还可以激发一种紧迫感,让大家变得更富有创业精神。举个例子,我们与惠普公司(Hewlett-Packard)进行了一些合作,并描绘了惠普公司的框架可能是什么样子。表 2-1 提供了一些基础数据。

表 2-1 惠普公司的挑战框架(基于 1998 年的业绩)

总销售额	470 亿美元
净收入(利润)	29 亿美元
利润率	6.2%[①]

① 数据经四舍五入。

建立创业框架

如表2-1所示,任何一项新业务要想在惠普公司目前的盈利水平上再增加10%的利润(2.9亿美元),其销售额都必须达到50亿美元!没有多少全新的业务能达到如此规模,这意味着惠普公司将不得不通过同时发展多个新业务来实现增长。与此同时,由于惠普公司在一个快速增长的市场中处于有利地位,拥有强大的管理和技术能力,并且能够与其他公司结成强大的联盟,因此,挑战实现如此大的增长对惠普公司来说并非不切实际。

表2-2的练习会让你开始试着为你的业务建立一个可行的框架。这是一个起点,随着你的想法不断深入,你肯定会不断地对其进行补充和完善。这相当于让MBA学生创立一个薪水至少是在华尔街工作的两倍的业务。主要的区别在于,我们要求你事先明确新业务要做到什么程度才算真的有意义。

表2-2 工作表:使创业框架具体化

	当前业绩		预期业绩	
去年的利润	单元格1	200万美元	单元格6=单元格1×110%	220万美元
销售回报(利润率)	单元格2	10%	单元格7=单元格2×105%	10.5%
产生利润所需的收入	单元格3	2 000万美元	单元格8=单元格6/单元格7	2 095万美元
资产回报率	单元格4	15%	单元格9=单元格4×110%	16.5%
产生利润所需的资产	单元格5	1 333万美元	单元格10=单元格6/单元格9	1 333万美元

注:表中数据经四舍五入。

首先找出你所在的组织去年全年的利润,并将其输入单元格1。然后在单元格2中输入同期的销售回报(利润率)。这样你就可以用利润除以销售回报(单元格1/单元格2)来计算产生去年的利润所需的收入,并将结果放入单元格3。接下来,将同期的资产回报率放在单元格4中。再用利润除以资产回报率(单元格1/单元格4),你将计算出产生去年的利润所需的资产,然后把结果填入单元格5。这样,你就拥有了对当前业务模式运行情况的一个基本描述。

下一步就要详细描述为了提高业绩所必须采取的创业行动。第一,请明确你的业务需要带来多少超额利润才能实现令人振奋的商业成果。打个比方,假设利润需要增长10%。那么你只要将单元格1的数字乘以110%就能轻松地计算出这个值,并将其输入单元格6。第二,由于你的新业务应该比你的现有业务盈利水平更高,所以还要请你明确销售增长的水平（应该低于利润增长率）。为了讲清楚，我们假设这个数字是5%。像之前一样，你只要将单元格2的数值乘以105%就能算出这个数，并将其输入单元格7。第三，用单元格6除以单元格7，你就会得出实现该业绩所需的收入是多少，并填入单元格8。第四，你需要明确对资产回报率的增长要求，并用它乘以单元格4的数值，得到单元格9。第五，你可以通过用单元格6除以单元格9来算出最终需要的资产额。

别看这个练习很简单，使用起来却可以产生惊人的效果。如果所有的增长都被限定必须来自新业务，你就可以看到这些新业务需要做到多大的规模（见第9章）。如果你的目标是重构现有业务，这个练习将会让你感受到挑战有多艰巨。具体操作中，你可以询问制造或生产人员资产利用率的提高是否会带来更高的资产回报；你可以请销售和市场团队就如何提高销售收入（并保持盈利能力）发表看法。

当然，脱离目标，仅仅计算一个数字是不够的。要想将这个创业框架变成现实中的实际目标，你需要用它来提供指引，并管理组织中每个人的日常工作。作为领导者，你的指导方针应该简单而直接：人们会关注你所关注的内容，并将这与他们的职业生涯的成功和回报联结在一起。

这里有一条简单的经验法则：如果你不把那些你认为与实现目标相关的事宜放在每次会议、每次谈话、每次绩效考核的前五个问题之列，那么人们很快就会认为，你其实并不怎么在乎这些事。相反，如果你坚持不懈（甚至是枯燥地重复），并坚持落实那些你承诺过的行动，人们很快就会明白你是认真的。这种信念是一个出发点，会动员他们也开始采取行动。

你的创业框架体现了你的战略思考。它能向他人展示你的抱负，让他们了解你的经营方向。一个强有力的框架对那些为你的事业提供资金的人尤其重要，无论他们是风险投资家还是股东。他们会判断你的企业的增值潜力以及你的计划执行力，进而评估你的企业的价值。

到目前为止，我们还没有催你去宣布一个愿景、一桩使命或其他宏观表达。这样做的原因是：为企业提出一个强有力的愿景是一项艰苦、耗时的工作，需要真正的洞察力。如果你刚刚开始在你的组织中建立创业思维，那么最好还是先等一等再去宣布。[2] 仓促地推进这个过程只会得到毫无意义的愿景，这些口号式的愿景只会被挂在墙上，但没有人理会。我们都听过这种陈词滥调，既没有体现出公司的核心能力,也没有反映出公司的真正价值,因而也无法挖掘出公司在创业思维和行动方面的潜力。

亨利·沙赫特(Henry Schacht)和里奇·麦金(Rich McGinn)的例子很好地阐释了不急于推进这个过程以及如何形成创业领导力的智慧。他们在朗讯科技(Lucent Technologies)的发展初期决定花些时间为其理清创业愿景。1995年秋季,沙赫特和麦金被委任负责管理从美国电话电报公司(AT&T)剥离出来的朗讯科技,并将其作为一家独立的公司运营。作为首席执行官和首席运营官,沙赫特和麦金面临着为新公司设立愿景的挑战。相对于AT&T之前的管理团队来说,沙赫特是个外来者。首次公开募股(IPO)定于六个月之后(1996年4月1日)进行。最糟糕的局面来自员工队伍,这14.3万名"惊弓之鸟"都想知道自己的饭碗是否还保得住。那么沙赫特和麦金做了什么呢?沙赫特最近在给麦格拉思的一个班上课时回顾了彼时的局面,他们当时有意决定先不宣布战略和愿景。

我们决定什么也不做。我们对14.3万人说:"回去干活,我们需要一些时间来解决这些问题。到年底之前,我们的大老板AT&T对我们还有利润指标考核。如果我们连这一点都完成不了,那就更别提什么IPO了。"

接下来,我们着手稳定所有涉及的利益相关方。我们迅速组建了一个16人团队并告诉他们:"你们是公司的管理团队。我们要自己弄清楚公司要去哪里,怎么去,而不是从组织外部寻找人才。在事实证明你不行之前,我们先假定你行。"

我们把这16个人带到一个房间,告诉他们:"我们每周一早晨都会在一起,搞清楚我们的价值观和使命是什么。"一开始,当他们手头上有"真正的工作"时,硬把他们拽来开会会激怒他们。会上有很多人迟到,手机响个不停。他们都觉得这件事太蠢了,从一开始就反对这个会议。最终我们不得不外出开会,并禁止使用手机和长时间上厕所。坚持了两个半月之后,整个团队开始变得团结起来。与此同时,卡莉·菲奥莉娜(Carly Fiorina,惠普公司前首席执行官)带领的一个团队为我们设立了行业顶尖公司的标杆,我们希望这个16人团队能够理解那些定义高科技公司业绩标准的度量指标。菲奥莉娜和她的团队在研究过程中不断向16人团队汇报他们的发现。

16人团队清楚地知道朗讯科技是一家身处高增长、高利润行业中的低增长、低利润公司。团队在使命规划工作方面最终给出了一项声明,描述了将朗讯科技打造成一家高业绩的成长型公司的愿景,并由此为股东提供卓越的可持续价值。

为此，菲奥莉娜的标杆或基准团队提供了量化指标，这就是所谓的五个联立方程，为任务声明给出了具体的执行措施。它们提供了目标和业绩之间的关键联系：

1. 在保持世界一流毛利率的同时，将收入增长率从 1% 提高到 17%～19%。
2. 将研发投入从 8% 提高到 11%。
3. 将销售和一般管理费用（SGA）从 27% 降低到 19%。
4. 税率降低 4 个百分点。
5. 将资产回报率（ROA）从 0 提高到 1%。

我们在 IPO 市场上明确表示这些目标是可以实现的。它们是我们的短期业绩任务。然后我们派菲奥莉娜和她的团队去制定一个大致的战略，并由此给出一整套更加翔实的战略声明。到 1996 年年底，我们采取了一项"大致正确"的战略，并在当时进行了第一次适度的组织变革。我们在 1997 年对战略进行了全面的改进，并在当年年底采取了更为稳健的战略，围绕同一批管理层对公司进行了重组。

结果足以被载入史册。投资银行家曾在 1996 年对董事会表示，23 美元/股的开盘价在一开始就会下跌，到年底才能回升至一定的溢价水平，几年后价格才会达到 40 美元/股以上。但实际上，到 1999 年年底，公司的股价已经攀升到 320 美元/股（同比计算），此时距该公司成立才 4 年，距首次公开发行只有 3 年半，公司成为世界上市值最大的六家公司之一。所有五个联立方程的目标都实现了。

同样的人，同样的市场，同样的技术，唯一改变的是我们对自己的期望，没有任何其他的解释可以说明我们的成功。

这里有几点值得注意：如果设定目标的权力在自己手中，人们往往会设定更高的目标并实现它们。脚踏实地的自我设定的目标（标杆或基准）总是比强加的目标更有效。只要给机会，人人都会奋发图强。

正如 16 人团队中的一员在之后的任务设定过程中所说的那样，"我们得到了一生难得的机会，我们需要勇敢坚定地抓住这个机会，然后实现它"。

请注意在朗讯科技的兴起中起到关键作用的那些因素。首先，团队起初并没有一个全面的愿景，而是以一个量化的想法来表达他们的愿望。其次，他们作为一个团队聚在一起，明确业绩的含义，并建立清晰的标准。再次，他们下定决心要超越之前循规蹈矩的表现，变得更有野心。最后，朗讯科技的最终愿景的实现，以及促使其最终成功的领导行为的发生，都需要时间和团队合作。我们将在第 12 章进一步讨论这些话题。就目前而言，你只要记住：在最初设定一个关于目标愿景的清晰蓝图，让它去激发你的创业思维。

创建机会清单

建立创业框架的下一步是确定你的机会清单的具体格式。在这一步，你将列出所有的创业想法，这些想法来自对本书中所提供的技术和洞察方法的应用。

如前所述，创业者的一项典型特质就是能够坚持自己的想法，不随波逐流。未必要马上就开始行动，但也不能忘记初心。要想留住那些时机还不太成熟的好主意，一个简单的方法是创建一个机会清单。机会清单的概念是由一位成功的多元创业者向我们提出的。他的理念是，如果一个人有能力将所有想到的机会都整理出来，那他就不太可能因为没有头绪而丧失下一轮竞争优势，或者错失下一个潜在增长点。将好的想法整理出来并列成清单，这样你就可以经常回顾它们，看看新想法和之前的想法是否能够匹配，实现老想法的时机是否合适，或者当你真正的战略方向变得明确时，对内容进行删减。[3] 这个概念的创立者就把他的想法记在一个定期浏览的索引卡上。

我们喜欢以数据库的形式保存清单，这样比较易于浏览（且不易遗漏）。但这并不意味着它必须很复杂。表 2-3 展示了这样一个模板，不过我们还是希望你与你的同事共同讨论哪种格式最适合你们及你们的业务。不管最终的形式简单还是复杂，重要的是能够有效记录和重新审视团队产生的想法。

表 2-3　一个简单的机会清单

商业概念。商业概念是对放入清单上的想法的一个简短描述。例如，亚马逊（Amazon）最初的商业概念是提供一种基于互联网的服务，允许顾客搜索并订购打折书籍，然后快速送货。此后，该公司将这一概念推广到了其他产品上

相关趋势。如果你发现了可能对某个商业概念有影响的重要趋势（在市场、技术或其他领域），那么请把它记录在这里。关于趋势的数据可以帮助你预测某个特定概念是否可行，或者在何时更具有潜在吸引力。反过来看，关于趋势的数据也可以帮助你确定某些想法是否已经过时。对亚马逊来说，要考虑的趋势可能是能够联网的个人电脑在家庭中的普及率，以及消费者通过互联网购物的意愿。对独立书店来说，这种趋势的负面影响显而易见，它们的业务已经受到了像鲍德斯（Borders）和巴诺（Barnes & Noble）这样的大型连锁书店的威胁——读者通过亚马逊（或连锁书店）购买的每一本书对于本地化的独立书店来说都是潜在的损失

（续）

关键数据。在这里，你应该将概念与数字联系起来，记录更多关于机会的细节。具体来说，就是确定你想要接触的关键细分顾客。对亚马逊来说，关键细分顾客就是那些时间有限，经常使用电脑买书的人，相关数据可能包括图书销售总量和相关区域、图书利润率、各类已售书籍的销售增长率以及无须去书店给顾客带来的价值等。这里的关键不是要部署大量的研究人员来获取信息，而是要有一个地方来存放你发现的所有重要信息

障碍和壁垒。在这里你可以记录那些阻碍你抓住机会的因素。除非打破某些壁垒，否则一些伟大的想法是无法产生的。这些壁垒可能是技术、市场、监管相关的，甚至是与公司政策相关的障碍。例如，许多专家认为，除非同时打破诸如处理器速度、带宽和技术成本等几个障碍，否则互联网将无法充分发挥其作为大众媒体的潜力。当你遇到这些障碍时，把它们记录下来是很重要的，因为通常需要进行一些投资才能消除它们（障碍和壁垒将在第5章进一步讨论）

公司定位。在这里，你要记下你的公司所拥有的任何特殊能力、技能或资源，这些东西可能使你的商业概念格外具有吸引力或防御性（参见第6章）

竞争。你需要记录可能的相关竞争对手和他们可能对你的想法的反应。众所周知的、有吸引力的机会往往对很多公司都有吸引力，这也意味着这些机会有可能并没有看上去那么好（参见第8章和第10章）

来源。在这个地方，你要记下获得所有信息的来源，你可能需要再次访问这些来源，或者利用它们来验证你手头的信息。这些来源可能是出版物、网站或个人

类型。你需要明确并记录下你正在追求的机会类型。正如我们在本书后面会讲到的，机会通常分成两类：竞争领域构建型（将你带入一个新的竞争环境中）或模式转换型（旨在重构当前竞争环境下的业务模式）

时机。在这里，你需要考虑一下时机。是直接推出一个产品，还是先投资一个定位期权，或者侦察兵期权，抑或踏脚石期权？在本书后面的章节，我们将对如何确定最优期权提供指导

关于命名的一些建议如下：在整个数据库中，尽可能为特定的概念、机会和壁垒选择一致的名称。这将使在寻求机会时的数据筛选变得容易一些。一致的命名还可以让你深入了解相关服务或产品，如果仅仅因为面对的客户群不同就在命名上出现差异，那么你可能会忽略这些本质上有联系的产品或服务。这对于按功能或按主要客户群体组织的公司尤其重要。在你不知情的情况下，你的想法可能已经在你的公司的其他部门或类似的客户群中得到了应用。举个例子，电池重量的突破对制造手机的客户很重要，对制造便携式玩具、收音机、个人数字助理和其他电池驱动设备的客户来说也极其重要。当机会同时涌现在多个市场中时，比只适用于单一市场成功的机会更大。

行动要领

在每一章的最后,我们会总结出能够付诸实施的一系列步骤。基本思路是从一些简单的、马上可以实施的核心想法开始,然后再转向更复杂的挑战。完成这些步骤会让你自然而然地变得越来越像一个创业者。你会发现被别人忽略的机会,获得别人没有的洞察力。

本章所讨论内容的行动要领如下。

第1步:明确当前业务的关键业绩指标。

第2步:为你的公司在两三年内(或你选择的其他时间范围)的发展设定一组目标数字,这些目标数字代表利润和盈利能力的大幅提升。这一组目标数字将成为你通过创业思维实现增长的目标。

第3步:与组织内部那些对实现目标很重要的人交流你对这些数字的想法。根据他们的反馈并随着你对每个人角色理解的加深,适当地对目标进行修正。

第4步:监控自己的行为,确保你的创业活动与你所崇拜的那些创业者一致。具体来说,要确保始终在日常工作和交流中不断重复你的增长目标,并且要始终对这些目标表达出紧迫感。

第5步:创建一个机会清单,记录那些能帮助你应对挑战的想法。

The Entrepreneurial Mindset

03 第 3 章
打造轰动性的产品和服务

建立创业思维的一个关键点就是创造一系列条件，使得所有相关人员都有动力去寻找改变当前业务模式的机会。这些机会可能包括重新设计现有产品的机会，以新颖且有吸引力的方式对产品进行差异化的机会，重塑市场的机会，通过重组公司的竞争力来改变游戏规则的机会。从本章开始一直到第 6 章，我们将向你展示改变业务模式的方法。

改变业务模式最简单的方法就是重新设计现有的产品或服务。你要瞄准一个轰动性的设计，轰动到你的目标顾客不从你这儿买都不行。本章的所有内容都是关于如何找到那些重新设计产品的机会。我们将向你展示如何使用简单的属性映射（attribute mapping）来重新设计当前的产品，向顾客释放强烈的吸引力，并为公司带来高收益。

不要试图做出完美的产品，从来没有任何产品是完美的。相反，你应该去寻找那些能够改进现有设计的机会，这个想法的本质是开发具备一系列能使顾客们感觉物超所值，同时还能远胜过竞争对手的特性的产品。

让我们先给出这样一个前提：从本质上讲，你的顾客根本不关心你的公司能做什么。你的公司可能能够制造令人惊叹的复杂设备，但是你的顾客并不会在乎，除非这个令人惊叹的复杂设备是他们需要的。尤其是企业顾客，它们才不会管你的产品设计有多优雅，如果这产品看起来对提升它们的竞争力没用，它们一丁点耐心都不会有。正如彼得·德鲁克所说的，企业的目的不是产品，"企业的目的是创造顾客"。[1]

任何一款产品的产生都会利用到一家公司部分（但很少是全部）的能力，这些能力包括技术、资产和促使这家公司有效竞争的制度。在设计产品时，公司会创造出各种各样的特色、属性或特性等（不管你怎么称呼它们），从而满足一部分（但绝不是全部）特定顾客的需求或愿望。费力去追求完美是错误的，因为你的业务可以提供什么和顾客想要什么之间绝不会存在完美的对应。虽然某些特性会吸引顾客并使他们开心，从而产生一些积极的反馈，但只有当这些积极特性带来的好处超过了消极特性带来的不方便时，这些消极特性才有可能被容忍。

消极特性是不可避免的。它们有可能是与产品或服务相关的风险或不便，也有可能只是顾客单纯的不喜欢。当然，最明显的消极特性是价格。没有人会拒绝免费的优质服务，但这对你来说肯定是不现实的。购买决策很少只基于一两个特性，其背后是一个复杂的权衡组合，所以你的工作应该是掌握顾客如何权衡的真谛，并利用这些知识来指导产品或服务的设计。

使用属性映射图来评估顾客态度

通过一个简单的映射过程，你可以了解到你当前的产品或服务对顾客的吸引力有多大。如图 3-1 所示，开始非常简单，先选定一个产品以及该产品的一个重要的顾客细分，然后根据映射图中的单元格来描述你的产品的各种属性或特性。当然，首先要为每个顾客细分准备一张属性映射图（attribute map）。[2]

顾客态度	相对于竞争产品来说，产品或服务的属性		
	标配	差异化	情绪化
积极	必不可少 表现得至少和竞争对手一样好	加分项 如果是重要的属性，要表现得比竞争对手好	兴奋点 表现得比竞争对手好
消极	可容忍 表现得不比竞争对手差	丢分项 表现得比竞争对手差	致命缺点 不计代价必须纠正
中性	无所谓 在某种意义上不影响购买决策	附赠 影响细分属性，但不直接和产品或服务相关	

图 3-1 属性映射图

属性映射图的第一列列出了顾客对任何产品或服务可能持有的三种基本态度：积极、消极或中性。积极属性是顾客喜欢的属性。消极属性是目标顾客不喜欢的属性，有时他们宁愿没有这些属性。中性属性是那些顾客根本不关心的属性，也就是说，无论产品是否包含此特定属性，顾客对产品的态度都是相同的。

在图的顶部，我们列出了与竞争对手的产品相比，顾客对该属性的反应的激烈程度。顾客可能会认为某个属性是标配，这意味着他们认为任何竞争对手都可以提供这个属性。在下一列中，我们列出了差异化属性，也就是那些导致顾客判断你的公司优于或劣于竞争对手的特殊属性。最后一列是情绪化属性。这些是顾客认为绝对积极或消极的属性，正是这些属性最终主导了购买决策。

属性映射图的强大之处在于它的简单性。它很容易启发有价值的、战略性的对话。这些对话可以是你的企业内部的协商，也可以是与分销商、分支机构、中间商的交流——实际上,它包括了与任何能够洞察顾客真正需求的人(包括顾客本身)的对话。接下来,我们将探讨如何使用映射的方法来得到有用的洞见,让我们从积极的属性开始。

属性映射图中的积极属性

积极属性当然越多越好。对你的产品持积极态度的顾客往往会比持其他态度的顾客买的更多,对产品更忠诚,有时甚至会支付溢价。然而,如何使用一个积极属性却是有讲究的,要看这个属性是标配属性、差异化属性还是情绪化属性。

必不可少(积极/标配)

一个积极的标配属性是你理应提供的。如果你不能提供,顾客就会抛弃你,因为对他们来说,这是"必不可少"的。在大多数成熟行业里,必须提供的属性清单可以长得令人难以置信。以汽车行业为例,今天的我们已经对汽车上的数百项属性习以为常了,从钥匙启动点火,到空调、内置收音机、CD 播放机、安全配置,以及许多其他能让驾驶体验更好的属性。

但问题在于这些标配属性无法产生巨大的利润。一般情况下,顾客甚至都不会注意到这些属性,除非你压根没提供或者它们运转不正常。然而,如果你真的忘了提供此属性,那你的麻烦可就大了。不提供这种积极的标配属性,最好的结果是使你失去重要的顾客支持,最坏的结果就是彻底出局。例如,当苹果(Apple)首次推出 iMac 时,由于没有内置磁盘驱动器而带来的抱怨几乎把所有关于这一个革命性产品的积极宣传都盖过了。尽管 iMac 后来变得非常流行,但许多顾客仍然抱怨磁盘驱动器必须单独购买,而且每次使用时,都会占用机器上本就为数不多的一个端口。对某些顾客来说,缺少磁盘驱动器是一个非常严重的问题,足以让他们打消购买的念头。

加分项(积极/差异化)

"加分项"是指以积极的方式将你的产品与竞争对手区分开来的特性。例如在汽车领域,沃尔沃(Volvo)长期以来一直以安全性为基础来宣传自己的汽车,其产品上遍布各种增强安全性的功能,其中就包括长期受市场诟病的沉重的、加固的车身。对于沃尔沃的传统目标市场来说，拥有一款足够安全的防撞车身是值得的，为此甚至可以牺牲燃油经济性和运动型外观，而这两个属性在其他细分市场上可能更受青睐。当然，现在沃尔沃也推出了自己的运动型（但仍然安全）汽车，其他公司（如萨博和奥迪）也开始将安全性作为基础加以宣传。

兴奋点（积极/情绪化）

那些能让顾客发自内心感到高兴，并直接促成他们购买行为的属性被称为"兴奋点"。不过，要警惕一个常见的误解。卖家们往往会认为他们在某项特性上投入的成本和精力越多，顾客就越会买账。然而遗憾的是，这种相关性通常并不存在。"兴奋点"通常在技术层面上非常简单，成本也相对较低，却极大地增加了产品的便利性或易用性。这就是为什么小型创业公司常常会推出它们的成熟的、大的竞争对手所忽视的"兴奋点"。举个例子，3Com（美国一家设备提供商）凭借其Palm系列个人数字助理取得了巨大成功，而那些有资源、有实力的老牌巨头，例如惠普、飞利浦（Philips）和苹果等公司却无法打入这个市场，原因何在？因为Palm只提供那些最为重要的功能，而且操作异常简便。

另一个例子是针对糖尿病患者的胰岛素注射笔，这是一种技术含量相对较低的设备，能够使患者更方便地进行自我治疗。来自丹麦的新锐挑战者诺和诺德公司（Novo Nordisk S.A.）就凭借其在注射笔领域的专注研发，从美国胰岛素巨头礼来公司（Eli Lilly）手里夺得了可观的市场份额。同样，来自芬兰的手机制造巨头诺基亚（Nokia）发现，让顾客感到兴奋的并不是手机内部的复杂技术，而是其外观和外部特性，譬如可更换的后壳，这种后壳能够搭配客户的服装，适应当下的季节，或满足顾客的其他任何需求。㊀

要想了解"兴奋点"的背后逻辑，可以拿汽车上的固定杯架举例子。1988年，本田（Honda）将杯架作为本田汽车的标准属性推出。之后的五年多时间里，本田一直是美国市场上最畅销的汽车品牌。它们将这一非凡的业绩归功于杯架以及一系列类似的创新属性。考虑到同类车型中的其他配置基本大同小异，人们会想，那为什么不选带杯架的本田呢？有了杯架，早上开车去上班时喝咖啡就容易多了。在20世纪80年代，越来越多的上班族开始这样做。更重要的是，它给制造商带来的额

㊀ 本书原版书的出版时间是1999年，彼时的Nokia还是巨头。

外成本几乎微不足道。因此，杯架也成为汽车工业历史上最令人惊讶的强有力的创新之一。

这种消费者购买行为会让工程师、设计师和科研人员感到绝望。因为他们一生都在殚精竭虑地研究诸如燃油效率、先进的液压系统和抗风能力等问题。雪上加霜的是，与设计、制造和销售新一代汽车的总成本相比，在汽车上安装一个杯架的成本几乎可以忽略不计。

故事并没有就此结束。一旦司机们意识到他们需要杯架，杯架就会成为他们的必需品。在美国的许多细分市场里，杯架迅速从一个"兴奋点"功能（一个对本田自身的价值有显著的积极影响的属性）转变为一个"必不可少"的标配属性，绝大多数汽车都非装不可。对于今天很大一部分美国人来说，没有任何一种其他属性，甚至包括动力、造型、设计或任何其他元素，比杯架更重要。这一趋势意味着车里的杯架越多越好。看看通用汽车 1999 年推出的郊区小型面包车的主要卖点，不是 1 个，也不是 2 个，而是 16 个杯架！

请注意"兴奋点"的这种可预测的发展动态：当竞争对手意识到顾客有多想要这个特性时，它们就会复制它。虽然对于一个像杯架这样的属性来说，不是什么大问题——正如我们所指出的，在汽车中增加它的成本是微不足道的，但是当这个功能非常昂贵、复杂，或者受到知识产权保护（如专利）时，其后果就可能非常严重。当所有相关的竞争对手都提供了这一属性后，情况可能会变成这样：没有人能在竞争方面比别人做得更好，但是由于必须提供这个已经"必不可少"的属性，整个行业的成本都增加了。一些人认为，零售银行业的自动柜员机（ATM）就带来了这种效果。尽管率先提出 24 小时银行服务理念的银行（如花旗银行）最初在顾客满意度和市场份额方面有所受益，但最终的结果是，顾客开始期望所有零售银行都能提供 ATM。因此，竞争被重新拉回同一起跑线上，ATM 技术的先驱们并没有获得任何特别的优势。[3]

属性映射图中的消极属性

坏消息是，你不可能完全避免消极属性。意识到这一点至关重要。因为你的竞争对手没有解决的那些消极因素可能就是你生意的巨大的机会来源。搞定它，你就会在竞争中占有优势。反过来，当别人先你一步搞定时，你就会处于劣势。

所有的消极属性都是创业机会的潜在来源，尤其是当你的竞争对手只专注于积极的方面时。当前流行的做法是通过创建更积极的属性和提高产品性能来创造价值，而通过减少消极影响来创造价值的机会却往往被忽视。康柏公司（Compaq）就抓住了这样一个机遇，推出了面向家庭的电脑产品系列。这些机器是第一代集成化的计算机。除了需要把电缆插入彩色标识端口外，不需要对电缆进行任何其他处理，也不需要对加载软件的磁盘进行烦人的操作，更不需要面对令人焦虑和费解的DOS（disk operation system，磁盘操作系统）提示。基于这些属性，康柏在大批计算机新手用户中很受欢迎。

与顾客或分销商直接接触的人最了解顾客眼中的缺点有哪些。销售人员、服务人员、投诉处理人员、退货处理人员、呼叫中心人员和分期付款人员都有可能直面顾客对你的产品的最坏评价。非正式和正式投诉、退货、订单取消以及销售难度的增加都预示着情况不容乐观。

可容忍（消极/标配）

"可容忍"是指顾客愿意暂时忍受的属性，即使他们不喜欢。许多创业者就通过消除被其他供应商忽略的消极因素来赚钱。例如，查尔斯·布鲁尔（Charles Brewer）创建了高质量互联网服务提供商 Mindspring，来解决他上网时遇到消极体验的问题。他的公司成立于1994年，在1996年上市，截至本文撰写时，其在纳斯达克（NASDAQ）的市值已超过16亿美元，营业收入已从1996年的1 800万美元增至1998年的1.147亿美元。公司管理团队将这一成功归功于他们的承诺，即绝不允许出现那些在其他ISP（internet service provider，互联网服务提供商）看来无关紧要，却令顾客恼火不已的糟糕体验。[4]

消除这些"可容忍"属性对企业之间的经营活动同样重要。在诸如采矿、能源、化工、林业、农业和交通运输等行业中，企业以破坏环境的形式创造了大量的"可容忍"属性，进而增加了顾客和交易伙伴的成本及风险。而那些具有前瞻性的公司已经开始尝试消除这些问题，寻求破坏性较小的技术，并减少这些技术给环境带来的影响。其他一些公司也在探索循环利用技术和电子信息处理技术，以限制这些商业活动的负面效应的扩散。所有这些公司都秉持这样一个理念：如果它们不去消除行业中的"可容忍"属性，而其他公司去做了，那它们将处于极大的竞争劣势中。[5]

丢分项（消极/差异化）

对自己产品的"可容忍"属性进行自我批判是很重要的，因为技术进步和竞争对手的创造力会很快让这些"可容忍"属性变为"丢分项"。一旦顾客相信他们可以通过购买竞争对手的产品来规避你的产品中的消极属性，这种属性就不再是可以容忍的，它变成了一个"丢分项"。这些"丢分项"将你与竞争对手区分开来，却是以一个错误的方式。

20世纪70年代，日本汽车制造商就从美国的计划报废政策中给美国汽车创造了新的"丢分项"。[6] 在过去的几十年里，购买美国汽车的顾客一直都忍受着频繁的维修和上门保养。但事实上，美国汽车广告一直在强调当地供应商提供备件和服务的便利性，并把这作为购买美国汽车的一个优势。然而，高质量的日本汽车需要维修保养的次数要少得多，而且比美国汽车可靠得多。多年来一直被容忍的针对美国汽车的密集型服务需求，以惊人的速度变成了"丢分项"。

这些"丢分项"会分化你的顾客群，一些老顾客会因此拒绝你的产品并转向你的竞争对手。"丢分项"会在你的产品和竞争对手的产品之间制造一个明显的负面差异，进而去侵蚀那些长期顾客的忠诚度。正如那些关注服务质量的文献中所说的那样，挖掘一个新顾客来填补一个失去的顾客，其成本大约是维持现有顾客忠诚度的5倍。[7]"丢分项"在初期可能只是慢慢累积，但是一旦扎根下来之后，就会牢不可破。顾客并不会主动发现某个属性是"丢分项"，是竞争对手通过对比让他们意识到这一点的。由此带来的负面效果会非常迅速地体现出来，正如第一银行（Bank One Corporation）的例子中所体现的那样。

1999年，美国第一银行信用卡部门开始实施一项越来越激进的政策——向持卡人收取滞纳金。在此之前，这种行为几乎没有引起顾客的注意。事实上，美国第一银行之前的资产回报率一直保持在2.9%，远高于该行业2.3%的平均水平。但随着行业增长放缓，顾客也变得更加精明，该银行突然发现自己面临着顾客的强烈抵制。持卡人开始大量减少，导致第一银行的股票在1999年8月25日下跌了23%，公司市值损失近150亿美元。[8] 造成这一结果的原因是可供选择的信用卡银行数量过多，而且市场饱和，许多顾客认为他们无须支付美国第一银行收取的费用，从而开始抵制该银行。

致命缺点（消极/情绪化）

对你的竞争地位的致命一击来自那些消极而情绪化的属性。我们称这些属性为"致命缺点"，它们可能会激发许多其他消极情绪，从恐惧到厌恶。这些"致命缺点"可能是一些不幸事故带来的，比如1982年泰诺（Tylenol）氰化物中毒事件，1996年瓦卢杰航空公司（Valujet，现在的AirTran）客机在大沼泽坠毁，以及1990年巴黎水（Perrier）水体苯污染。在这种情况下，顾客的反应相对容易预测，我们对管理层应该做什么也更清楚。强生公司（Johnson & Johnson）对泰诺恐慌的反应措施已经成为一个教科书式的案例，用以说明如何处理之前值得信赖的产品突然爆发出的可怕隐患。当芝加哥地区发生了与泰诺有关的致命氰化物中毒事件，并导致7人死亡后，强生公司宣布全面召回该产品（涉及3 100万颗胶囊），并停止了所有的运输和生产。在对防篡改包装进行了全面升级，并投放了大量声誉修复广告之后，该产品才得以重新面世。这一系列迅速且坚定的努力挽救了这个品牌。今天，泰诺依然是一款畅销药。

当涉及产品的"致命缺点"时，有时候公司与顾客的看法是不同的。想想英特尔（Intel）奔腾芯片的缺陷吧。尽管所有的行业专家和大多数科研用户都知道每一个微处理器都存在缺陷，但大多数顾客依然认为微处理器的计算精度是完美的。只不过是因为在大多数情况下，这些缺陷用户根本感知不到，也不会造成真正的麻烦。但一切皆有例外。例如1984年发布的所有奔腾芯片就普遍存在一种缺陷，即会导致某些计算结果不精确。这对芯片行业来说并不新鲜。但问题在于，这一次的缺陷引起了公众的注意。

即使在这场缺陷引发的舆论风暴过后，英特尔的高管们也没能弄明白大家为何如此激动。考虑到大多数顾客永远都不会遇到这种规模的计算问题，而且奔腾芯片闪电般的运行速度仍然充满吸引力，英特尔一开始并未采取任何实质性行动来解决这个问题。直到公众的负面反应导致包括IBM在内的主要顾客陆续取消了奔腾的预订购买计划，英特尔管理层才意识到公众的反应并不仅仅是普通的抱怨。相反，他们面对的是愤怒的情绪。从顾客的角度来看，奔腾芯片以一种非常消极的方式辜负了顾客的期望，它所代表的准确性相对于顾客的期待来说大大下降了。这个例子说明了从顾客的角度来看待公司的产品或服务的重要性。他们的期望可能与你的预期大相径庭，而他们的期望才是最重要的。

如果你不幸碰到了一个"致命缺点"（或者某个让顾客恐惧或厌恶的属性），那你必须消灭它，否则你将永远失去受其影响的那部分顾客。例如，一度广受欢迎的巴黎水就因为其被曝光的苯污染问题导致其声誉严重受损，至今也未能恢复。1990年，巴黎水在美国瓶装水市场占据44%以上的份额。如今，面对恶性竞争，巴黎水的市场份额只有当年的一半。如果你不能消除一个"致命缺点"，那你可能不得不离开为此感到愤怒的目标市场。

属性映射图中的中性属性

对产品或服务给出的中性反应可以分为"无所谓"和"附赠"。这些属性不会影响大多数顾客的购买决策，即便有影响，也与产品不直接相关。

无所谓（中性/标配）

让顾客们感觉"无所谓"的那些属性有可能是过去时代的"兴奋点"。举个例子，20世纪70年代提出的节能要求让所有冰箱都贴上了能耗标签。当时，商家认为这些信息会促使顾客选择更节能的电器。然而自那以后，美国的能源价格大幅下跌，大多数顾客几乎不再关心有关能耗的信息了。今天的顾客想要的是大到可以装下一加仑牛奶的盒子的冰箱门。他们想要的是一种可以减少弯腰、腾挪次数，方便找东西的冰箱，这种冰箱要易于维护，而且运行起来还得很安静。大多数顾客根本不关心节能问题（尽管这种态度在环保主义者看来极不负责任）。值得一提的是，在撰写本书的这个时点，能源价格正在快速上涨，这一趋势可能会让能耗水平这一属性重新变得有吸引力起来。

"无所谓"的属性得以存在的另外一个原因是某些特定顾客需要，而公司发现将它们包含在通用产品中比将它们作为单独选项出售更节省成本。微软产品就是一个例子，它的大多数程序都包含许多顾客不需要的功能。想想看微软在Word程序中为WordPerfect顾客提供的延展特性，旨在帮助WordPerfect顾客顺利使用Word，而这一整套功能对于大多数使用Word的人就是"无所谓"的属性。

有时候，在产品中加入"无所谓"的属性反而会产生负面效应。例如，为了提供不同顾客群体所希望的所有功能，微软的程序不可避免地让几乎所有顾客都感到不便。举个例子，Windows 操作系统的启动和关闭都需要相当长时间，占用的硬盘空间也很大，这些缺点常常让我这样的写作者感到恼火，因为占用这些资源的大部分功能都是支持性的，而这些功能我们可能永远都不会使用。Windows 2000 的问题更加严重，它占用的空间达到了惊人的 250 兆字节（MB）。

有时候这种"无所谓"的属性只能带来成本的上升，而对利润毫无贡献。在此情况下，除非有充分的理由保留它们，否则最好将它们拿掉。这么做还有一个好处，就是降低成本。

比这种简单的"无所谓"属性更加微妙，也更加危险的中性属性是那些"锦上添花"的属性。这些属性可能会使你的产品有别于竞争对手，但大多数顾客并不愿意为此买单。如果仅仅因为一小部分顾客的需求使得你提供了这些属性，你可能会发现自己的成本显著增加，利润却没有变化。

消费类电子产品公司经常面临这种困境。大多数消费类电子产品，包括便携式摄像机、录像机和电视机，都内置了一些很小众的属性。这个问题在服务行业，甚至其他企业的服务部门当中也很普遍。譬如隔夜送达，虽然大多数顾客肯定更喜欢这一服务，却很少有人愿意为此额外付费。你所面临的挑战，就是区分那些人们愿意为之买单的属性，以及那些人们想要，但又不愿付钱的属性。[9]

附赠（中性/差异化）

这是我们提到的最后一种属性，也是经常被忽略的一种属性。"附赠"是那些与产品或服务的主要功能并行提供的属性，但是这些属性与产品或服务的功能或目的并没有什么关系。只有当这些"附赠"的属性足够强时，它们才会带来一些有意义的差异化。例如，飞行里程就是那些经常乘飞机出行的旅客得到的赠品，但这个赠品与机票价格、起飞时间、航班的舒适和便利，或航空公司的安全性毫无关系，但如今的航空公司如果不提供这些随着飞行自然得到的里程的话，它们可就倒霉了。

创造轰动性设计

属性映射图的目的是提供一个简单而强大的工具，为给定的细分市场重新设计某一款产品。多年来，我们发现以下元素对重新设计的过程至关重要：映射属性、检验关于顾客态度的假设、确定行动的优先级、捕捉机会（参见第2章的"创建机会清单"），以及关注动态。

映射属性

关于顾客和分销商的最新、最准确的信息几乎总是掌握在与顾客和分销商直接接触的人员手中。讽刺的是，由于这些人从事的工作通常不被认为具有战略性，他们往往被排除在新设计的思考过程之外。服务人员、投诉处理人员、申请受理人员、催收人员、销售人员、技术支持人员等往往对顾客的想法和行为有深刻的洞见，然而他们的意见却很少被倾听，往往被系统性地忽视了。

你应该从这些员工开始，寻找重新设计的机会。你可以设计一个属性矩阵，邀请那些经常与顾客交互，但没有太多机会交流意见的人员参与填写。首先，邀请那些处于同一部门的人员，例如销售、服务、顾客关系或信用部门的人员填写。其次，将这一过程扩展到组织中所有部门。在理想情况下，你将得到来自不同方面的关于你的产品或企业的意见。

对于每个重要的细分市场或者你已经进入的细分市场，要找一个人来专门评估其中每个特定的产品或服务。不要给一个人分配太多的任务，否则他会忙不过来。刚开始的时候，你可以使用任何一种手头能找到的方法对市场进行划分。你所邀请的这些人员的任务是将他们与这一细分市场有关的意见汇集起来，形成一张属性映射图。我们的想法是为每个细分市场、每个产品都绘制一张映射图。需要注意的是：尽管直接导入市场研究数据看起来很方便，但人们在面对这些所谓"专家"数据时，往往会摒弃那些虽然有趣但标新立异的观点。第一次动员得到的结果应该是许多张不同的属性映射图，每个相关人员都可以查看。这一结果将会清楚地说明你的顾客是如何看待你的产品的，以及你的员工是怎样看待这些顾客的感受的。

有时候需要考虑的属性太多，员工们可能会被细节淹没。如果发生这种情况，那就要适当减少要评估的属性的数量，使用类似于图3-2中列出的指南。

你的目标是在某个目标细分市场中开发出一个轰动性产品。俄亥俄州的前进保险公司（Progressive Insurance）就是这样做的一个例子。该公司为其"非标准"

汽车司机和顾客分组开发了一套轰动性服务套餐,而这些顾客并不符合传统投保人的形象。[10]这些司机中的很多人都很富裕,但时间有限。

属性类型	焦点问题
必不可少	◇ 哪三个"必不可少"的东西成本最高?我们能做一些有创意的事情来降低它们的成本吗,尤其是以竞争对手无法模仿的方式?
加分项	◇ 为什么这个细分市场的顾客愿意从我们这里,而不是竞争对手那里购买? ◇ 我们所提供的哪些服务,顾客不仅喜欢,而且愿意支付溢价? ◇ 分销商和顾客认为我们比其他公司做得更好的是什么? ◇ 在这些特性上我们与竞争对手有多接近?
兴奋点	◇ 如果我们有机会重新设计我们的产品或服务,并增加或增强一个属性以赢得巨大的市场份额,那我们应该增加或增强什么?这对我们来说是可能的吗?
可容忍	◇ 如果让我们最重要的顾客完成下面的填空:"如果你能把____从你的产品中剔除,我就会多买很多,或者经常买",他们会列出哪些功能? ◇ 我们能以竞争对手无法做到的方式摆脱一个"可容忍"的属性吗?要怎么做? ◇ 我们是否经历着越来越多的抱怨? ◇ 目标顾客在多大程度上开始将我们与竞争对手进行不利的比较?
丢分项	◇ 与顾客打交道的人最常听到哪些抱怨? ◇ 这是所有竞争对手都在做的事情,还是只有我们在做的事情? ◇ 这种特性在多大程度上造成了最近的顾客流失? ◇ 这一属性在多大程度上决定了产品回报? ◇ 我们的竞争对手在多大程度上宣传它们在这方面的优势?
致命缺点	◇ 与顾客接触的人是否会注意到顾客的反应,包括从轻微的恼怒到强烈的愤怒? ◇ 顾客是否写过投诉信或以其他方式对该属性进行过主动批评?
无所谓	◇ 查看每一个高成本属性,问问拿掉或减少它会对销售产生什么影响。 ◇ 为什么我们要提供这些属性? ◇ 是否有任何降低成本或复杂性的机会? ◇ 我们提供的成本最高的三个"好东西"是什么?也就是说,在我们看来是必要的,但顾客似乎不愿意为此付费的前三个属性是什么? ◇ 从竞争的角度来看,是否有理由保留这些属性,或者我们可以直接拿掉它们?

图 3-2 限制属性映射图的内容

传统上,汽车保险公司将顾客分为两类:标准顾客和非标准顾客。非标准驾驶员在过去被归为高风险驾驶员。他们包括年轻人、残疾人、高风险职业者,有不良申领史、驾照积分、酒后驾驶或其他不良驾驶记录的人,尤其还包括那些非常富裕,驾驶豪华汽车的群体。大多数传统保险公司忽视了非标准市场的特殊需求,因为它们认为这类顾客是无利可图的。图 3-3 显示了这一看法在属性方面是如何扭转的,其中包括了非标准顾客被保险公司拒绝后的愤怒。

	标配	差异化	情绪化
积极	必不可少 索赔支付 后台高效	加分项 覆盖范围 信用支付	兴奋点 无
消极	可容忍 高额保险费 申请很复杂	丢分项 与理赔人员打交道是件麻烦事	致命缺点 拒绝理赔
中性	无所谓 分支机构的数量	附赠 补充产品，如业主保险	

图 3-3　非标准保险客户的属性映射图

与之相反，俄亥俄州的前进保险公司决定专注于这个对时间敏感，而对价格不那么敏感的细分市场，为拥有昂贵豪华汽车的车主提供一项轰动性的服务。图 3-4 的属性映射图总结了该产品。该公司认为，由于这一细分市场的车主时间紧张，维修费用昂贵，公司的索赔业务部门应该迅速做出处理，包括定损、理赔、维修和索赔处理服务。因此，前进保险公司的工作重点便放在了精简流程和改善这些顾客的索赔体验方面上。接下来，一系列业务调整逐步到位，包括建立 24 小时紧急反应事故热线和反应神速的索赔管理系统。

	标配	差异化	情绪化
积极	必不可少 索赔支付 后台高效	加分项 快速获得大量选项 高水平服务 首选维修服务供应商	兴奋点 快速有效的理赔反应 修理期间安排的租车
消极	可容忍 高额保险费 复杂	丢分项 与销售人员打交道的复杂时间消耗 理赔过程的时间消耗	致命缺点 拒绝理赔
中性	无所谓 分支机构的数量	附赠 补充产品，如业主保险	

图 3-4　豪华车保险细分市场属性映射图

这套服务最具创新性的特性之一，就是建在理赔车内的理赔办公室。电话、传真和其他办公设备被搬上了理赔车，流动理赔员被授权前往事故现场并当场理赔。之前那些评估损失、等待罚单、定责定损等漫长而曲折的过程，与此形成了鲜明的对比。此外，前进保险公司围绕索赔过程提供一站式的服务，例如在维修和拖车等方面提供建议。

前进保险公司的顾客群是由看重便利性甚于价格的人组成的。这些人总是在积极地寻找保险供应商，并且经常对那些传统供应商感到愤怒和不满。意识到这一点之后，前进保险公司着手创建了广泛的渠道，使得顾客可以方便地找到公司，包括积极的电视广告和直邮宣传、通过电话和互联网提供的保险报价以及一套快速筛查和定价系统，这使得前进保险公司能够根据实际情况调整其为个人顾客提供的服务。一旦顾客表现出兴趣，前进保险公司就会提供大量关于责任限额和免赔额的选项，并利用训练有素的服务代表来解释各种选择的优缺点。图3-4显示了前进保险公司逐渐创建服务产品的过程，进而与目标市场的需求相吻合。

检验假设

这样完成的属性映射图代表的是你的团队对顾客面对产品的态度以及哪种产品最能满足顾客需求做出的最佳假设。不幸的是，假设的质量优劣取决于它们所依托的数据。重新设计产品的一个至关重要的部分就是让顾客参与进来，进而检验这些假设的质量。你可以采取的方法包括焦点小组、面对面访谈，甚至让某些顾客从他们自己的角度来完成属性映射图。这些方法将帮助你获取顾客对你的产品的直接看法。

如果你还不能很好地满足顾客的需求，那么直接面对客户就显得尤为重要，即使这样的会面并不愉快。正如美国大陆航空公司（Continental Airlines）总裁兼首席运营官格雷格·布伦尼曼（Greg Brenneman）最近所指出的那样，顾客需要有机会发泄其不满的情绪，需要看见你把他们的话当回事，并且希望看到你按照他们的想法行事。[11]在大陆航空，这一让顾客参与进来的过程被推向了一个极致：该公司甚至推出了这样一则电视广告，在广告中，一群愤怒的顾客向大陆航空董事长戈登·白求恩（Gordon Bethune）表达他们的感受。这则广告虽然有点标新立异，却有助于向那些完全放弃大陆航空的顾客传达这样一个信息：大陆航空的管理层已经意识到了他们的服务给顾客带来的不满和愤怒情绪，并决心采取行动。

需要提醒你的是，从要求最高或最乐于交流的顾客那里得到反馈很容易，但问题是，他们可能并不能代表你所希望了解的绝大多数细分市场。多年来，个人电脑（personal computer，PC）制造商一直在与这一问题作斗争——PC的早期用户往往对电脑非常熟悉，所以能容忍一些瑕疵。然而，大众市场是由普通顾客组成的，他们想要一种易于使用、价格低廉的机器，能够实现他们认为最重要的功能，例如访问互联网并管理基本应用程序和游戏。在这种情况下，那种很有可能在大众市场轰动的产品，在高端市场反而会得到很负面的评价。

确定行动的优先级

到这里，你应该对如何使你的产品或服务更具吸引力有很多想法了。那些简单易行、花费低廉的行动应该马上落实。例如，大陆航空公司的员工们就想出了给高利润或高购买量顾客的行李贴上优先标签的主意。当飞机卸货时，这些带标签的行李被放在第一辆返回航站楼的手推车上，比其他顾客的行李先到达行李区。这一简单而廉价的理念深受大陆航空公司的忠实顾客群体的青睐，他们对价格相对不敏感，但对时间很敏感。

一旦你检验了关于顾客态度的假设并确定了哪些属性需要注意，你就应该优先考虑那些可能代表"致命缺点"的属性。这些属性必须消除，否则你将失去关键的竞争优势。一旦你解决了这个问题，接下来就要确保建立一套宣传策略，把这个消息广而告之，从而留住那些即将放弃该产品的顾客，并鼓励那些已经离开的顾客再回头试一次。此外还存在一种可能性，那就是这些"致命缺点"可能只对个别顾客造成困扰，而这些顾客恰好又比较爱抱怨。在此情况下，你需要决定是否需要花精力让这些少数顾客满意。现实中经常会出现这种情况，公司在抱怨声最大的顾客身上竭尽全力，却没有考虑这部分顾客是不是最赚钱或最需要的顾客。如果他们不值得这样的高投入，那还是把他们留给竞争对手来应付吧。

你的下一个重点是那些已经存在以及正在浮现的"丢分项"。这些属性并非整个行业的痛点，相反，它们指出了那些顾客认为你的竞争对手做得比你更好的领域。"丢分项"可能是产品特性，也可能是与运营和服务相关的属性，比如你的公司完成一项特定交易所需的时间远远长于竞争对手。这些问题的解决办法可能涉及整个系统，可以使用的工具包括竞争标杆分析和业务流程重构等。

我们建议你在尝试那些快速见效的改进（即使方式不是特别优雅）的同时，同步开展长期解决方案的重新设计。你应该尽可能地去衡量你的回报，无论是通过老顾客的销售增长，更好地获取新顾客，还是深耕现有细分市场。如果不能量化这些增长，那你会发现很难将解决"丢分项"长期坚持下去。

在处理了那些可能导致你失去竞争优势的"丢分项"之后，接下来要考虑的是"无所谓"以及"必不可少"的属性。如前所述，大多数顾客并不关心这些"无所谓"的属性，或者根本不愿意为此付费，同时这些属性还为产品增加了成本或复杂性。而"必不可少"属性在顾客看来是理所当然的。每当你发现了一个"无所谓"的属性，你其实面对着一个机会。首先要确定的是这种"无所谓"的反应到底是普遍的（也就是说没有哪个顾客真正关心它）还是有选择性的（少数顾客确实关心它）。对于那些普遍认可的"无所谓"的属性，你说不定可以完全消除掉，从而降低成本，提升效率。

自动电话应答系统的普及反映了这样一个事实：24小时应答和快速处理系统通常是顾客渴望的积极属性，而人与人的直接交互有时却是中性的。例如，来爱德公司（Rite-Aid）率先建立了一个处方自动更新系统，该系统使用一个按键式电话来登记续订药品的请求。该系统既消除了药剂师在此类日常事务上花费的时间，又为顾客提供了一个以前从未有过的积极属性——顾客可以随时打电话续期。注意，那些"必不可少"的属性必须继续提供，顾客仍然需要访问他们的账户，处方仍然需要及时填写，否则，新属性也会产生消极影响。

中性属性（一些顾客关心这些属性，而另一些顾客不关心）可能更难管理。如果简单地为所有顾客提供该属性是更便宜的处理方式，并且它不会给其他顾客群体带来消极影响，那么该属性就可以保持不变。但是，如果该属性对你的组织来说成本过高，或者你认为某些顾客会为它支付更多的钱，那么可能是时候将其作为选项菜单的一部分来提供了。这可能使一项从未单独定价的属性变成一个能够获利的属性。例如，电话公司正试图对呼叫等待和来电者识别等服务进行定价，因为一些顾客并不认为这些服务是中性的，并且认为这些服务对他们来说有价值，因此他们愿意为此支付更高的价格。

如前所述，"必不可少"的属性不再给你带来任何竞争优势，你的挑战是如何降低提供这些属性的成本。仔细检查关于"必不可少"的属性的假设通常是有用的。公司很容易认为某些属性是"必不可少"的，但对许多重要的细分市场来说，它实际上是中性的，完全可以在不损害顾客吸引力的情况下取消掉。

在处理完那些消极和中性的属性之后，接下来你可以考虑下一代的"加分项"

和"兴奋点"。我们的目标是找出那些能够充分运用或发展你的独特技能和能力的领域，以提供新的"加分项"和"兴奋点"，并减少当前的"丢分项"。

公司的每个职能部门都在实现这一目标方面发挥着战略作用。市场研究人员应该寻找潜在的"兴奋点"和"加分项"的早期迹象，并将他们的发现传达给产品和工艺设计工程师。营销人员应该提前估计各种潜在顾客群体的规模，并开发促销工具，以迅速将这些"加分项"和"兴奋点"广而告之，形成先发优势。从一开始，产品或系统设计者就应该致力于降低"加分项"和"兴奋点"的成本，而不应等到竞争对手也提供了同样的服务之后才采取行动。他们还应该考虑消除或减少"可容忍"的属性的可能性，从而使产品迅速获得竞争优势，同时将竞争对手推向竞争劣势的地位。

如果你的产品并非直接销售给最终用户或顾客，则上述过程应该针对你用来联系最终用户或顾客的中间人或中介机构进行。保险商、批发零售配送商、元器件销售商、集成系统解决商等众多公司都有这种需求。你需要做出特别的努力来了解你的渠道合作伙伴，因为它们往往并不关心你的最终顾客所关心的属性，它们通常更感兴趣的是那些能给它们自身带来竞争优势的因素，比如每平方英尺㊀货架空间的收入、利润率、供应的可靠性以及促销。如果你想让你的产品得到货架空间及销售的关注，那你的轰动性产品对经销商也应该有同样的吸引力。

这同样适用于其他关键利益相关者。如果你高度依赖某些供应商，需要它们的关注，那你就需要知道它们想要什么，这样你才能成为它们的大客户。如果你的公司高度依赖员工的关键技能，那么你就需要考虑一下哪些因素能让你成为一个成功的雇主。

关注动态

重新设计流程的最后一项活动涉及将未来纳入当前的决策过程。研究表明，那些成功的成长型公司的员工，在应对今天的挑战时，也会考虑未来。[12]

有些趋势很容易预测。之前的那些"兴奋点"属性会随着竞争对手的纷纷采用而不可避免地变为"必不可少"的属性。在今天看来可以"可容忍"的属性也必将在未来变得无法忍受。此外，一旦完全满足了顾客当前的主要购买需求，他们将会不可避免地寻找新的产品或服务。对产品演化过程的研究也证明了这一点。[13]

在产品生命周期的早期，顾客追求的是新属性。随着顾客的熟悉、竞争对手的

㊀ 1 英尺 =0.304 8 米。

模仿，以及产能的提高，顾客最终会对那些一开始让他们兴奋的属性习以为常，并开始寻找新的属性。早期的计算器通过提供计算能力来满足顾客。后来的版本加入了内存、改进的电源和更复杂的计算能力。今天，计算器有很多形状和尺寸，而且价格低廉，以至于简单的计算器经常被作为促销品赠送出去。从新属性到可靠性，再到捆绑销售，再到质量或价格竞争，这是产品周期的一种常见模式。

其他的重要趋势包括那些可能彻底改变关键顾客属性映射图的因素，譬如生活方式、人口特征、技术和竞争环境的变化。家乐氏玉米片（Kellogg's Corn Flakes）的悲惨案例就是一个关于错失趋势和特征变迁的典型案例。从1990年到1998年，美国早餐消费中谷类食品的比例从接近38%下降到低于34%，该公司在全国谷类食品总销售额中的份额也从36%下降到32%。产生这种变化的因素有很多，包括双职工家庭的增加，通勤时间的延长（导致人们在车上吃早餐），以及大量替代性早餐食品的出现。人们对玉米片早餐的逐渐冷淡让百吉饼制造商、免下车餐厅和外卖食品供应商倍感欣慰，玉米片产品之前的加分特性（例如营养价值高、易于烹饪）也不再有吸引力。此外，技术的进步也使得竞争对手能够以更低的价格生产玉米片。显然，顾客对产品的那种充满活力的积极反馈已经消失了，而这正是该公司长期以来成功的基础。[14]

尤其重要的是要跟上那些影响力巨大的趋势，即可能对你的业务产生深刻影响的趋势，即使它们实现的可能性不高。同时还要关注你所在行业可能发生的重大竞争变化。迈克尔·波特的五力模型分析方法是一个很好的框架：有哪些因素对买方力量、供应商力量、潜在替代力量、潜在进入者以及竞争对手有重要影响？[15]

当多个重要但不可预测的变化同时发生时，我们发现，为了应对各种结果的不同组合，最好将几个主要场景放在一起来考虑。[16] 例如，美国移动电话领域的竞争者们目前面临着几种不同的竞争方式，但在撰写本书时，还没有出现针对移动电话的技术标准。许多公司正在做的是，考虑每种潜在标准将把它们置于何种竞争态势，这样不管将来哪一种标准出台，它们都清楚地知道自己需要做什么。[17]

行动要领

下面的行动要领是为了让你着手实践本章所讨论的概念和过程。你可以灵活地用一种适合你的公司的方式来阐述。

第1步：为你希望重新设计的特定产品或服务建立一个工作组，将那些与重要的现有或期望顾客群直接接触的人员纳入组中，并详细描述这些细分市场。

第2步：组织头脑风暴，为这些主要的顾客群体开发一个初步的属性映射图。有时候，最好从一个小的特定功能部门的员工开始，譬如与顾客（或分销商）有定期互动的员工——销售、服务或顾客关系等部门的员工；电话接线员、订单处理员、信贷员等员工。如果你不能把一组人聚集在一起讨论，那就给每个人发送一张空白的属性映射图，然后通过打电话来完成这项工作。一旦这些小组完成了各自的映射图，你就可以将它们集中在一起，总结出一张统一的属性映射图来，接下来就可以和包含所有职能部门的混合小组进行讨论。

第3步：通过顾客或顾客的公司（以及分销商，如果合适的话）进行实际检查，验证属性映射图中的假设，并修改属性映射图。

第4步：优先考虑那些之前的分析所建议的行动。找机会做以下事情：

◇ 如果有的话，要先消除那些"致命缺点"。

◇ 简单有效地改进"丢分项"。

◇ 降低"必不可少"的属性的成本（从最昂贵的开始），并消除对任何顾客都没有价值的中性属性。

◇ 识别和引进下一代"兴奋点"和"加分项"。

第5步：把发现的机会记录在你的机会清单上。

第6步：找出那些可能给细分市场的某个产品带来重新设计机会的趋势。例如顾客需求的变化或彻底消失，这将导致特定属性变得过时，新需求出现以及一个主要细分市场的规模和增长率发生变化。抓住机会，记录下这些趋势可能带来的未来轰动性产品。

第7步：找到那些可能带来机遇或威胁的主要外部趋势。这包括市场、技术、人口结构、监管环境和竞争对手的变化。记下任何出现的机会。

第4章 重新差异化产品和服务

The Entrepreneurial Mindset

在上一章中，我们重点介绍了重新设计现有产品和服务的属性组合，并以此为基础来填充机会清单。接下来，我们将讨论如何寻找新的差异化机会，这意味着你可以将自己与竞争对手区分开来，进而得到顾客的认可。我们从一种"问答"（quizzing）方法开始，你可以用它来洞察顾客的行为。这种方法最终会为新的差异化机会奠定基础。然后，我们将向你展示如何通过实施我们所谓的消费链分析（consumption chain analysis）来识别特定的差异化机会。

首先我们应该正视我们的偏见。尽管身处竞争激烈的B2B（business-to-business）行业的管理者们经常发出"市场已经成熟到了无法进一步差异化的地步"这种哀叹，我们却不这么认为。作为一名习惯性创业者，同时也是第一批在日本开设工厂的美国人，谢利·魏尼格（Shelly Weinig）也不这么认为。他说："任何一个声称自己身处成熟领域的管理者，在我看来都是一个消极怠工的管理者。"

当然，有些管理者似乎天生擅长从看似无关紧要的事情中创造机会。然而，多年的教学经验以及与多个不同组织的合作经历使我们相信，这是一种可以学习的技能。

情境问答

人们很容易忘记一个事实，那就是顾客其实并不真正关心你的产品。顾客关心的是他们自己的需求以及如何满足这些需求。要想提醒自己记住这一点，一个有效的方法是永远将你的顾客嵌入一种情境中。这种情境中充满了各种因素，能够影响顾客在任何给定的时间点的行为。他们所做的、所担心的、所期待的及所规避的，通常要比你的产品对他们更为重要。此外，他们还会受到他们的同伴、他们的地理位置、他们要去的地方以及他们想去的地方的影响。考虑到这些有竞争力的顾客需求，能够吸引他们全部注意力的注定是那些不同寻常的产品。

理解顾客身处的情境是实现差异化的关键。你可以通过问答来获得答案，问答的过程就像记者追踪报道一样。[1]学生们在《新闻学101》中都会学到这样一个道理，每一个故事都应该尽可能地回答以下问题：何人、何事、何时、何地，以及最棘手的问题何因。对于你提供的每一项服务，你都要从尽可能多的角度考虑"内容""人物""时间""地点"以及"原因"。在某些情况下，你可以问答上述所有的问题，而在其他情况下，你只能问答其中的一小部分。你也可以在这些基本问题之上继续发挥，例如，一旦你有了关于"内容"的范围，那么就可以继续问"还有什么"。我们的思路是，用这个问答过程来深入理解是什么在那个特定的时刻激励着顾客。这种方式被那些思想保守的公司所忽视，但在理想情况下，它将帮助你实现差异化。表 4-1 中列出了你想要问的各种问题的示例。

表 4-1　问答：问题示例

谁
- 当顾客"使用"①产品时，谁与他们在一起？
- 他们对顾客有多大的影响？
- 如果我们可以安排，我们希望顾客和谁在一起？
- 如果我们可以安排，我们希望这些人如何影响顾客的购买决定？
- 谁选择了竞争对手的产品，而不是我们的产品？他们为什么不"使用"我们的产品？
- 谁会遇到与我们的顾客遇到的类似的问题？是当前竞争对手的顾客吗？是待开发的新顾客吗？例如，处于不同区域或属于不同人口统计学特征②组别的类似顾客？还是可能从我们的产品中受益的间接顾客？
- 是什么阻止了我们为其他潜在顾客提供服务？

什么
- 我们的顾客在"使用"该产品时体验到了什么？
- "使用"该产品满足了什么需求？
- 在"使用"该产品后，顾客的情况发生了什么变化？
- 该产品为他们解决了什么问题？
- 该产品没有为顾客解决什么问题？是什么阻止我们为他们解决这些问题？
- 当顾客"使用"该产品时，他们还在同时做什么？确定顾客在"使用"产品时可能从事的所有主要活动。
- 如果可能的话，他们会从事哪些新的活动？这为新产品的增强提供了可能性。
- 当他们"使用"该产品时，他们有什么顾虑？我们能找到减轻这些顾虑的方法吗？
- 我们还能解决顾客遇到的其他的相关问题吗？是什么阻止我们解决这些其他的相关问题？

其他
- 当顾客在"使用"产品时，他们在想什么？
- 除了"使用"产品，他们更喜欢做什么？

何时
- 我们的顾客什么时候"使用"该产品？
- 如果我们可以安排的话，他们可能在哪些其他的时间"使用"该产品？

哪里
- 当我们的顾客"使用"产品时，他们在哪里？
- 如果我们能安排的话，他们还可能在哪里？

（续）

如何做
◇ 顾客如何学习"使用"该产品？
◇ 他们如何在"使用"这个产品和其他解决方案之间进行权衡？
◇ 早期顾客是如何开始"使用"该产品的？后来的顾客是如何开始"使用"它的？
◇ 顾客如何知道何时开始和停止"使用"该产品？

① 给"使用"加引号是因为它只代表顾客对你产品体验的一个方面。其他方面包括购买、搜索、选择、安装和维修。你可以使用相同的测试过程，把使用换成以上动词，找出在这些领域差异化的机会。

② 人口统计学特征是指性别、年龄、受教育程度等个体特征。

为了演示问答的具体过程，让我们来看看一个成功的创业者是如何将一种大多数人认为增长缓慢的产品差异化的。我们的例子涉及一家名为布莱思工业（Blyth Industries）的公司。布莱思工业的首席执行官鲍勃·格尔根（Bob Goergen）在蜡烛的制造和销售上取得了令人难以置信的成功。格尔根是我们喜欢研究的那种人——发现并抓住别人看不见的机会的人。他是如何想出方法来差异化一种不仅非常普通而且易于制造的产品的呢？让我们看看问答过程是如何影响他的公司行为的。

让我们先问这样的问题：蜡烛是做什么用的？用在哪里？蜡烛在不同的地方有很多不同的用途。例如，在家里用来庆祝或提供照明；在饭店用来提供照明和营造氛围；在户外用来提供照明；在敬拜场所用来表达崇敬。

对于每一个主要的用途和场合，我们可以更深入地探究，并询问在每个场合使用蜡烛的具体位置。例如，人们会在家里的什么地方使用蜡烛？一些显而易见的答案包括：餐厅、卧室、地下室（靠近保险丝盒）、露台和浴室。

以上提到的每一个位置都呈现出不同的体验情境。不考虑停电的情况，如果你想卖很多蜡烛，那么在家里使用蜡烛的情绪情境才是至关重要的。蜡烛可以营造喜庆的氛围、浪漫的氛围、温馨的氛围等。

以餐厅为例，要想对情境有所了解，你应该先想想在顾客使用蜡烛时，他一般会和谁在一起。根据这些人的不同，你可能会卖出不同种类的蜡烛。例如，他可能是在招待家人，也可能是在举办邻里聚会，或者是在和约会对象享受一个浪漫的夜晚，又或者是在招待商业伙伴。

现在让我们把注意力集中到家里、餐厅和家人这个组合上，问问顾客什么时候会用蜡烛。同样，还有许多可能的场合，每种场合都有自己的含义。比如，生日、周年纪念、假期、毕业典礼、情人节和升职。

这一过程可以不断重复，每次设定一个新的使用房间和一组新的同伴。通过考虑每种情况的情境和情感基调，你可以提供相应的辅助产品来增加蜡烛的价值。那么接下来，我们会问，围绕蜡烛还能提供哪些辅助产品呢？实际上，不同造型、颜色和气味的蜡烛不光可以单独出售，还可以配上各种配件，如盆景、特殊场合的包装和贴纸、香薰盒、香薰包、节日布置包、派对包和蛋糕装饰包等。图 4-1 展示的是鲍勃·格尔根的公司推向市场的众多不同系列蜡烛中的三个例子。

	蜡烛可以用在哪里 例子包括： ◇ 在家里 ◇ 在户外 ◇ 在饭店 ◇ 在敬拜场所	
让我们选择在家里 在家里蜡烛可以被用在哪里 例子包括： ◇ 餐厅 ◇ 客厅 ◇ 卧室 ◇ 露台	让我们再次选择在家里 在家里蜡烛可以被用在哪里 例子包括： ◇ 餐厅 ◇ 客厅 ◇ 卧室	让我们选择在户外 在户外蜡烛可以被用在哪里 例子包括： ◇ 野营点 ◇ 野餐点
让我们选择在餐厅 当人们在餐厅里用蜡烛时和谁在一起 可能包括： ◇ 家人 ◇ 朋友 ◇ 商业伙伴 ◇ 约会对象	让我们再次选择在餐厅 当人们在餐厅里用蜡烛时和谁在一起 可能包括： ◇ 家人 ◇ 朋友 ◇ 商业伙伴 ◇ 约会对象	让我们选择野餐点 当人们在野餐点用蜡烛时和谁在一起 可能包括： ◇ 家人 ◇ 朋友 ◇ 商业伙伴 ◇ 俱乐部成员 ◇ 慈善事业伙伴
让我们选择家人 什么时候人们会和家人在餐厅里用蜡烛 可能包括： ◇ 生日 ◇ 周年纪念 ◇ 假期 ◇ 毕业	让我们选择约会对象 什么时候人们会和约会对象在餐厅里用蜡烛 可能包括： ◇ 第一次晚餐 ◇ 后续的晚餐 ◇ 情人节 ◇ 欢迎回家的接待宴	让我们选择商业伙伴 当人们和商业伙伴在野餐时用蜡烛可能会担心什么 ◇ 蜡烛熄灭 ◇ 蜡烛吸引昆虫

图 4-1　通过问答来区分蜡烛的不同市场

这些人在假期用蜡烛时还需要其他的什么 ◇ 节日的氛围	这些人在约会用蜡烛时还需要其他的什么 ◇ 浪漫的氛围	这些人用蜡烛时还需要其他的什么 ◇ 放松的氛围
通过用其独特的技术来给蜡烛塑形、调香和上色，公司创造了一系列的差异化的产品和程序		
节日蜡烛 ◇ 秋天的棕色蜡烛，以及带有蔓越莓和肉桂等香味的橙色蜡烛，可以作为感恩节的礼物 ◇ 红白或绿白条纹相间的，带有肉桂和薄荷香味的蜡烛	**浪漫蜡烛** ◇ 在正式的第一餐中，用带有异国情调色彩的高且有凹槽纹的蜡烛 ◇ 随着关系的发展，使用香薰蜡烛营造气氛 ◇ 在情人节使用红色螺旋形的，带有玫瑰或康乃馨香味的蜡烛	**户外蜡烛** ◇ 注入驱虫剂（如香茅）的、大且燃烧持久的蜡烛 ◇ 在防风的悬挂容器中的蜡烛，容器类似于中国的灯笼

图 4-1 （续）

差异化的潜力仅仅受想象力的限制。格尔根会告诉你："这个行业在过去 300 年里一直在衰落！"然而，这并没有阻止布莱恩工业不断地对其产品进行差异化。格尔根专门针对特定的地点（哪里）、同伴（谁）和场合（何时）推出了一个又一个的新蜡烛产品。随后，他将公司的业务范围从美国市场扩展到了蜡烛可能卖出好价钱的其他市场。当然，在一些地方，该公司还没有取得多大进展，例如日本。该国蜡烛市场的发展就比较缓慢，原因是日本许多住宅都是用大量木材和纸张建造的，出于消防考虑，他们对蜡烛使用较少。一家公司（格尔根在 20 世纪 80 年代末以 20 万美元收购了该公司，收购的理由是"爱好"）的销售额从 1982 年的 300 万美元，增长到 1996 年的近 5 亿美元，该公司也从一个纯粹的蜡烛生产商，成为全球蜡烛和配件巨头。1997 年，布莱恩工业的市值达到 12 亿美元。如果格尔根可以用蜡烛做到这一点，我们相信你也可以用你销售的任何产品和服务做到这一点。

创造差异化的最佳机会来自你的企业所特有的技能和能力，这使得竞争对手很难快速跟进。对于布莱恩工业来说，格尔根将公司出色的市场调研能力和技术能力结合起来，形成了高度复杂的生产工艺，将蜡、颜料和香料加工成其他公司无法以相同成本推出的形状和风格的蜡烛。

格尔根将创业思维的两条原则付诸实践。他对自己产品的使用情境有了详细的了解，然后找到了开发和利用公司的能力的方法，最终推出了竞争对手难以企及的差异化产品。你也可以这样做。

当我们向工业品企业的管理者们展示这个例子时,他们经常抱怨说,这对消费品市场来说是件好事,但在工业品市场却行不通,但我们希望能说服你。工业品企业通过差异化来改变游戏规则的方式有很多——不仅可以基于产品,而且可以基于产品所提供的服务。例如,多年来,尽管竞争激烈,IBM 的服务依然报价高昂。事实上,采购咨询公司 Mitchell Madison Group(MMG)(现在是 USWeb/CKS 的一部分)发现,竞争对手提供的方案必须比 IBM 在总成本方面节省 15% 以上,才能让 IBM 的客户考虑它们的报价。[2]

如果你的顾客是企业,你需要做的最重要的一件事就是了解它们是如何竞争的。只要你了解它们是如何竞争的,并且能帮助它们竞争,你就有了一个关键的"加分项"因素。例如,巨积公司(LSI Logic)的一位高管指出,如果你想把半导体阵列卖给索尼,那你就应该重点突出那些独一无二的特性和功能,因为索尼的目标就是成为领先的创新者。与之相比,松下的定位则是一个坚定的"快速跟随者",所以它主要关注的是产品投入市场的速度和可靠性。

消费链分析

如果仅凭情境问答不能产生足够多的好主意,不要灰心,还有很多地方可以让你产生好主意!下面讲述第二个可用于差异化战略的工具:消费链分析。[3] 使用这一工具的前提如下:从你的顾客第一次意识到他们需要你的产品或服务开始,一直到他们最终处理掉用过的产品,其采取的每一步行动中都潜藏着差异化的机会。我们将这些步骤称为顾客的消费链。

确定消费链中的环节

消费链中的每一个环节都蕴含着差异化的可能性,而你要做的就是找出对你的企业来说最有价值的那个环节,并详细说明为什么它最有价值。要想做到这一点,第一步就是先弄清楚消费链的逻辑是什么。图 4-2 展示了一个典型的消费链中的环节。

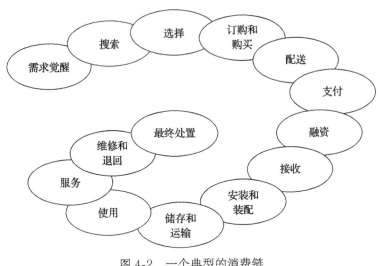

图 4-2 一个典型的消费链

需求觉醒

顾客是怎样意识到他们对你提供的产品或服务有需求的呢？如果你是一个牙刷制造商，你面临的挑战不仅是让消费者相信刷牙很重要，而且还要说服他们必须用你的牙刷刷牙。

吉列公司（Gillette）的欧乐 B（Oral-B）公司部门的管理人员在产品意识方面特别具有创业思维。他们利用了这样一个事实：对大多数顾客来说，买牙刷不是一件那么重要的事情。大多数人并不知道牙刷刺激牙龈（减少牙龈疾病）的能力会随着使用时间的增加而退化，而仅仅通过外观是无法确定什么时候该换牙刷的。事实上，尽管牙医们多年来一直建议人们每 3～4 个月就更换一次牙刷，然而普通顾客实际使用牙刷的平均时间至少为 9 个月。[4] 这种情况下，顾客已经对某种产品（在这个例子中指一支新的牙刷）产生了需求，但是自己还没有意识到。

欧乐 B 公司的经理们在 1992 年开发了一个产品系列，他们称之为"指示线"（indicator line）。这种牙刷采用了一种专利方法，将刷头中心部分的刷毛染成蓝色，当这部分刷毛褪色之后，就该换牙刷了。因此，该款产品实际上能够自己告诉顾客何时需要更换新牙刷。这一产品后来被证明是一个巨大的成功。顾客们的牙齿得到了更好的保护，公司也在该产品上获益不小——这一系列牙刷的售价比欧乐 B

公司的其他牙刷高出约15%，而欧乐B公司普通牙刷的价格就是商店里其他牙刷的两倍。与此同时，顾客更换牙刷的频率也在上升，因此，欧乐B公司的增长直到今天仍然令人印象深刻。从1988年到1998年，欧乐B公司的年销售额增长均超过12%；利润增长则分别超过21%（1988～1993年）和17%（1993～1998年）。值得记住的是，这些结果来自一个许多人认为已经成熟的产品类别。

对产品而言，这种廉价、普遍的"智能"模块时代已经到来了。欧乐B牙刷是牙刷界的先驱，它可以告诉你什么时候需要更换牙刷。

将智能功能内嵌到普通产品中的想法无处不在。以电池为例，便携式设备的急速发展带来了电池行业的蓬勃发展。1996年，劲量（Energizer）率先推出了第一个电量测试纸（on-battery tester），该产品使得顾客能够随时测试电池电量，给人们带来了从未有过的信息优势。这项发明给《大众科学》杂志的编辑们留下了深刻的印象，他们将其选为年度最佳家居技术创新之一。[5]

作为回应，金霸王国际公司（Duracell International，现在是吉列公司的一部分）在自己的 PowerCheck 电池中内置了具有同样功能的测试纸。惠普公司和其他复印机、传真机、打印机制造商早就在它们的产品中加入了余料信息，这样顾客就可以在油墨耗尽之前购买替代品。

随着工业产品开始向顾客"传达"它们的使用情况，为这些产品提供服务的企业很快就会出现，以便在零部件耗尽时及时介入。例如，阿拉斯加州和不列颠哥伦比亚省北部的伐木卡车通过机载计算机与卫星相连，优化了卡车的信息系统和天气系统。例如，卡车轮胎的胎压可以根据环境条件进行调节，这不仅减缓了轮胎的过快磨损，还节省了意外爆胎时停机的成本和费用。每辆卡车都是一笔巨大的投资，一旦停工，代价十分昂贵。正是因为可以提前准备好需要的零配件，现在维修这些卡车的速度变得更快，维修费用也更便宜。[6]

搜索

顾客是怎样寻找替代解决方案的？这里的关键目标是提高产品的知名度。使顾客的搜索变得简单，把你的产品定位在他们容易找到的地方（无论是在网络空间还是在现实领域），找一些顾客根本不想花时间去做比较的场合——这些都是利用差异化搜索的方法。在搜索环节，互联网正在产生巨大的影响。Priceline.com 等公司彻底颠覆了传统的购物范式。这家公司不遵循传统的先提供产品或服务，然后设定价格的模式，相反，它让顾客设定价格，然后寻找愿意以这个价格出售产品的供应商。这种模式是否长期有效需要时间来证明，但此时此刻，Priceline.com 已经在许多顾客心中留下了独特的印象。今天的 Priceline.com 已经成长为全球最大的在线旅游产品提供商，旗下的 Booking 品牌是世界上最大的酒店在线预订平台之一。

选择

为什么顾客会选择这种解决方案而不是另一种？就拿购买二手车举例子。新闻里报道的都是惨痛的失败经历，个人的过往经历往往也很糟糕。购买二手车有很多负面可能性，这里面不仅包括买到次品的可能性，还包括与咄咄逼人的销售人员还价的过程。正如《华盛顿邮报》记者布洛克·耶茨（Brock Yates）在 1987 年所观察到的那样，"我即将卷入一场 20 世纪的闹剧——买车。对我们大多数人来说，这基本和根管治疗一样痛苦"。[7]

在企业管理者身上这些情绪也没有消失。像 CarMax 和全美汽车租赁（AutoNation）这样的公司为顾客提供了使用电脑浏览停车场上待售汽车详细信息的机会。当顾客从清单中筛选出对他们最具吸引力的汽车后，他们可以要求销售人员向他们展示这些汽车。许多顾客都选择了这种购物方式，以此来摆脱传统买车活动所带来的压力和不适。二手车交易领域的第二次革命正在发生，当然，这要归功于互联网。现在，顾客完全可以指定好其要找的车型、价格范围、地理位置，然后针对性地找到一个现成的卖家，整个过程几乎不需要投入时间或精力。

订购和购买

为了购买你的产品，顾客必须要做什么？尽管听起来有些难以置信，但许多公司都能成功地吸引到顾客，并说服他们选择自己的产品，结果却在最后的销售环节掉了链子。许多网站都犯了这样一个错误，顾客需要花费大量时间输入个人信息，此外这些公司还在网站上额外设置了多个加载速度缓慢的验证界面，使得最后的购买行为成了整个流程中最困难的部分。结果呢？那些潜在买家永远无法完成购买，交易也就失败了。针对这一环节，有些公司采用了更有想象力的方法来处理。例如，亚马逊就创建了一个一键式系统，老顾客只需按下屏幕上的一个按钮，就可以从预先存储的信息中实现订购，而不需要做更多的动作。当然，实体店也有把购物变得过于复杂的问题，任何在大型折扣店门前排过长队的人肯定知道这一点。

配送

产品如何从你的手里交到顾客手里？在音乐以及其他预录制内容服务行业中的公司，关注的重点一直都是顾客所在的位置以及如何将音乐产品配送给顾客。像CDNow这样的公司允许顾客定制属于自己的个性化CD（光盘），从而彻底改变了唱片行业对音乐的消费模式。顾客不必再去音乐商店，也不必再因为喜欢一首歌而去购买整个专辑，他们可以创建自己的收藏列表。与此同时，Audible.com 公司正在实现另一种新想法，该公司一方面为互联网站点提供可供下载的内容，另一方面为顾客提供一种特殊的类似随身听的设备，用来播放这些内容。当然，对许多公司来说，配送就是它们的业务，我们都受益于物流和包装方面的巨大进步，而这些进步得益于联邦快递等公司的创新。对于许多其他类型的企业，如商品运输公司、建筑公司、食品公司和报纸公司等，配送也具有重要的竞争意义。

支付

顾客如何付款？你们如何收款？优化支付环节可以从多方面改善业务。首先，如果支付更方便，你的产品无疑会更加与众不同。其次，你的组织会从中受益，譬如简化支付环节可以节省下来成本或更快地获得正现金流。以美孚（Mobil）的Speedpass系统来举例。这一系统的注册顾客会得到一个微型无线电发射器，可以将其绑在钥匙链上或者直接挂在汽车后窗上。应答器装在加油泵上，用来接收发射器发射的特殊代码，然后直接完成加油结算，排队刷卡或者付现金的麻烦都省去了。这一套自动支付系统于1997年推出，到1999年，已经有超过3 800个美孚加油站参与了这个项目，注册的用户超过300万。该公司的研究显示，使用Speedpass系统的顾客每月在美孚购买汽油的平均次数比不使用Speedpass的顾客多一倍。想想这在市场份额方面给美孚带来的巨大优势，所有这些都是因为该公司认识到，顾客想要更快更方便地加油。[8]

接收

顾客拥有了它（产品或服务），他们会用它做什么？关于接收，特别是提供与接收有关的服务方面，需要考虑的问题是，这个过程是否可以变得更方便、更有效或更令人愉快。我们最喜欢的一个例子是前进保险公司，在第 2 章中提到过。前进保险公司让驾驶面包车的理赔员在事故现场处理索赔，很难想象会有比这反应更快、更迅速的理赔服务了。不仅如此，前进保险公司还提供了许多其他的保障服务，它帮助顾客寻找修车、租车以及处理医疗问题所需的所有服务的提供商。以这种方式服务顾客也带来了意想不到的好处，该公司在全美国范围内的妨害民事诉讼中处于最低水平。这项服务的接收速度似乎太快了，以至于诈骗者都没有时间参与进来。

安装和装配

你的顾客将如何使用产品？对安装方面的困难加以利用并从中获利的一个例子是奥的斯电梯（Otis Elevator），该公司使用无线技术来扩大其远程电梯监控系统的市场。奥的斯电梯与诺华达无线通信（Novatel Wireless）以及贝尔大西洋移动（Bell Atlantic Mobile）结成联盟，解决了奥的斯远程电梯监控系统的安装问题。此前，顾客使用陆线调制解调器将电梯性能信息传递给 OTISLIN——奥的斯电梯公司的 24 小时维修调度中心。这需要在电梯机房安装电话线。如果由于某种原因无法安装电话线，顾客就不能使用该服务。这三家公司开发了一种解决方案，可以使用诺华达无线调制解调器直接与奥的斯电梯通信，从而省去了安装电话线的环节。诺华达无线通信的高管估计，这项技术使奥的斯电梯进入了一个拥有 6 万多部电梯的新市场，因为这些电梯都无法安装电话线。[9]

储存和运输

顾客对储存产品有何顾虑？例如，在工业煤气业务中，主要生产商对产品储存和运输的关注已经改变了该行业的业务模式。在传统的业务模式中，产品从集约化的工厂生产出来，通过卡车运送到顾客那里，顾客再将产品投入到它们自己的生产过程中。在这一过程中，运输、储存和分配大量工业气体的费用和复杂性都很高。而这些问题已经被新型生产商克服，这些厂商的做法是在顾客那里现场生产所需的气体。这对顾客来说节约了成本，因为大多数气体要么需要高压储存，要么需要特殊低温罐车运输，这些都增加了运输成本。比欧西气体（BOC Gases）在氮气、氧气和氢气等的现场生产领域处于领先地位，同时还将其专有技术和施工经验进行销售，以促进这些专有技术和施工经验在新工业过程中的应用。[10]

使用

顾客在使用产品时会发生什么？顾客在使用产品时需要什么帮助？比欧西气体再次在这方面提供了一个很好的例子。该公司通过帮助生物技术行业的顾客降低用气系统总成本创造了巨大的价值。1998年1月，该公司宣布，它已成为马萨诸塞州生物技术委员会（Massachusetts Biotechnology Council）唯一的气体和相关服务供应商，而该委员会是一个代表了190多家生物技术公司的行业协会。比欧西气体的做法是通过实施互联网订购、气缸跟踪和气体管理服务等措施，将重点放在实验室气体使用和散装气体使用的总成本上。除了这些旨在使其产品更容易使用或价格更便宜的服务外，比欧西气体还提供了一个专门的技术热线，为顾客提供信息和支持，帮助他们处理其产品。

服务

当产品需要服务时，会发生什么？该服务是如何提供的？奥的斯电梯就是一个很好的例子，它的远程诊断系统使其在服务基础上与众不同。在拥挤的办公大楼中，奥的斯电梯能够预测可能出现的服务中断，并在电梯实际发生故障前派维修人员进行夜间预防性维修。

维修和退回

是什么导致了产品需要维修或者被退回，或者订单被取消？零售商们逐渐发现，基于维修和退货的便利性进行差异化，是抵御互联网公司进入传统市场的一种方式。大多数在线商家要求那些希望退货的顾客自行将商品寄回它们的仓库。不过，代顿·哈德逊（Dayton Hudson）的塔吉特连锁百货（Target Stores）做了一次尝试，它允许顾客在其881家实体店中的任何一家退回在其网站上购买的商品，从而使自己的服务与众不同。本质上，它试图利用的是顾客对网购产品进行退货时产生的高度不满的情绪。

以前许多人认为，顾客对待网购商品的退货问题会像对待传统的目录采购商品一样。然而，实际上线上商品退货与目录采购存在着一些惊人的差异。例如，一些网上商城的系统会自动将购买礼品的退款发送给送礼者，而不是收件人，因为订购信息与送礼者的账户关联。其他顾客则对他们无法将产品退回到网站的实体附属机构感到恼火。还有一些人会发现，他们期待一次完美的购物体验，最后却不得不面对退货的过程，这尤其令人烦恼。顾客过高的期望只会让事情变得更糟。

在某种程度上，退货的困难与这样一个事实有关：网上购物正在成为大众市场和主流体验。没有这方面经验的公司往往无法应付大众传播媒介的高强度服务挑战。弗雷斯特研究公司（Forrester Research）估计，在1999年的美国假日购物季，网上购物的花费超过40亿美元。在这个日益壮大的市场中，安排退货和服务方面的困难正在成为一个"致命缺点"。[11]

最终处置

当产品不再有任何用处时，顾客会如何处置它？一切美好的事物都有终结的时候，这就提出了一个问题：是否有这样一种方法，通过提高处置废弃产品的便利性来进行差异化。例如，佳能（Canon）开发了一套系统，允许顾客退回用完的复印机墨盒，然后将墨盒进行修复。这给顾客创造了一种积极的体验，让他们觉得自己在对环境负责，同时也提高了佳能的环保形象。另一方面，这么做也降低了佳能的成本，因为修复一个用过的墨盒比制造一个新的墨盒要便宜得多。

如果你能够以这样一种方式构建处置环节，使顾客能够顺其自然地用你的下一代产品替换已耗尽或过时的产品，那么产品处置环节将特别有利可图。例如，电脑零售商通过各种形式的创造性租赁业务来迎合人们对电脑迅速迭代的担忧。最近的一个例子是，一家公司每月向顾客收取电脑租赁费用，一旦电脑过时，该公司还会对其进行升级。这样，顾客就不用担心产品过时，也不用每次想要或需要一台新电脑时都要拿出几千美元。

改善消费链中的环节

消费链分析的目的是帮助你发现差异化的机会，也就是那些有希望超越你的公司和其他公司今天正在做的事情的机会。让我们用典型消费链中的四个环节来说明具体操作过程,这四个环节分别是:搜索、储存和运输、使用、购买。

搜索

人们如何搜索家庭用车?考虑一下人们搜索自己的下一辆家用汽车的多种方式:

◇ 去同一家经销商那里购买当前用车的最新型号。[12]

◇ 去不同的经销商那里购买当前用车的最新型号。

◇ 去不同的经销商那里找一款较新的、二手的当前用车。

◇ 咨询不同的经销商,比较不同车型的新车或二手车。

◇ 看电视广告,咨询打广告的经销商。

◇ 阅读报纸上所有的汽车广告。

◇ 在线搜索。

◇ 与亲朋好友详细讨论购买事宜。

◇ 查阅已经出版的消费者报告手册。

◇ 在线查阅消费者报告手册。

◇ 去几家经销商那里看看比较好的汽车。

◇ 对多种汽车进行多次试驾。

◇ 阅读许多行业杂志,做详细的分析,然后进行多次试驾。

在某种程度上,潜在购车者搜索汽车的过程将决定他们最可能看到和接受的广告类型。对于你的顾客也是如此,也就是说,你可以通过改进他们的搜索方式,为搜索你的产品或服务的潜在顾客找到增值的方法。例如,如果你以通常会购买其当前用车的最新款的人为目标顾客,而你又恰好是他们之前的供应商,那你就要在他们需要买新车的时候针对他们做广告,或者提供一个定向折扣,并逐点比较为什么你的车比其他款式的车更优越。

储存和运输（携带）

人们如何储存和运输（携带）头痛药？以下是顾客在消费链中的储存和运输环节可能做出的一些行为：

◇ 等到药片吃完，再买新的备用药片。

◇ 在家里的药柜里放一份备用药片。

◇ 多准备几份备用药片放在药柜里。

◇ 把药片放在公文包或钱包里。

◇ 把药片放在公文包或钱包里，并在家里备好备用药片。

◇ 把药片放在公文包或钱包里，并在家里和办公室备好备用药片。

◇ 头痛起来才买药片，把吃剩下的半包药片随便丢在家里，最后扔掉。

在这里我们可以推测，拥有不同储存和运输习惯的顾客可能会对不同种类的包装或促销表现出兴趣。例如，如果一些顾客只在需要的时候买药，他们为什么要买一大盒呢？一小盒或一袋就可以了。而那些经常随身携带药片的顾客就很有可能需要一个盒子，因为坚固的包装可以防止他们的药片在随身携带的过程中被弄碎。

使用

人们如何处理在产品使用中遇到的困难？例如，对于一件洗后缩水的昂贵运动衫，不同的顾客群体可能会做什么？

◇ 以一种坦然的态度把它扔掉——这种事时有发生，没有必要为此烦恼。

◇ 扔掉它，向家人抱怨。

◇ 扔掉它，向家人、朋友和同事抱怨。

◇ 扔掉它，发誓再也不买那个品牌。

◇ 扔掉它，并发誓再也不买那个品牌，或者再也不在这家商店买任何东西。

◇ 给商店打电话投诉。

◇ 亲自去商店投诉。

◇ 亲自去商店，要求退款。

同样，不同的顾客群体对你的组织处理这类问题的方式会有不同的反应。如果他们陷入"扔掉它，再也不买那个牌子的"情况，你永远都不会知道你是如何失去他们的。这些顾客可能是你最赚钱的顾客，所以你需要找到一种方法，鼓励他们在不满意时去采取一些行动。例如，许多公司会为顾客不满意的产品提供全额退款。这样做能够使你看清问题是什么，并有机会重新获得顾客的信任。

对于喜欢抱怨的顾客群体，可能需要采取完全不同的行动。其中一些人可能对运动衫有合理的抱怨，但他们可能并不是你想要的那种顾客。例如，他们可能长期忽视服装的使用和护理说明，最终自己制造出了问题。通过将衬衫拿回来进行分析，你可以首先判断出是不是顾客粗心的问题，其次，再去考虑是否要对衬衫采取不同的销售方式。

购买

在顾客购买汽油时，如何利用问答来细分消费行为呢？对汽油消费行为进行顾客细分非常困难。让我们假设这就是你面临的问题，你能够问的问题有很多。

顾客在购买汽油时在做什么？他们可能是在上班路上、在休闲旅行、在商务旅行、在购物、在度假，或者只是为了操作家用设备（如割草机）而装满一个备用的汽油桶。

问答过程的下一步是选择其中一个情境进行进一步问询。譬如我们选择"商务旅行"。这些为商务旅行购买汽油的顾客是谁？他们可能是一个人出行，或者是与一个或多个生意伙伴一起出行，还可能是一群人一起出行，或者是与配偶一起旅行。

假设一个潜在的顾客独自出差。下一个顺理成章的问题就是顾客可能在哪里加油。他可能会在经常去的当地加油站，或者在沿途比较方便的位置加油，又或者在他的公司预先批准的加油站加油，即便他个人从来不在这里加油。

假设我们感兴趣的是那些在前往目的地（而不是他们的家或工作场所）的途中

加油的顾客。接下来我们应该考虑他们加油的时点。他们可能在白天加油,也可能在晚上,可能在工作日,也可能在周末。

假设现在我们想关注的是那些偶尔需要在夜间加油的人。这些非经常性的加油活动会给顾客带来哪些担忧?他们可能会担心迷路,担心是否有足够的现金支付,担心不得不再次停车,担心汽油耗尽,或者还会担心加油时的人身安全。

现在,让我们进一步定义一下我们所面对的是"谁",我们决定把注意力集中在女性身上,她们独自驾车,进行长途商务旅行,这可能需要在夜间时不时地到陌生的地方停下来加油。这带来了几个差异化的想法,一个可能的想法是对商务旅行密集的高速公路沿线的加油站进行重新配置,以迎合这一细分市场顾客的需求。这包括为顾客提供以下便利设施:

◇ 光线充足的加油站。

◇ 由加油站服务员负责加油。

◇ 每个加油站都应该配备一个当地旅游顾问,他要对该地区有详细的了解,比如,哪些路是安全的,哪些出口应该绕过,哪些餐厅舒适安全,哪些酒店性价比合适。

◇ 在顾客旅行的第一个加油站给她们一部手机,在最后一站收回。

更进一步,你可以建立一个从一个加油站延伸到下一个加油站的旅行消费链来专门迎合这个细分市场。每次在顾客加油后,加油站都会提前打电话到下一站,告知那里的服务员她的计划和目的地。如果她没有在规定的时间内到达,这项服务可能会要求加油站派车去找她。

这个例子引出了一些值得注意的地方。首先,一旦你的加油站以更安全而闻名,你就能捕捉到溢出效应:无论白天还是黑夜,无论她们是否独自一人,她们都会倾向于在你那里停车。其次,并非所有这些想法都能盈利。在大举投资重组加油站或增加服务之前,你必须慎重考虑目标群体中是否有足够多的顾客,以及是否有足够的溢出效应,使你的努力变得有价值。最后,你没有必要为自己的差异化准备所有材料。例如,某家移动电话公司可能很乐意提供基于加油站的服务,为你创造

（相对于其他加油站的）差异化，而你无须承担任何费用或投资。这就是创业思维。

映射消费链的属性

消费链中的每个环节都充满着可以映射的属性，这些属性可以进一步区分特定顾客群的产品或服务。将属性映射工具和消费链分析工具结合使用，会使其功能更加强大。让我们回到前进保险公司的例子，看看汽车保险索赔消费链中的接收环节。

假设一个该公司的参保者刚刚发生了一场车祸，她的车需要适度的车体维修。她是一个非常忙碌的人，几乎没有时间去处理这些问题。针对此类顾客群体接收保险服务的属性映射图可能如图4-3所示。

	标配	差异化	情绪化
积极	必不可少 损坏赔偿	加分项 提供代用汽车	兴奋点 现场评估
消极	可容忍 600美元免赔额	丢分项 繁杂的形式和冗长的报告	致命缺点 中断保险
中性	无所谓 公司广告	附赠 推荐的汽车修理店的详细描述	

图4-3　时间紧迫的顾客群体的汽车保险服务接收环节

对工作繁忙的人来说，能得到现场索赔评估，还能得到一辆在维修期间用来代步的汽车，这些都能使他们欣喜万分。其中，有一小部分人对价格也相对不敏感。如果幸运的话，这一部分人就足够满足公司的需求了。换句话说，他们会容忍更高的免赔额和更高的保费，因为对他们来说节省的时间比金钱更有价值，这才是关键驱动因素。这些人很可能是公司最理想的目标顾客。为这些顾客提供快速、高效的服务，不仅能增加他们的续购倾向，还能刺激他们进行宣传，提供积极的口碑推荐。但如果理赔保单冗长、烦琐，填起来耗时耗力，可能会让这些顾客非常不满，而保险公司拒绝理赔（尤其当事故责任不在顾客这边时）则会激怒他们。意识到这一点甚至更为重要，因为人们对产品的感觉会产生溢出效应，例如，愤怒的顾客可能会退出与前进保险公司签订的其他保单，或切断与同一母公司有关联的其他供应商的关系。

将顾客的体验分解到不同的消费链环节，这样才能开展更详细的属性映射。你可以在消费链的每个环节上，为每个部分构建一个属性映射图，进而系统地识别差异化的机会。我们的目标是确保你知道在消费链中的每个环节上，哪些属性属于关键顾客细分的哪些类别。接下来你可以开始问这样的问题：

◇ 我们如何才能比现在更快、更便宜、更好地传递给顾客积极的属性？

◇ 我们如何减少或删除消极和中性的属性？

◇ 我们如何满足顾客可能的新需求？

◇ 有没有什么是顾客发现有用且只有我们才能提供给他们的呢？

这些问题的答案里蕴藏着机会，使你能够从目前的属性映射图进化到未来的轰动性产品，从而增加盈利。

当你开始对未来的轰动性产品有了具体的想法时，要努力在你的机会清单中抓住机会。因为很难预测最终有价值的是什么，所以你现在能确定的想法越多，当机会来临时你就越有能力采取行动。

找到促使顾客采取行动的触发事件

顾客从一个环节移动到下一个环节，靠的是一系列触发事件。这些事件会导致新的需求出现，改变顾客对需求的看法，或者标志着消费事件的结束。你必须知道这些触发事件是什么，并且能够在竞争者介入之前采取行动。例如，当顾客当前的产品出现故障或过时的时候，通常会触发他们对新产品的搜索。任何陷入计算机不断升级循环的人都知道这个情况。触发事件因顾客细分的不同而不同。比如，喜欢开新款汽车的人，只要时间一长就会想买新车；喜欢修修补补的人可能会很开心地继续驾驶一辆需要频繁修理的汽车。

许多其他种类的产品也是如此。譬如洗衣机和其他家用电器。有些顾客会在搬家、潮流变化或出现新功能时更换他们的电器；其他人则会一直用到坏为止。然而很多时候，公司会把这些完全不同的客户统统放在一个无用的或者通用的类别中，比如"高收入的郊区家庭"类别。

对于到底是什么触发了某一细分顾客群体在消费链条上的移动，公司的假设往往是错的。这常常导致公司错失机会。下面让我们一起看一下某人（麦格拉思）在使用洗衣机时的不愉快经历吧（见专栏4-1）。

专栏 4-1　洗衣机的小事故（你失去的老顾客就是别人得到的新顾客）

我那台值得信赖的惠而浦（Whirlpool）洗衣机（当我从原来的房主那里买下这栋房子时，它就随房子一起被买来了）第二次坏了。因此，我打电话给惠而浦求助热线。

我把我的电话号码和地址给了一位客户服务代表（她应该能根据我的电话号码和地址找到我所在的社区）。我解释了打电话的原因：我的洗衣机坏了。我说我拥有这台惠而浦洗衣机已经五年了，虽然不是我买的，但是我的使用体验总体上挺好。

客户服务代表的下一个问题是我是否想亲自修理这台机器。"不，"我说，"我没有兴趣自己修理它。"然而，她还是（非常友好地）把我转到维修热线。维修热线的那位先生想让我描述一下这台机器坏之前的声响和表现，以便为我找到正确的维修部件。之后，我挂了电话。这是一个典型的触发事件的例子——当前的顾客正在寻求解决方案，并期待你的公司能够提供，但公司没有做出适当回应。

于是，我去了当地的电器行，那里有一位知识渊博的销售人员向我介绍了所有机器的优缺点。对惠而浦来说很不幸，我最后买了美泰克（Maytag）的产品。美泰克的其他产品给了我很好的体验，它的销售也更有说服力（它有一个展示，通过逐一对比强调洗衣机的耐用性），我更喜欢旋钮的感觉（所有新的应用技术给我带来了太多困惑）。这家电器行不仅提供送货上门的服务，还帮我在 48 小时内把旧机器搬走。在相同档次上，我甚至不介意为美泰克的产品多花点钱。在花了半个小时以及 600 美元之后，这个决定就做好了。如果幸运的话，我在 10 年甚至更长的时间内都不会再去买另一台洗衣机了。惠而浦因此遭受了长期的损失。

如果惠而浦之前能够注意到这样的触发事件，结果可能会有所不同。它本可以换一种销售方式，比如提供以旧换新服务，而不是把我直接打发到维修工那里，让我失去了更换机器的机会。此外，该公司本可以在回收这台旧机器的过程中，仔细检查它，从而给产品开发带来一些启发。例如，到底是哪些部件断裂了，顾客到底是如何使用这台机器的，在制造或设计过程中是否存在需要注意的系统性问题。

不仅如此，通过让自己的配送员上门，公司原本还可以了解到我家的其他电器是否需要更换，哪些电器我还没有，哪些我可能有需要，我到底如何洗衣服，等等。所有这些数据本可以用来帮助公司调整产品，并更精细地细分客户。如果它这么做了，我会更开心，而它也可以增加销售量。

当然，惠而浦在为我所在的这个顾客群体提供服务之前，应该先问一个问题：这个细分市场是否足够大，是否对价格不敏感，是否值得公司花时间去做。如果答案是否定的，那它就不用麻烦了。

导致公司失去机会的原因并非愚蠢。相反，它是关于顾客在消费链上每个环节的行为假设的结果，这些假设对于某个细分顾客群可能是完全正确的，而对于其他细分顾客群则可能是完全错误的。对于更重要的细分顾客群，你有必要花时间找到导致他们在环节之间移动的关键事件，如需求觉醒、搜索、选择、购买等。然后，你必须明确在你的公司里，谁是监控这些事件的最佳人选。这样当这些关键事件发生时，你就能马上知道并准备好做出反应。例如，你的投诉热线和技术支持人员最有可能比其他人更早获得信息，所以他们可以作为最佳人选。

在顾客群内部差异化

如果你有许多不同的顾客群，那么每个顾客群都会有自己的消费链。在这种情况下，你的第一个任务是为每一个顾客群确定你的产品或服务的消费链。如果可能的话，请你打电话或亲自拜访分销商、顾客和客户服务代表，阐明每个细分市场的消费链，以及沿着消费链上的各个环节移动所产生的需求。这个过程的结果应该是为每个战略级顾客群描绘出的消费链，类似于图4-3。记住，你不需要对所有顾客群进行全面的覆盖。只要确定一两个你最感兴趣的，然后仔细研究，再简单带过其他顾客群，这就足够了。

动员组织

为最重要的细分市场绘制消费链是一种典型的"众人拾柴火焰高"的工作领域，在这个工作领域，让更多的人尤其是让那些直接与顾客打交道的人参与其中，更是回报非凡。例如，美国航空公司（American Airlines）前首席执行官鲍勃·克兰德尔（Bob Crandall）就特别强调，包括他自己在内的管理人员，每月都要花一天时间，直接跟那些负责与目标顾客交流的员工交谈。这些人包括订票员、门卫和行李搬运工，他们经常被问这样的问题：商务舱的旅客都说些了什么？他们为什么选择我们公司？

抛开其他不谈，这一举措直接带来了针对商务舱常客服务的不断重新优化。美国航空公司一开始借鉴北欧航空公司（Scandinavian Airlines System）的理念，为商务舱乘客和经济舱乘客提供不同的服务，将非常受欢迎的商务舱与头等舱（许多公司认为头等舱过于奢侈）或经济舱（许多商务旅行者认为经济舱过于简陋）分隔开来。这种区分对待的理念随后被扩展到其他服务产品中。例如，经常出差的人可以享受到以里程形式提供的特别折扣，这样一来，等他们积累了足够的商务旅行里程后，就可以以较低的价格进行私人旅行。另外还有一些措施旨在保持商务顾客对美国航空公司的忠诚度，譬如将他们的里程与汽车租赁和酒店住宿挂钩，里程越多，折扣越大。此外，美国航空公司的常客还能够享受一些其他福利，譬如低价乘坐合作航空公司的航班，申请联名信用卡（如花旗银行的优势卡），以及重要机场的美国海军上将俱乐部（American Airlines Admiral's Club）的会员资格。此外，该公司还与其他业务公司接洽，提供综合差旅和费用报告等服务，以追踪旅客们的差旅和娱乐支出。

当然，市场中没有永远的优势。其他航空公司也在积极参与到商务舱乘客的竞争中来。然而多年来，美国航空公司一直被认为是商务舱乘客的首选航空公司，而商务舱乘客无疑是航空公司服务中利润最高的部分。克兰德尔长期致力于在常客消费链中寻找新的差异化环节。结果表明，美国航空公司的常客计划确实赢得了顾客们的赞扬——从记录里程到兑现里程，再到预订机票和机票邮递。他的成功来源于对最重要的业务部门的重视，并致力于为他们节省时间和减少麻烦。

没有什么能阻止你做格尔根和克兰德尔做过的事。如果你能调动公司里的其他人，让他们真正了解在消费链条上的关键顾客群体正在经历什么，你就有机会在你的组织中释放出巨大的创业能量。

行动要领

下面的行动要领是为了让你着手实践本章所讨论的概念和过程。你可以灵活地用一种适合你的公司的方式来阐述。

第1步：对于每个重要顾客群（或者每个关键分销商和关键供应商），都要画出消费链。要做到这一点，可以通过访谈的方式，同时应该把在一线与顾客直接接触的人都囊括进来。

第2步：找到促使顾客在消费链上的不同环节之间移动的触发事件（需求觉醒、搜索、选择等）。

第3步：设置相应的程序，以便在触发事件发生时能够及时得到消息，并准备好预案。让负责执行预案的人员参与进来，了解触发事件是什么，以及当它发生时应该做什么。

第4步：从订购和购买以及使用这两个环节开始测试，了解当前产品和服务可能无法满足的需求。如果其中一个问题（谁、什么、何时、哪里或如何做）走进了死胡同，那就先转向另一个问题。

第5步：为你正在服务或希望服务的每个重要顾客群建立一条消费链，为每条消费链中的每个主要环节创建一个属性映射图，同样从订购和购买以及使用开始。之后再看消费链中的其他环节。

第6步：利用你对顾客体验的洞察力，在每个环节上寻找机会，为你打算服务的每一个细分市场打造一个轰动性产品或服务。

第7步：把你产生的想法放入你的机会清单。

第8步：在每个顾客群中不断重复上面的过程。

第9步：对其他关键利益相关方（如经销商、分销商和供应商）不断重复此过程。

第 5 章
颠覆游戏规则

The Entrepreneurial Mindset

到目前为止，我们已经探讨了两种开发新业务机会的方法——重新设计和重新差异化产品和服务。在本章，我们将重点介绍通过开发新的业务模式来抓住机会的第三种方法——重塑你的竞争市场。我们从重新细分现有市场的方法开始。通过重新细分，我们可以对现有市场进行改进或者提供更好的服务。接下来，我们将探索如何持续发起更具挑战性的行动，从根本上重组你的竞争领域。重组竞争领域是指通过改变现有价值链或引入全新的解决方案，彻底改变现有的市场划分基础。

寻找新的细分市场

基于某些相似性来划分顾客群的想法并不新鲜。通常，公司根据人口统计学特征对顾客进行细分，如年龄、性别、地理位置等。然而，这种方法的问题在于人口统计学并非定数，拥有相同人口统计学特征的人通常并不会有相同的行为方式、相同的需求或相同的价值观。

观察行为—发现需要—发现新的市场

拥有创业思维意味着对目标人群的行为有真正的洞见，而不仅是满足于其他人都在使用的传统的细分市场的方法。理想情况下，你不仅可以发现一个新的细分市场，而且能够通过重新细分将其从传统的市场中分离出来。

我们的一位创业者客户把这个想法应用到了保险业。一位商业伙伴与他共进晚餐时讲述了自己的一段经历。这位商业伙伴发现有一家新保险公司能更好地满足他的需求，于是决定把财产保险和意外险都转到这家新公司来，但在转移的过程中却遇到了麻烦。那是一次非常糟糕的经历。他还没来得及从新公司得到一份报价，就遇到了各种各样的障碍。他必须提供他现有保单的复印件，提供他妻子的驾照信息，并为他想投保的一些有价值的物品提供书面评估。这已经够麻烦的了，但在收集了所有这些数据之后，他还被告知必须抽出时间与这家新公司的一位经纪人见面。事情到此戛然而止。一切看起来都很讽刺——有一位非常理想的顾客试图将自己的业务交给一家公司，而这家公司却让交易变得异常困难。

这位创业者认为，他朋友愤怒的点正是一个有待发掘的机会。在他工作的保险公司里，他发起了一项针对像他朋友这样忙碌的高收入人群的创业方案。他创建了一项服务，该服务取消了书面申请，允许每天 24 小时在线或通过电话提交申请。投保人首先选择一档服务，我们的这位创业者客户通过对这档服务收取更高的保费来负担投保人的成本和风险，并使用精算估值来评估所选择档位的风险。在两年的时间里，他通过专注于时间紧张、经济无忧的顾客群体，在传统保险领域内开辟了一个高利润的细分市场，取得了相当大的成功。他给这个创业项目起了一个新名字，还把新项目的办公场所与传统业务的办公场所完全分隔开，以便完全专注于这个特定的顾客群体，并由此克服了意料之中的来自公司内部的阻力。

这就是挑战所在。你能否确定一个重要的顾客群？该顾客群是否还没有被使用传统细分方法的公司很好地服务？找到他们需要你回答两个问题：第一，这个细分市场的需求反映在行为上有什么不同？第二，你如何使你的产品比竞争对手的产品更具吸引力？让我们来回顾几年前我们为一家电信设备公司做的一个项目，看看这一点具体是如何实现的。

传统上，电信设备公司的 B2B 顾客是按规模、地理范围和行业划分的。根据惯例，我们开始问答，这次关注的是消费链中的使用环节。当我们开始问"什么"（what）这个问题时（顾客使用电信业务时在做什么，当时发生了什么，等等），我们识别并锁定了顾客使用电信业务进行销售（而不是订购、安排、协调等）的场景。我们注意到一组有趣的细分市场。虽然几乎所有的公司都使用电信业务来支持它们的销售工作，但是它们使用电信业务来销售的方式却被行业、部门和地理位置所割裂。于是我们开始研究，这些不同的销售行为是否为重新细分提供了有意义的基础。

我们将第一个潜在的新细分市场命名为"订单捕获者"（order capturers）。这个市场中的公司在媒体上大肆宣传，以引起人们对其产品的兴趣，然后利用电话来接受订单。它们的主要需求是尽可能快速和高效地捕获和处理呼入的订单。在这个细分市场中，许多人都是一时冲动打的电话，所以这一需求在以消费者为导向的那些业务中尤为重要。

第二个细分市场是我们所谓的"顾客搜寻者"（customer seekers），它们由一群打电话推销的公司组成。它们的主要需求是：①极其高效的拨号和重拨；②与目标顾客信息数据库的广泛连接；③易于使用，因为它们的大部分员工都是临时工，流动性很高，这些公司也没有时间培训它们的电话推销员。

第三个细分市场，"销售力量杠杆"（sales force leveragers），这是指使用电话协调多个销售点的销售人员活动的公司。百事可乐是这方面的先驱，它积极利用大型移动销售团队与公司配送仓库之间的通信，为零售商顾客提供高速、高质量的服务。像百事可乐这样的公司需要与其运营系统高度集成的销售通信系统，这一系统必须是高效、双向的。

有趣的是，即使在规模、地理范围或目标行业方面都很相似，不同行为模式的公司也有不同的优先级。结果是每个细分市场都需要一种不同的销售电信配置，如表 5-1 所示。

表 5-1　根据不同的电信需求进行行为细分

	订单捕获者	顾客搜寻者	销售力量杠杆
输入消息的效率和有效性	非常高	低	中等
输出消息的效率和有效性	低	非常高	中等
双向远程连接度	最低	最低	非常高

为每一个细分市场设计一个轰动性的属性映射图

在我们使用问答来重新细分电信顾客群之后，我们开始考虑这些关键细分市场的理想属性映射图。为一个细分市场服务的电信服务包无法满足另外两个细分市场的需要。同时，为满足三个细分市场的基本需求而设计的电信服务包，不得不包含许多潜在的、昂贵的中性属性（从不关心这些属性的其他细分市场的角度来看）。譬如销售力量杠杆看重的远程连接，与订单捕获者和顾客搜寻者无关，它们当然不会为它们不关心的服务支付高价。我们的目标是找出属性映射图中的某些特性，能够在目标市场获得巨大成功。请记住，轰动性的概念意味着创建这样一组属性，这些属性极其契合目标细分市场的需求，顾客几乎非从你这里购买不可。

让我们先看看订单捕获者的细分市场，并确定它的轰动性属性映射图可能是什么样子的。简化版本如图 5-1 所示。

"必不可少"项——呼叫者自选路径，意味着呼叫者可以通过按键选择快速地找到正确的电话接线员。在冲动购物的情况下，快速有效地做到这一点对商家至关重要，因为拖延或误导会激怒顾客，让他们有时间重新考虑，最终做出完全相反的决定。

	标配	差异化	情绪化
积极	必不可少 呼叫者自选路径（caller self-routing）	加分项 程控呼叫排序器（programmed call prioritizer） 高频用户功能（frequent user function）	兴奋点 自编程呼叫排序器（self-programming call prioritizer）
消极	可容忍 有限的线路容量（limited line capacity）	丢分项 呼叫者等待时间（caller waiting time）	致命缺点 系统故障（system failure） 停机时间（downtime）
中性	无所谓 远程连接（remote connectivity）	附赠 快速拨号（speed dialing）	

图 5-1 订单捕获者的显著属性

程控呼叫排序器可能是"加分项"。公司可以对接听系统进行编程，对来电进行分类，然后进行优先排序。当系统不可避免地出现过载时，优先考虑那些区号显示最有可能购买的顾客的电话。在更精细的系统中，运用高频用户功能，可以优先考虑具有可靠的购买记录的关键顾客号码。更进一步的是一种软件包，它可以分析过去的电话呼叫，并使用与这些呼叫有关的销售和利润数据对来电进行自动编程，不断更新和重置电信系统内的参数。

下面看消极方面，只要竞争对手不能以同样的价格提供更多的线路，有限的线路容量就是"可容忍"项。但如果竞争对手开发的硬件每单位价格能够提供更大的线路容量，那么这个"可容忍"项将变为一个"丢分项"。如果你的系统切换效率低下，导致呼叫者的等待时间比竞争对手的系统长，这就是一个显著的"丢分项"。作为订单捕获者，失去销售机会的可能性会增加。如果系统故障了，停机的一秒钟都会带来业务的损失，那么这就属于"致命缺点"。

对销售力量杠杆这个细分市场来说，以上这些属性毫无用处，所以都属于"无所谓"项。同样，对于顾客搜寻者来说极其重要的快速拨号功能在订单捕获者眼中有可能只是"附赠"项，因为订单捕获者不会根据这个属性来决定是否购买该系统。

对订单捕获者的目标顾客来说，某种形式的忠诚度奖励可能是一个有潜在吸引力的"附赠"项，比如常客折扣，或者帮着接线员鼓励顾客购买更多东西（比如引导顾客去询问互补产品或辅助服务）的工具。

我们的这位创业者客户在完成对目标细分市场的调研后，带着修订过的属性映射图（用于销售和其他电信活动）回到新公司，获得的反响相当强烈，这使得这位创业者客户能够在定价方面比之前激进不少，而这都来源于他为公司的顾客量身定做的业务系统。更重要的是，这种基于行为的细分方式最初并没有那么显而易见，因此我们的客户占了先机，通过为每个细分市场定制软件包，在竞争中获得了显著的优势。

系统性地寻找重新细分市场的机会

同样的过程也适用于你。当你花时间思考和讨论你所提供的服务在内容、对象、地点、时间和方式上的主要差异时，新的洞见就会浮现。请留意这样一个迹象，在消费链的某个环节上，有相当一部分来自不同分组的顾客都在经历着某种类似的体验，这意味着重新细分的机会。例如，有这么一批公司，它们所处的行业不同，营业规模不同，服务的顾客群也不同，以传统的细分方法来看，它们完全没有交集，但是在使用环节上，它们却在经历着相同的使用体验，那它们就可能代表着一个可行的新细分市场。同样，你可以在消费链中的任何一个环节上应用此方法——你可以根据人们在搜索、订购和购买、使用产品等方面的行为进行细分。

有时候，重新细分可以基于最普通的活动进行。下面是一个与支付活动有关的例子。我们的客户是一家电器用品分销商，正被大量的延迟付款所困扰。在调查中，我们发现一些人拖欠付款是因为他们本身是承包商，只有在承包工作完成后才会得到报酬。这些承包商必须等到他们的客户付了钱，然后才能向我们的客户付钱。这带来了重新细分的机会，通过增加相应的功能，使承包商能够更好地管理自己的现金流，更积极地付款，从而将这些承包商客户从主流的家电分销商客户群中细分出来。

任何时候，只要你发现了行为上的差异，你就有可能发现重新细分的机会，就像上文提到的电信和电器用品分销领域一样。顺便说一下，我们并不是说你必须扔掉所有现有的细分市场，这样做的目的只是确保你对顾客整个消费链的行为深入洞察，然后再进行重新细分。

如果可以，我们喜欢使用类似于表5-2中的比较网格来系统地发现细分机会。在应用了消费链分析和对特定环节的问答之后，在表格的顶部列出潜在的行为细分市场，在下面列出你认为对细分市场有重要影响的主要属性。你可以放心地在分析中把当前的行业细分市场包含进去，因为这样一来，那些新增或删除的属性对当前细分市场的影响就会凸显出来，随之而来的机会也就清晰了。接下来，将你对不同细分市场之下各属性的分类判断（必不可少、可容忍等）填入单元格。

表 5-2 细分市场比较网格

	细分市场 1	细分市场 2	细分市场 3	细分市场 4	细分市场 5
属性 1	无所谓	可容忍	无所谓	必不可少	可容忍
属性 2	无所谓	无所谓	丢分项	无所谓	可容忍
属性 3	必不可少	可容忍	必不可少	无所谓	无所谓
属性 4	加分项	加分项	加分项	无所谓	加分项
属性 5	无所谓	无所谓	无所谓	加分项	无所谓

如果你在细分方面做得很好，那么每个细分市场对同一属性的分类都会不同。而且某些关键的属性本身就是市场细分的基础，它们在不同的细分市场中应该对应不同的分类，如消极、积极或中性反应。使用表 5-2 中所示的比较网格有助于简化问题，使得通过更改产品的属性来创建、重塑或合并细分市场变得更容易。它可以突出以下四种机会。

1. 添加竞争对手还未提供的属性，从而重新细分的机会。
2. 去掉某些细分客群的"丢分项""可容忍"项或中性属性的机会。
3. 改变积极属性的提供方式，或减少消极属性所带来的麻烦的机会。
4. 添加或删除某些属性，从而将细分市场合并的机会。

例如，如果表 5-2 中的属性 5 目前还没有竞争对手提供，那么细分市场 4 就代表了重新细分的机会。这个细分市场与所有其他细分市场的不同之处在于，它坚持属性 1 是"必不可少"的，并且它是唯一一个在属性 5 上具有差异性的细分市场。如果竞争对手目前没有提供属性 5，那么你可以通过提出一个包含属性 1 和属性 5 的设计，来创建并主导细分市场 4 中的一个利基市场，同时，你应该减少（甚至删除）其他属性，从而降低成本。许多软件包（例如统计分析软件包 SAS 和 SPSS）都具有这种特性——它们提供的软件为某些特定问题提供解决方案，这些解决方案对许多用户并没有特别的吸引力，但对一些用户却是"必不可少"的。这些解决方案通常需要耗时不短的编程过程，并且需要对用户进行培训，因此是一种"可容忍"属性。针对这个问题，SPSS 率先提供了直观的图形操作界面，消除了编程过程，因此，很多原先忠于 SAS 的用户转投到了 SPSS 阵营。

与此同时，你可以开始考虑修改当前产品中的哪些属性，甚至删除哪些属性。考虑细分市场 2 和 5，它们都认为属性 1 是"可容忍"的。如果删掉属性 1，结果可能将竞争对手的产品变成"丢分项"，而你的产品却变成"加分项"，这样一来你就一次性地获得了这两个细分市场。这就是前进保险公司推出移动理赔车时的情况。那些之前不得不花时间去找传统的理赔人员进行理赔，从而造成收入损失的人（相当于细分市场 2），以及靠车来谋生的人（细分市场 5）就是前进保险公司天然的目标市场。

另外还有一种机会，是由那些或多或少具备一定普遍性的消极属性带来的。请看属性 2。对于每个细分市场，这个属性要么是"无所谓"项，要么是"可容忍"项，要么是"丢分项"。通过消除这个属性，相对于其他竞争对手，你的产品将得到改进，这种做法甚至可能降低你的成本。如果你先做到这一点，这将成为一个差异化的卖点。电子机票就是一个例子，它对精通电子技术的信用卡用户极具吸引力，这些人要么极不愿意排队，要么通常会因为旅行安排变动在最后一刻才被迫排队。此外，新的电子购票程序分流了通过传统方式购票的人，使得传统方式下的排队人数也大大减少。

你还可以使用这张映射图来查看是否有将一个或多个细分市场合并的机会，这样可以在更大的市场中获得潜在的规模优势。举个例子，如果你可以删除或减少属性 1 和 2 的影响，那就能够把整个市场重组为三个部分，而你可以在其中最大的部分占据主导地位。这三个细分市场包括：想要属性 1 的旧细分市场 4（你将失去这个市场），仍然对属性 1 和 2 不关心的旧细分市场 1（和你仍会有竞争），一个包含旧细分市场 2、3、5 的新细分市场（你的新产品删除了旧细分市场中的"丢分项"和"可容忍"项）。亚马逊的图书销售就是一个例子。对于那些喜欢徜徉于书架之间的顾客来说，亲自去书店买书是"必不可少"项。然而，对于其他许多细分市场的顾客群来说，必须亲自去实体店买书原本就是"可容忍"项，当亚马逊推出了简单又安全的在线订购服务后，这就变成了"丢分项"。任何一个需要买书但时间紧迫的人都将享受到这份便利。此外，还有一部分顾客需要购买的书籍范围和数量超过了传统书店的常规库存，他们也会被亚马逊的产品吸引。但是，那些需要立即拿到书，不想等待的顾客，对亚马逊的供货方式肯定不会感兴趣。[1]

在这一点上需要注意的是：不能故步自封。在电信的例子中，就拿我们已经讨论过的表 5-2 来说，你的成功将迫使你的竞争对手竞相效仿（如果幸运的话，竞相效仿的到来可能会晚一点），这一点在亚马逊的例子中已经发生了。一旦你在你的表格中输入了所有重新细分的机会，你就可以开始寻找重组你的市场的机会。

发现重组市场的机会

如果这是你第一次阅读这本书，你可能会想直接跳过下一节。阻碍那些在理论上伟大的商业想法在现实中实现的因素，通常是技术、监管或组织方面的障碍。[2] 我们将障碍定义为对你提供的属性或配置消费链的方式带来限制的力量。这就引出了改变你的竞争领域的第二个建议：打破那些使当前市场结构固化的障碍——我们将这一过程称为市场重组。

要了解你最需要消除的障碍是什么，你首先需要回到消费链分析中的使用和购买环节，仔细看看其中主要的属性映射图。重组面临的挑战取决于障碍的性质，消除这些障碍将会给市场带来多大的影响，重组就会面临多大的挑战。有三种类型的市场重组：渐进性重组（evolutionary reconfigurations）突破了当前的障碍，增强了当前的产品；激进性重组（radical reconfigurations）突破了障碍，使你能够显著改变当前市场的结构；革命性重组（revolutionary reconfigurations）将新产品带到了之前不购买你的产品的市场。

渐进性重组

要考虑是否有机会引发渐进性重组，请先回到为当前业务消费链中的主要环节所开发的属性映射图上，然后问自己以下这些问题：

◇ 是什么阻止我们比现在更快、更好、更便宜地提供积极属性？
◇ 是什么阻碍了我们减少或删除消极和中性的属性？
◇ 是什么阻碍了我们增加顾客期望的属性？
◇ 我们为什么不能做一些事情来让积极的属性更具普遍吸引力呢？

在确定了最初的障碍清单之后，下一步就是深入了解这些障碍，你可以借鉴在20世纪70～80年代日本质量改革运动期间非常流行的"五个为什么"方法。你至少要问五个层次的为什么，来寻找每个障碍出现的原因。花旗银行信用卡业务的发展就是一个很好的例子。

想想花旗银行在20世纪70年代通货膨胀时期所面临的信用卡业务惨状吧。纽约州的高利贷法案限制了利率水平，花旗银行因此只能向消费者收取低于信用卡债务资本成本的费用。尽管花旗银行上诉多次，但纽约州立法机构却未能采取行动提高利率上限。如果花旗银行在当时开展了"五个为什么"的调查，要问的问题可能会是这样的：

1. 我们为什么不能提高利率呢？因为纽约州法律（信用卡业务所服从的法律）规定利率上限为14%。

2. 我们为什么不能改变法律？我们一直在游说，同时也在与立法机构谈判，但他们目前不愿采取行动。

3. 他们为什么不愿意采取行动？因为纽约州的持卡人会把高额利息归咎于立法者，这在政治上是不受欢迎的。

4. 我们为什么必须待在纽约州并且服从纽约州的法律？因为我们过去一直在纽约。

5. 我们为什么不能把信用卡业务转移到一个监管机构不那么担心利率上限的地方呢？因为这对我们公司和我们的员工来说都是一个巨大的调整。

6. 有什么实质性的原因阻碍我们搬到其他地方去吗？并没有。

这一系列推理最终让花旗银行将其信用卡业务搬到了南达科他州，那里的州政府同意在利率上限方面更加灵活，以换取信用卡业务所带来的投资和就业。此举为花旗银行带来了数十亿美元的利润。

当你考虑特定的障碍时，请想想看删除它们是否可以重组市场或创建新的市场空间，或者更改它们的配置是否可以帮助你开拓一个新的、理想的细分市场，或者相反地，可以将几个子细分市场合并成更大的市场。你可能会看到某些障碍会在多个重组机会中反复出现。消除这些障碍本身就是一个机会，因此请把它们列入机会清单中。在这种情况下，你所列出的机会就变成了消除或减少障碍。

当你发现一个障碍是由公司的政策导致的，你可能已经遇到了一个改变公司竞争方式的好机会，尤其是这个机会还掌握在你的公司的手中。你的公司可能已经决定放弃某一细分市场或技术，或者某些类型的业务。这些选择通常不是有意做出的，而是历史遗留问题，或者是由于这些细分市场、技术和业务已经过时。再次以花旗银行为例，它们通过改变"信誉良好的顾客"这一概念的定义，颠覆了信用卡业务，进而创造了数十亿美元的利润。

在传统银行业，信誉良好的顾客是指拥有大量资产、稳定工作和良好信用还款记录的人。我们的一位受访者（花旗银行高管）创造性地对这一标准提出了质疑。这位高管说："归根到底，只要付了账单，我们为什么还要关心顾客的信用记录呢？"在传统银行业的风险规避文化中，任何一点坏账损失都是要极力避免的，而花旗银行的团队却开始将此类损失视为金融服务的"销售成本"。这一突破直接将传统的信用卡业务转变为了今天的模样。数百万原先难以获得传统银行贷款的人现在可以通过信用卡借到数千美元（当然借款利率也很高）。

这一创新为花旗银行在大学生中赢得了巨大优势。在传统的标准下，大学生是一个可怕的信用风险群体——他们暂时没有工作，没有房屋或其他可以收回的主要资产，也没有可靠的还款历史。但是，一旦你把注意力集中在他们到底能不能还钱这件事上，你就会发现，大多数学生使用信用卡都有着很好的还款记录，因为一旦学生超支，他们的父母通常都会代为支付。花旗银行在竞争者意识到这一点的好几年前就消除了这一内部障碍，从而在大学生市场获得了巨大的利润和主导地位。

激进性重组

具有创业思维的市场新进入者往往会创造出一种引人注目的新业务模式，以在市场原有企业面前获得优势。[3] 原有企业会发现自己被困在了一些障碍中，这些障碍源自它们长期以来的做事方式，或者它们在沉没资产上的投资。当变革的需求最终不可逆转时，原有企业就会发现，它们几乎或者根本就没有顾客了。新进入者通过突破性的业务模式建立了新的最低标准，对比之下原有企业所提供的属性就明显不够了。

像这样的激进性重组正在成为日常生活的一部分。就在我们写下这一章的同时，数字成像技术的快速进步正在挑战传统摄影，各种基于电力的能源正在挑战传统的汽车动力方式，基于互联网的远程通信正在使传统的电话网络运营商处于紧张状态，新的住宅照明形式正在威胁着传统灯具和固定装置的制造商。

特别值得注意的是两种类型的重组，它们以激进的方式改变了当前成功的属性集。它们分别是功能型激进性重组（radical reconfiguration of functionality），消费和价值链型激进性重组（radical reconfiguration of consumption and value chains）。

功能型激进性重组

当一个市场新进入者以某种激进性的方式满足了顾客之前未被满足的需求时，功能就会被彻底重组。激光驱动印刷取代击打式印刷就是一个很好的例子，数码相机迅速进入之前由傻瓜相机主导的市场也是一个例子。随着高质量、低价格的彩色打印机的出现，顾客可以以相对较低的成本来打印简单的图像。与此同时，数码相机允许人们把图片上传到互联网上，通过电子邮件发送，并将日常事务记录下来，这是传统相机无法做到的。

消费和价值链型激进性重组

迈克尔·波特在1985年出版的《竞争优势》一书中提出了价值链的概念，即在创造一种产品或服务的过程中发生的一系列相互关联的活动，从原材料的获取开始，直到最终的售后服务。价值链与消费链是相互交叉的。通常，每个消费链环节都有自己的关联价值链。例如，消费者在进行衣物洗涤时，就可能涉及一系列价值链，譬如洗衣机制造商、洗涤剂供应商、被洗涤衣物的设计师和制造商、电力和自来水供应商等。价值链和消费链的交叉为第二种类型的激进性重组提供了机会。如果你能够重组价值链，使其变得更好、更快或更便宜，同时还能保持在消费链的给定环节上交付相同的基本需求，这种重组就会发生。因此，拆分现有价值链在刚开始的阶段往往难以被人理解，因为这种转变与以前经营方式的差异可能并不明显。[4]

以PC/Mac Connection公司为例，这家公司彻底重组了电子设备销售的价值链，它允许顾客在一通电话中搜索、选择、订购、支付和组装他们的家庭或办公室计算机系统，包括所有软件和外围设备。一位经验丰富的代表会在电话中帮助顾客处理需求，然后给顾客推荐最合适的配置。如果顾客能够在电话中提供其信用卡号码，那么整个系统（包括已加载的软件和已安装的升级版）在通话的第二天就能交付。

在撰写本书时，互联网已经显示出了彻底改变价值链的潜力。考虑一下基于互联网的B2B虚拟社区的出现。这些基于网络的服务为顾客和供应商提供了对商品或服务的访问渠道，而且针对不同的行业进行了定制化。例如，e-STEEL 就是专门针对价值 7 000 亿美元的全球钢铁行业开发的网站。该网站使得买卖双方能够互相联系，进行信息交流，购买人也可以单方面提出招标要求，同时供应商也可以发布信息，如当前可用产能或库存数量。网站对效率的提高完全改变了原先的采购方式。这迅速改变了这一行业的经济环境，淘汰了那些依然因循守旧的企业。[5]

当以前维系价值链的逻辑（通常基于业务的时间、位置或信息流的约束）消失时，与之关联的业务模式也会消失。公司在原有业务的框架内，几乎不可能应对这种变化。例如，当美林证券（Merrill Lynch）宣布将提供在线股票交易服务，与新的互联网进入者竞争时，该公司的股票应声下跌了10%，下跌的原因是分析师判断新业务将蚕食该公司原本利润丰厚的传统经纪业务。[6] 只有真正的企业领袖才能顶住压力，将新的业务坚持推进下去。

无论是哪一种类型的激进性重组，要么带来重大威胁，要么带来重大机遇。它可以为企业竞争提供一个非凡的新基础，也可以有效地淘汰和取代当前的业务模式。无论出现哪种情况，你的任务都是尽量去把握这些变化。

第一步先回到你为主要顾客市场准备的消费链分析（见第3章）上，接下来绘制出与消费链的每个环节相交的价值链，然后你就有了一个模型，它包含了你的业务活动与主要顾客体验之间的关系。基于这些分析，再去查看图5-2中的问题。它们将帮助你梳理出激进性重组当前业务模式的潜力。

如果当前模式面临明显的危险，那么你别无选择，只能重新考虑应该采取哪些行动来调整当前的属性映射图。如果你有一些好主意，把它们登记到机会清单上。它们构成了防御性的机会，而不是进攻性的机会——你需要利用它们来经受即将到来的重组的影响，但是你也可以在分析了你的全部机会组合（见第7章）之后，直接放弃它们。

> 你认为下列模式在你的市场中体现的程度如何？下面的数字与你的结论相对应，在每一项左边输入相应的数字：1代表一点也不，2代表一些程度上，3代表很大程度上。
>
> （ ）在不久的将来，我们价值链上的一个或多个步骤将被新的发展完全淘汰。
> （ ）我们面临着降低价格，或者以同样的价格提供更多价值的巨大压力。
> （ ）在我们最重要的细分市场消费链中的一个或多个环节上，顾客的需求可以用全新的方式来满足。
> （ ）在我们最重要的细分市场消费链中的一个或多个环节上，顾客的需求是由一个在我们看来是行业之外的竞争对手来满足的。
> （ ）我们的市场有许多新进入者，但它们服务的是我们不关心的顾客群体。
> （ ）针对我们目前认为不具吸引力的细分市场开发的解决方案，在价格、功能或其他属性方面正在迅速改进。
> （ ）使我们的顾客保持忠诚的因素似乎正在失去效力。
> （ ）我们似乎正面临一波行业整合和收购浪潮。
> （ ）与我们历史上所面临的竞争相比，我们正在经历全新的竞争。
> （ ）顾客逐渐地将我们提供的产品视为日用品。
>
> 评分：将数字加总。如果你的得分低于12分，表示当前重组的可能性很低。如果你的得分为12～20分，表示重组的可能性中等。如果分数高于20分，说明你应该积极考虑如何应对可能出现的重组。

图 5-2　当前的业务模式是否可能进行激进性重组

另外，你还可以通过识别那些能够从根本上颠覆当前行业模式的项目，来主动寻找那些能够重组的机会。在这种情况下，你应该考虑图 5-2 中的问题是否适用于你的竞争对手。如果你的竞争对手得了高分，这可能是一个进行激进性重组的好机会。

假设你确实发现了具有颠覆潜力的业务模式，或者你认为你可能正面临颠覆，并希望积极主动地去防御重组，我们不提倡盲目地、不加考虑地追求这些项目。因为这些项目一般都是高风险的，具有非常高的不确定性，可能需要大量的时间投入。如果没有其他资源，一定要谨慎。[7] 然而，如果你确实发现了一个极具潜力的想法，一定要把它输入你的机会清单中，并定期回顾，以确定时机是否成熟。

革命性重组

最后一种类型的重组将完全重塑当前的业务模式，并交付属性完全不同的产品。如果这是你第一次阅读本书，你可能会想在以后的阅读中重新阅读这一节。

学术界对技术变革和产业重组的看法见专栏 5-1。

专栏 5-1　关于激进性技术变革的学术观点

考虑到学术界对技术变革的看法，我们可以从三个不同的角度来看待技术变革。有趣的是，这些角度分处在三个不同的分析层次上，并且有时这些视角之间缺少呼应。[a]

第一个角度是技术驱动的。一家公司利用其主导设计或制定标准的特殊地位来获得竞争优势。如果这家公司能保住自己的特殊地位，就能持续获得巨额利润。然而，技术变革或多或少是由技术本身的随机发展推动的，这些发展导致了重大的市场变化。这一过程通常被认为是沿着某个技术周期移动的，这种技术周期包括不连续的变化、酝酿、主导设计地位的转变和对增量的改进，周而复始。[b]

第二个角度认为，公司层面的资源是技术进步的重要驱动力。[c]从这个角度来看，竞争优势来自公司层面所特有的知识和资源，是它们带来技术进步，并形成了路径依赖。由于形成卓越的技术能力需要很长时间，因此竞争对手不容易迅速跟进。在这种情况下，管理者的目标是以适合公司特殊能力的方式来塑造技术进步的演进路径。[d] 前两种观点的一个重要区别在于，在资源驱动的观点中，公司是技术进步的关键驱动因素，而技术驱动的观点认为技术变化才是关键驱动因素。

第三个角度则着眼于技术发展的需求拉动方面。这种观点强调技术与需求之间的联系。当公司能够配置技术为顾客解决问题，并由此带来大量满足需求的交易时，优势就显现出来了。[e]需求或问题的存在激发了基础研究和应用研究，然后是开发、商业化、复制、采用新的创新，以及一系列后续事项。这些研究有时影响深远，为随后的几轮技术进步奠定了基础。尽管这种方法已经被证明可以很好地应用于顾客熟悉的技术，但顾客通常都很难清楚地描述那些他们从未考虑过的需求。

注释

a. McGrath（1997）.

b. Tushman and Anderson（1986）；Tushman and O'Reilly（1997）；Utterback and Abernathy（1975）；Utterback（1994）；Birnbaum-More, Weiss, and Wright（1994）；

Gersick（1991）; Birnbaum-More and Weiss（1990）.

c. Dierickx and Cool（1989）.

d. Winter（1995）; Nelson and Winter（1982）; Barney（1991）; Garud and Kumaraswamy（1995）.

e. Kamien and Schwartz（1975）; Scherer（1979）; Myers and Marquis（1969）; Mowery and Rosenberg（1982）; Schmookler（1966）; Adler（1989）.

我们建议，当你进行革命性重组时，思路要完全不同于你到目前为止所考虑过的任何重组——要关注那些不被你的产品所吸引的顾客或市场。从我们下面列出的一系列问题开始，当你回答这些问题时，你可以为革命性的新产品收集创意。就当前⊖市场而言，这些产品都是创造性的。

谁还不是我们的顾客

以笔记本电脑为例，这是我们最近合作的一个团队的关注点。有数百万人拥有笔记本电脑，但也有数千万人没有。问题是，有些买得起笔记本电脑的人没有买。这是为什么？我们从消极属性开始看。通过对笔记本电脑行业进行头脑风暴、属性映射和消费链分析，我们团队认为当前的笔记本电脑有很多消极属性：重量过大（一旦用户安装了电池和外围设备，即使是最轻的也有几磅⊜重）；电池不仅重而且寿命有限；开机需要很长时间；容易被盗，有安全风险；上网很麻烦。有大量未发掘的潜在顾客群体目前没有笔记本电脑，因为按照当前的配置，笔记本电脑带给这些客户的只有不方便。

非用户的主要行为细分市场是什么

下一个挑战是确定几个（对于初学者来说可能是三个）不同的非用户细分市场，它们在消费链的不同环节中表现不同。同样，我们从使用和购买环节开始。

我们的笔记本电脑团队负责寻找非用户的主要行为细分市场，他们发现了三个。第一个是高级管理人员。他们大多数使用手机，其中一些使用个人数字助理（personal digital assistant，PDA，主要指掌上电脑），但都不使用笔记本电脑。

⊖ 本书中的"当前"均指作者撰写原书的时间前后。

⊜ 1磅=0.453 6千克。

当被问及为什么不使用笔记本电脑时，他们的回答反映了笔记本电脑的许多消极属性，比如重量大、复杂性和需求的缺乏。这个细分市场广泛地使用电子邮件，但是通常会有一个助手来处理大部分的邮件，然后把剩下的重要邮件打印出来。总的来说，他们往往特别讨厌打字，甚至很少使用台式电脑。他们的愿望是，有一种简单易用的，可以根据需要及时地从公司和互联网资源中获取重要信息的方法，以及一种无须与办公室联系就能查看最新日程信息的方法。

第二个市场是专业笔记本电脑新用户，他们使用台式电脑，但还没有觉得有必要投资笔记本电脑。他们尝试过，或已经拥有了手机或个人数字助理等设备。对这个群体来说，复杂性、高成本和只能使用键盘输入这三个属性都是巨大的负面影响。我们团队认为，这个市场最大的潜在需求是访问电子邮件和基于互联网的信息源，以及其他多种用途（存储图像、搜索地址、阅读电子文档、接收消息、付款等）。现在，这些人依靠他们的台式机来实现这些功能。

第三个细分市场是网络视觉工作者。这些人以前的纸质工作环境要么已经消失，要么可能会完全数字化。这些人包括建筑师、工程师、平面设计师、系统集成人员、系统技术人员等。同时，他们的通信模式正在从本地化转向基于互联网或公司内网的共享环境。当前，笔记本电脑还不能令人满意，因为图像分辨率不够高，处理图像的能力也不强，共享更是麻烦。如果有一个便携式设备，既可以促进协同工作，又能提高出差时的效率，那么它将会很受欢迎。

新产品的哪些特性可能吸引非用户

当你查看这些主要的非用户群在现有产品上遇到的问题时，你可以通过头脑风暴的方式，寻找具有解决这些问题的属性的产品。先把技术可行性问题搁置在一边，简单地列出每个解决方案的属性以及每个主要细分市场可能的反应。

和以前一样，我们建议你关注最重要的属性。图 5-3 显示了笔记本电脑三个非用户细分市场的早期属性映射图。

当笔记本电脑团队着手解决这三组非用户的不同问题时，他们提出了一个潜在的革命性想法，这一想法旨在消除笔记本电脑的众多缺点，并创建一种不同凡响的超级产品，以吸引目前不使用笔记本电脑的顾客。这种超级产品需要比之前更便宜、更友好、更便携，还要提供比笔记本电脑更多的功能。他们称这一创新为"移动智能设备"。

属性	细分市场 1： 高级管理人员	细分市场 2： 专业笔记本电脑新用户	细分市场 3： 网络视觉工作者
便携性（重量轻）	必不可少	加分项	加分项
长寿命电源	必不可少	必不可少	无所谓
高分辨率图像	无所谓	无所谓	兴奋点
支持标准办公软件	无所谓	加分项	无所谓
远程访问基于互联网的电子服务（包含电子邮件）	兴奋点	兴奋点	无所谓
远程访问存储的电子文件	无所谓	加分项	必不可少
价格为现有笔记本电脑的一半	无所谓	加分项	加分项
和其他设备的无缝互动（笔记本电脑、日程表等）	加分项	必不可少	加分项
语音和手写识别（非打字）	兴奋点	加分项	无所谓

图 5-3　笔记本电脑非用户细分市场的属性映射图

一个能解决所有问题的超级产品会是什么样子

我们发现，最令人兴奋的出发点就是先看看一个完美的产品都由什么组成。在笔记本电脑的例子中，你对超级产品的描述是这样的：该产品满足所有三个细分市场的需求。把目标定得高些，因为之后你可以随时调整。

正如你将在第 12 章中看到的，框架是至关重要的。你需要清楚地说明这个超级产品应该提供什么。一定要注意：不要让工程师或系统工程师在这一点上占主导地位，否则你可能会得到一款很酷但在市场上却无人问津的产品。因为工程师们得到的训练是给出卓越的技术和简洁的解决方案，而不是以最低成本满足非用户的需求。

这个过程的结果是对超级产品的简短描述，或有关最终产品的一个画像，如专栏 5-2 所述。这种设备目前并不存在，也可能永远实现不了，但它说明了一种从未设想过的产品可能会是什么样子的。

专栏 5-2　终极移动智能设备

移动智能设备（mobile intelligence device，MID）是一个带有配件的衬衫口袋大小的数字助理，它集成了笔记本电脑、磁带录音机、个人数字助理和移动电话的功能。即使加上电池和所有配件,它的重量也最多只有 12 盎司[1],用两节 5 号电池就能运行 7 天或更长时间。该设备有两个显示器:一个在口袋设备上,另一个挂在一个可以像帽子一样戴着的遮阳板上,有整整 13 英寸[2]的显示空间。还有一个可选的显示设备,看起来像一副眼镜。该设备还可以连接传统的电脑显示器。它可以通过语音识别输入,也可以通过一个非常轻的标准尺寸的可折叠键盘或一个可折叠的手写板输入。耳机提供音频输出。它通过内置的移动电话或其他无线连接(红外线或其他设备)就能接入互联网和其他网络,如全球定位系统(GPS)。它可以支持现有的应用程序(如文字处理),并提供对新应用程序(如翻译)的访问,而且它的售价只有现有笔记本电脑的一半。

是什么障碍妨碍了这样的产品上市

表 5-3 说明了这种超级移动智能设备的情况。这一分析弄清楚了技术和营销上所面临的挑战的本质。一个移动智能设备需要同时实现多个突破,才能满足几个新细分市场的要求。

表 5-3 移动智能设备的障碍分析

属性	潜在的技术解决方案	障碍	评论
便携性——不比一个个人数字助理重	纳电子学	技术制造	在如此小的体积内有如此多的功能,超出了构成和制造的限制
寿命长的、便宜的电源	超节能的产品	芯片能耗	现在的芯片和处理能力不允许让这一切在一个标准的、从超市购买的电池下运行
高分辨率图像	新形式的科技(比如遮阳板)	技术市场	当前,这种科技存在于实验室里。我们不知道它是否足够强大,能满足使用的设想。我们不知道顾客是否会接受建议的形式
支持标准办公软件	备选方案 1:微型超级存储器和超级芯片	技术尚未发展到这种程度	没有重量限制的话,我们可以做到。顾客对精简功能的接受度仍然是一个问题。例如,许多顾客对功能有限的微软 Windows CE 操作系统并不满意,这是一个为个人数字助理设计的功能有限的版本

[1] 1 盎司 =28.35 克。
[2] 1 英寸 =0.025 4 米。

（续）

属性	潜在的技术解决方案	障碍	评论
支持标准办公软件	备选方案2：大数据远程存储，仅对当前工作进行本地处理	没有足够的带宽和连通性	除非在任何地方都能高速获取文件，否则最好使用本地硬盘驱动器或其他存储设备。同时还要考虑安全性和隐私
远程访问基于互联网的电子服务（包含电子邮件）	带宽：移动通信的地理范围	没有足够的带宽和连通性	除非在任何地方都能高速获取文件，否则最好使用本地硬盘驱动器或其他存储设备。同时还要考虑安全性和隐私
远程访问存储的电子文件	下一代红外线或无缆连接；用传统存储介质进行备份	技术尚未发展到这种程度；带宽不够	一旦使用了高负荷图形或复杂图像，带宽和连接的问题就会变得非常严重
价格为现有笔记本电脑的一半	定价低于台式电脑，高于个人数字助理	技术仍然很昂贵，大规模生产中存在未知的经济问题	可能是一个主要的优势，将极大地加快人们对新产品的采用速度，特别是在当前笔记本电脑的非用户中
和其他设备的无缝互动（笔记本电脑、日程表等）	标准化的数据交换接口	当前还没有任何关于电源和兼容性的标准	我们需要达到现存的标准，或者创造一个新的共享信息的标准。在理想情况下，交互不需要物理连接
语音和手写识别（非打字）	语音识别技术、手写识别技术	早期的版本存在该功能，但它们很笨重	需要考虑语音识别在嘈杂的旅行环境（如飞机、铁路）中的可能性。而且这种识别方式对潜在的顾客来说精确性仍然太低

我们首先应该消除哪些障碍

换个问法，在我们研究其他细分市场的时候，从哪些方面突破最有潜力抓住全新的细分市场？为了满足每个细分市场的"必不可少"的属性，我们应该从务实的角度出发，弄清楚需要实现哪些突破。图5-3清楚地表明，如果团队能够拿出一款轻便、电池寿命长的产品，那么他们就有机会争取高级管理人员市场。如果团队能够开发出一款轻便、电池寿命长、可以和其他设备无缝互动的产品，他们就有机会争取到专业笔记本电脑新用户。网络视觉工作者的移动智能设备必须能够提供对存储文档的远程访问服务。最后，为了生产终极移动智能设备，团队需要克服便携性、电池寿命、交互性和远程文档访问方面的障碍。

接下来，看看哪些属性能够成为"兴奋点"。回想一下，"兴奋点"的特性是如此强大，以至于它们可以从根本上塑造购买过程，从而使原先的那些"必不可少"的属性都不值一提。[8] 在移动智能设备的例子中，能够向高级管理人员提供的"兴奋点"包括远程访问基于互联网的电子服务、语音和手写识别方面的突破。为笔记本电脑新用户提供的"兴奋点"需要在远程访问基于互联网的电子服务方面取得突破。对于网络视觉工作者，"兴奋点"在于高分辨率图像。

综上，超级产品将提供远程访问基于互联网的电子服务、语音和手写识别，以及高分辨率显示能力。[9] 如果这些特性真的能让这些细分市场兴奋起来，那么这款潜在的超级产品就能让你用一个设计获得所有细分市场，这将创造获取规模和范围优势的重要机会。这些机会也应列入机会清单。

请注意，你并不需要孤军奋战。现如今的创业公司要善于借用外力。换句话说，你不仅要接受，还要争取与其他能力互补的公司建立合资企业。[10] 回顾一下你需要取得的那些突破，并找出开发新能力的机会，无论是单枪匹马还是与他人合作，这些新能力将使你实现那些"必不可少"或"兴奋点"的目标。然后把它们列入你的清单中。

最后，重新审视现有业务的属性映射图，并评估那些已经确定的新属性将在多大程度上增强现有细分市场的产品。这些新属性令现有细分市场感到兴奋或得以区分的可能性越大，这些突破性项目就越具有革命性的潜力。

需要注意的是，我们还没有考虑这些重组的机会从经济角度来看是否值得，这将在本书后面的部分讨论。

行动要领

下面的行动要领是为了让你着手实践本章所讨论的概念和过程。你可以灵活地用一种适合你的公司的方式来阐述。

第 1 步：分析当前市场中行为方式有别于其他人的细分顾客群体。从消费链中的购买环节和使用环节开始，使用问答方法来找出差异。列出你已经识别的所有当前和潜在的细分市场。

第 2 步：为你认为是目标市场的所有细分市场画出属性映射图，不管是新的细分市场还是现存的细分市场。

第 3 步：完成一个与表 5-2 相似的细分市场比较网格。

第 4 步：研究这个网格，通过开发新的轰动性设计来寻找重新细分的机会，并且输入你的机会清单中。

第 5 步：重新查看你的主要属性映射图。使用"五个为什么"方法来回答为什么你不能改进你的属性映射图，并找出改进的关键障碍，这些改进能够增强积极属性或删除消极属性（或使它们不那么令人讨厌）。

第 6 步：对于每一个障碍，评估移除它是否会带来显著的收益。如果答案是肯定的，那么将这些项目添加到机会清单中，目的是通过消除这些障碍来重组市场。

第 7 步：使用本章提供的问题清单来识别潜在的替代解决方案，这些解决方案可以从根本上重组你所在行业的功能、价值链或消费链。如果这些替代方案对你构成威胁，请确定防御机会并将其写到你的机会清单上。如果你能够识别出自己引入激进性重组的机会，那么也请将它们写到你的机会清单中。

第 8 步：识别当前产品的 3～5 个非用户的行为细分市场。

第 9 步：为这些非用户开发一个细分属性映射图，识别每个细分市场中的各类属性。

第 10 步：开发一个超级产品——一个能赢得所有非用户的产品描述。

第 11 步：确定所有阻碍你提供超级产品属性的障碍——技术、市场、监管等。

第 12 步：识别出那些移除之后就可以为每个细分市场以及细分市场组合提供"必不可少"属性的障碍，如果有必要的话，可以借助其他公司的能力。把这些机会记在你的清单上。接下来对"兴奋点"属性重复上述过程。

第 13 步：找到那些能够实现"兴奋点"和"必不可少"属性的机会，它们也会对你现有主要细分市场的属性映射图产生积极的影响。这些都是特别有吸引力的机会。

The
Entrepreneurial
Mindset

06 第 6 章
打造突破性的能力

到目前为止，我们讨论了几种可以让你在机会清单中积累大量的潜在机会的方法。我们向你展示了如何重新设计产品和服务，如何通过问答来了解顾客的行为背景并以此来重新细分顾客，如何使用属性映射图重新划分顾客，以及如何通过打破障碍来重组整个市场。本章是有关识别新机会的最后一章。

我们将聚焦你能够创造的商业机会，通过有意识地重组公司的能力——将技能、资产和系统重新组合，你能够改变公司现有的业务模式，或者为一个创业项目搭建业务模式。我们提供了一些方法来评估你与你的目标竞争对手之间的差距，同时还能帮助你找到提高利润和盈利能力的新方法，从而打败竞争对手。

有两种情况是任何商业组织都无法避免的。第一种情况，竞争对手总是在不断挑战你，并设法削弱你的地位。因此，了解如何创造不可撼动的竞争地位就变得至关重要。第二种情况，你不仅要在顾客市场上与其他公司竞争，而且在资本市场上也要与它们竞争，以获得确立未来竞争地位所需的关键资金。[1]

为你提供资金的人不是傻瓜。风险投资家、投资银行家、商业银行家、市场分析师、共同投资者以及其他资源提供者（比如联盟伙伴）都是一群精明的、善于分析的人。他们会仔细审查你从机会清单中选出来的能带来利润增长的投资组合，并思考这样一个基本问题：比起其他投资机会，这项投资能得到更好的回报吗？

为了应对这两种情况，你必须证明你的公司可以以一种简单有效的方式击败竞争对手：打造卓越的能力来提高一个或多个关键比率，以提高业务的盈利能力。关键比率是业务模式中的可测量部分，可以用来将你的业务与其他竞争对手进行比较，也可以在早期就指出利润增长的机会在哪里。你可以利用对这些比率的洞察来打造新的能力。

关键比率这一概念引出了培养创业思维的一个核心原则，那就是让事情尽可能简单，并保持专注。了解现有的比率，进而设定新的比率，能够使你随时知道自己的表现情况（很好或很差），同时还能告诉你如何瞄准几个可以在将来带来真正的、有竞争力的差异的关键领域。

达成关键比率

让我们先来看看一个有大量研究支持的结论。对绝大多数公司来说，要预测其盈利能力和利润增长，仅需要知道其在 7 ～ 10 个关键比率上的表现就够了。[2]

当我们对管理者们说出这个事实时，这些日常中被数字、指标、业绩、管理信息系统（management information system，MIS）折磨得死去活来的人通常会感到惊讶。当然，考虑到一家传统的公司所生成的海量数据，我们也可以理解，他们当然会认为对盈利驱动因素的思考是复杂的、耗时的，并且在本质上应该面面俱到。然而事实并非如此。你所需要的只是 7 ～ 10 个关键比率。当然，诀窍在于找出这些关键比率到底是哪些。[3]

识别关键比率

在成熟的行业中，时间和经验最终会让大家在关键比率上达成共识。以航空业为例，盈利能力就与运营的整体效率有关，因为航空公司成本中的绝大部分在于相对固定的部分，如购买和运营飞机、搭建预订系统和支付员工工资等。当然，航班是否满员也会对盈利产生影响。航班上空着的座位就代表着永远无法收回的潜在收入（利润）。因此，航空业分析师常用的两个关键比率，一个是每英里⊖的乘客成本，另一个是乘客收益率（即上座率）。

保险业的业务模式有所不同，因此关键比率也不同。在保险业，获得收入的时间要远远早于大部分索赔费用的支出时间。相对于收入，索赔产生的损失越少，公司的利润就越高，因此损失率很重要。同时，如果公司能很好地控制管理费用占收入的比例，就能获得更高的利润。

与航空公司一样，保险公司的管理成本也是相对固定的。因此，在保险业，管理者和分析师都关注损失率（损失占保费收入的比例）、费用率（销售和一般管理费用占保费收入的比例）以及合并比率（两者的组合）。有趣的是，如今许多保险公司的大部分利润并不是来自承保业务，而是来自从收到保费后到索赔前这一段时间的投资收益。

零售商们面临的挑战又有不同。传统的实体店只有有限的陈列和销售空间。多年来，这种空间限制导致零售商店的分析师选择了同店销售额（将某个商店一个时期的销售额与之前类似时期的销售额进行比较）和每平方英尺销售额（与商店以前

⊖ 1 英里 =1 609 米。

的记录相比，或与不同商店的表现相比）这两个关键比率。同时，较高的库存周转率意味着更多的库存在流动中，对流动资金的占用率会降低，公司得以实现更快的销售速度，这些都对盈利能力有积极的影响。因此，库存周转率也成了传统零售商的另一个关键比率，即每年必须补充库存的次数。

在美国，这些数据很容易获得。每个行业都有不同的渠道来获取这些数据。以美国的零售商店为例，各种各样的供应商会在网上提供信息。例如，国际购物中心理事会（International Council of Shopping Centers）发布了按商店类型划分的总销售额和每平方英尺销售额的数据；《连锁商店时代》杂志也为零售业高管提供在线资源（http://www.chainstoreage.com）；还有些政府刊物会列出每月零售收入及存货/销售比率。

对于新兴行业，或者价值链正在经历快速变化的行业，确定关键比率是个比较困难的事情。例如，还没有人知道电子商务的关键比率是什么。有时候，这是因为数据之间的关键关系尚未建立。

事实上，对于互联网革命最大的讽刺之一，就是许多原本以为自己可以避免在固定资产和库存上投资的创业者，最终发现这是不现实的，他们无法在掌握的关键运营参数不足的情况下提供高质量的服务。因此，许多最初为支持互联网业务而开发的业务模式，后来被证明不如最初预期的那么有吸引力。尽管无法找到确定的模型可能会令人沮丧和困惑，但这也为拥有创业思维的人们留下了很大的空间，用来设想新的业务模式，而这些模式的成功将由不同于传统成熟行业的关键比率来衡量。

创建和管理新的关键比率对希望重振组织的成熟企业创业者来说尤为重要。新的比率也表明业务模式发生了变化，这对公司内部和外部支持者来说都是至关重要的。例如，当芬兰电信公司索尼拉在1998年11月上市时，该公司利用新的关键比率，向分析师和投资者传达了其成为新兴的全球电信服务市场参与者的意图。无论是在座机电话业务中，还是在其大获成功的本土移动电话业务中，该公司都通过销售语音电话等服务获取了大量利润。然而，在20世纪90年代末，电信行业走向全球化，管制政策逐渐放松，这些都使得该公司的首席财务官意识到这种业务模式将不再有利可图。网络容量过剩意味着本地和长途语音电话等服务的价格将被无情地压低。在1999年，每100个芬兰人中就有58个手机用户，这也使得芬兰成为当时世界上手机用户比例最高的国家之一。然而不幸的是，这同时也意味着其国内业务的自发增长已不太可能带来利润的增长。此外，尽管索尼拉相对于大多数芬兰公司来说是一家大公司，但从全球范围来看，它是规模最小的电信公司之一，对于任何以规模取胜的业务来说，这都是一个劣势。

在与分析师、投资者、员工及政府利益相关者的沟通中，公司试图用一个习语"点击触发"（make things click）来传递公司正在转向服务业，并将抛弃以分钟计费为基础的业务的信号。这一习语表明，管理层正在致力于追求与传统业务截然不同的业务，他们将重点放在两种新的关键比率上：每点击一次的收入和每笔交易的收入。例如，该公司以 SmartTrust 的名义，开发了一整套允许在手机上进行安全交易的产品。

此外，索尼拉也是开发移动互联网门户（Zed）的先驱，该门户提供基于移动互联网接入的广泛服务。索尼拉自上市以来表现强劲，其移动通信业务营业收入在 1997～1998 年增长了 32%。

关键比率之所以能成为指导创业思维的强大工具，是因为它有助于让公司里的每个人都围绕一套共同的衡量标准努力。详细说明并坚持使用这些比率，可以使人们对战略有更加具象化的理解，并有助于集中他们的精力。因此，保持简单而有意义的关键比率是至关重要的。

我们研究的一位习惯性创业者对使用关键比率这一理念非常积极。他创办企业并聘用管理人员来管理这些企业，本质上他是在一群彼此相关但又各自独立的企业的网络中心进行运营。在移交业务之前，他会要求新管理者针对特定的运营创建一个简单的数值模型，并将这些模型呈现给其他管理者。他的指导原则是，这个模型应该能够帮助管理者实现所谓的"10"目标，也就是说，与去年相比，该管理者的业务利润增长 10%，盈利能力提高 10%。

如果是一项新业务，那"10"目标就是比管理者的平均管理业绩提高 10%。他会要求管理者们将业务挑战分解成几个关键的比率，这使他们在实现"10"目标的挑战时更加现实。以这种具体、现实的方式设定关键比率，可以让我们的创业者在并行经营许多业务（据最新统计，他有 30 多种投资组合）的同时，能够确信哪些关键问题不用对员工进行过多微观管理就能得到解决。

我们在创建朗讯的团队中看到了他们对若干关键比率的类似关注。通过建立有针对性的标杆或基准，并深入讨论什么样的表现堪称卓越，该团队制订了可靠的计划并付诸实施，目标是将公司转型为全球电信设备市场的高绩效竞争者。这些工作背后的基本思想是这样的：作为一名管理者，一旦你考虑了能够提高你的业务的绩效的基本要素，你就可以在不偏离正轨的情况下处理业务带来的巨大复杂性。此外，你也能够更有效地与他人沟通。

当你使用第3~5章中介绍的技术，阐明了一些潜在的有吸引力的机会之后，接下来的挑战就是确定哪些是能够提升你的竞争力的新比率。如果无法通过创造新的能力来建立竞争优势，你就不可能实现这些新设立的比率。接下来，我们来谈谈如何确定新比率以创造新竞争力。

应用关键比率重构业务

让我们举一个管理者通过关键比率改变其业务的例子。该管理者首先确定了什么是最重要的关键比率，其次针对性地构建组织能力，从而在这些比率上做得比竞争对手更好，最后实现了业务的改变。这个例子来自一个普通的合作项目，它既不是一家雄心勃勃的互联网初创公司，也不是一家耀眼的技术公司，而是一家工业品分销公司。该公司的主要业务是为承包商和小型制造商分销工业设备零部件和用品（如开关盒）。和我们一样，这家公司的管理者对创业思维有着同样的信念——即使是那些其他人认为利润稀薄的公司，也可能变成强大的、利润可观的竞争对手。他请我们看一下他的运营情况，并就如何改进提出一些想法。

我们首先试着了解一下公司的现状。分销业务通常有一系列众所周知的关键比率，所以我们选择从这里开始（从当前的关键比率开始分析绝对没有错。你可以获得分析师对你的公司或行业的报告，看看他们用来评估和预测未来业绩的数据）。然后，我们增加了两个比率，即顾客首选率和员工满意度指数，并详细阐述了这两个比率的意义，因为我们认为这两个比率可能会反映出成功的变革战略的结果，以及员工管理的好坏，进而影响顾客满意度和回购倾向。

其次，通过公司的记录和公开的信息（如年度报告、公开招标文件、交易记录以及我们从公司的与竞争对手有交集的顾客那里收集到的信息等），我们收集到了能够显示这家公司在面对最具竞争力的两家竞争对手时表现如何的数据。我们查看了项目开始前一年的各项指标。对于可能的数据，我们都按月平均计算。分析结果见表6-1。

表 6-1　工业品分销公司的关键比率分析

比率	该公司的表现	竞争对手的表现
年销售额增长率	6%	6%
利润率	8%	9%
顾客首选率	70%	90%
库存周转率	8×%	9×%
固定资产周转率	3×%	3×%
应收账款周转天数	85 天	70 天
预期时间内交货率	95%	90%
错误率	3.5%	1.5%
员工满意度指数	75	无
负债股权比率	1.25	1.20

尽管这似乎是一种显而易见的做法，但该公司此前从未以这种方式看待其运营情况。与主要竞争对手的能力相比，该公司的业绩存在一些可怕的差距。换句话说，它在竞争方面存在一些重大弱点。

如果这种局面看起来很熟悉，不要绝望。竞争劣势可以让你发现新的机会，当你通过创造新的技能、资产、系统或能力组合来克服弱点时，这些机会就会出现。新能力可以通过两种方式产生利润。第一，如果你能以比竞争对手更低的成本提供给顾客期望的东西（标配属性），即使没有溢价，你也能产生比竞争对手更高的利润率。第二，如果你能比竞争对手多提供积极属性或减少消极属性，你也可以获得更高的价格或更好的支付条件。

我们从分析中得出的第一个结论是，该公司在顾客认知方面有一些严重的不足。公司在顾客首选率上表现不佳，也就是说顾客中将公司列为他们的首选供应商的比例很低（见表 6-1）。

进一步的分析表明，该公司与那些既对准时交货有很高需求，同时还拥有大量库存管理业务的顾客群体相处得很好。该公司多年来对准时交货的关注，使它在这一领域取得了相对较好的业绩。

然而，在另一个细分市场上，该公司相对较高的错误率却让其顾客怒火中烧，以至于这个细分市场的顾客只有在别无选择的时候，才会从该公司购买。对于这一细分市场，包装错误会在消费链的接收环节造成巨大问题。该公司的顾客往往是承包商，没有预算来维持大量库存，也没有相应的工作人员来处理错误的货品。对他们来说，识别错误、修改文件和退回错误货品的过程花费昂贵，以至于有些顾客宁愿保留错误的货品，也不愿遭遇退回这些货品带来的麻烦。因为这些令人非常不满意的经历，他们只愿意将该公司作为最后的选择。[4]

在反映经营效率的比率方面，也存在类似的业绩差距。我们发现，顶级竞争对手的库存周转速度更快，支付速度更快，能够用更少的债务为业务融资，利润率也略高于该公司。这些差距表明，我们需要考虑打造哪些新的能力，以使该公司的竞争水准达到行业标准，同时还能创建新的差异化领域。

这位管理者首先建立了一个内部任务小组，确定哪些工作可以提高顾客首选率。他组织了销售、配送、营销和电话服务人员，为关键顾客群体完成了消费链分析。他的理由是，如果公司能够提高重复销售的比例，就能在解决新发现的运营问题的同时，最大限度地利用获得这些顾客关系时进行的投资，以获得最大的回报。同时，库存管理、管理信息系统和后勤人员组成了另一个工作小组，负责研究如何提高反映资产利用率和经营效率的指标。

这位管理者要求他的团队提出使该公司的劣势至少能达到行业平均水平的方法。他的理想情况是，他们应该去寻觅重大机会，通过重组公司的能力来获取利润。例如，如果他们能想出一种方法，在应收账款回款时间方面做得比行业平均水平好得多，那么为实现这一目标而建立的能力，可能会成为利润增长的一个重要来源。通过在不增加成本的情况下更多、更快地收集信息，公司可以在不增加投资的情况下增加利润。这样做生产力就能提高，从而有助于改善竞争表现。

这些小组发现的大多数问题都源于该公司过去的组织和运作方式。正如我们在第5章中提到的，如果阻碍公司竞争力进步的问题出在内部，那意味着你直接控制着改变未来、实现成功的机会。除此之外，这些小组还安排了第5章中讨论的"五个为什么"的调查。调查结果给出了大量关于该公司哪里出了问题的细节。当几周后工作小组提交最终报告时，我们已经了解到该公司的能力是多么不足。

该公司使用的是一个有20年历史的老旧系统，用来管理库存和发货。系统又旧又难以维护。为了使系统得以运转，公司又开发了一套复杂难懂的商品代码，既不直观又冗长。获取顾客订单并生成拣选和包装说明的过程依然是基于纸张的，并且依赖一款特殊的喷墨打印机来多次打印订单样本。当最后一遍打印出来（拣货员最终用的那份）时，纸张已经被弄得很脏了，难以阅读。不仅如此，自从安装了计算机以来，仓储的组织方式也几乎没有什么变化，没有跟上顾客需求模式的改变，这使得拣货员很难找到新产品。更糟的是，整个发票和付款系统都依赖于纸张和手工对账，因为这个系统从来没有与库存系统连起来。

所有这一切的结果就是，顾客很难订购到他们需要的东西，而且经常会订错。仓库里的拣货员很难从货架上找到对应的商品。同样，包装工人也很难将商品与原始订单和交货说明进行匹配。最后，整个发票系统也复杂无比，以致顾客总是迟迟不付款给公司，因为他们不知道自己欠公司什么钱。

上述所有情况都转化为整个消费链中一连串的消极属性。相当大比例的订单和发票都受到质疑。顾客收到很多错误的货物，原因要么是订单错了，要么就是在包装环节搞错了。在这种情况下，弄错的物品必须重新包装退回，而客户需要的物品必须重新订购和发货，每个人的神经都在这个过程中变得紧张起来。这将公司置于竞争劣势，甚至与那些交付速度较慢的竞争对手比起来也是如此。一位顾客观察了竞争对手的表现，做出如下评价：对，它们比你们的交货日期还晚，但每次它们要推迟交付之前，都会打电话告诉我，以便我可以从其他地方重新订购，而且它们送来的货物从不出错。

我们通过分析发现的这一情况在现实中一点也不罕见，尤其是对于那些被认为缺乏战略重要性的步骤。想知道你的公司是否有类似的问题？那就随机挑选三名员工，让他们解释公司开具的典型发票上的每一项都是什么意思。结果可能让你非常震惊。

起初，工作小组建议通过增加质量控制环节和检测人员等方式，循序渐进地解决这些问题。[5] 这并没有使该管理者满意，他不相信只处理部分问题就能带来他所期望的财务回报。相反，他选择开始重组公司的能力。正如我们将展示的那样，这可以创造机会，与重组市场（在第 4 章和第 5 章中讨论过）出现的机会一样具有吸引力。

他使用了上文提到的那两个新的关键比率——顾客首选率和员工满意度指数来向员工解释他的理由，并展示了这些数字是如何相互关联的。如果改进操作可以降低错误率，那么退货率就会下降，进而减少应收账款，更好地控制存货，加快存货周转，提高资产利用率。包装方面的进步将有助于实现重复采购，从而能够在相同的资产基础上，产生更大的交易量和更高的利润率。

通过工作小组，这位管理者对他的顾客做生意的方式，以及他的公司如何更好地支持顾客有了更深的了解。之后，他的公司逐渐由过去单纯的商品供应商，进化成了信息供应商，他的顾客可以利用这些信息更好地管理自身业务。例如，他们可以根据不同种类的部件在系统中流转的数据来预测未来对部件的可能需求。譬如，一栋新开发的建筑如果在工程早期对绝缘材料和管道有需求，那就可以判断出其之后对开关盒和固定装置也将产生需求。这就使得顾客能够更好地控制中间品的费用，更好地预测存储和库存需求。该公司也将因此成为顾客重要的商业伙伴，而不仅仅是供应商，因为它成了这些顾客竞争体系的一部分。

借鉴准时制（just in time）的相关概念，公司将材料的入库时间尽量贴近其交付时间，从而降低了库存成本。该公司发现，通过按需交付特定工作所需的货物，可以为顾客创造可观的经济效益。这是对此前主流做法的一大改进。此前的做法是顾客先订购大量额外的供应品，然后积压在那里，直到需要的时候再使用，目的是防止出现短缺。而公司一旦掌握了顾客过去订购的数据，那么当顾客忘记他们需要订购的东西时，公司就可以更主动地提醒他们。

为了使这一愿景落地，公司开始建立一个（在当时）高度创新的、基于互联网的电子数据交换订购系统。该系统用简单的描述和图片取代了烦琐的库存代码。顾客可以在网上订购，而不用在纸上填写任何表格。此外，顾客还可以调用过去的订单，以多种方式（按类似的订单、按时间、按订单的性质等）进行排序，他们只需要做一些小的调整，然后就可以重新提交订单。在仓库里，库存系统被重新设计，电子识别标签可以帮助员工找到物品，打包并运输，这大大降低了错误率。

显然，如此大规模的能力重组既不容易也不便宜，在系统开发、信息技术设备及人员再培训方面的投资巨大。在一开始，这项投资会降低固定资产的周转率，并提高资产负债率。但是，能力重组所需的投入是必要的，它与创业过程的任何其他部分一样，都是创业准则的一部分。

为了明确新系统的期望业绩目标，工作小组开始开发表 6-2 中描述的性能概要。正如你所看到的，他们计划在某些领域做得比竞争对手好得多，但他们也深知这样做所需的投资之大，这从公司杠杆率的提高就可以看出。

表 6-2　重振工业品分销业务

比率	该公司的表现	竞争对手的表现	目标表现
年销售额增长率	6%	6%	6%
利润率	8%	9%	9%
顾客首选率	70%	90%	95%
库存周转率	8×%	9×%	9×%
固定资产周转率	3×%	3×%	2.8×%⊖
应收账款周转天数	85 天	70 天	65 天
预期时间内交货率	95%	90%	99%
错误率	3.50%	1.50%	0.50%
员工满意度指数	75	无	90
负债股权比率	1.25	1.20	1.30

评估并发展能力

刚刚讨论的这家工业品分销公司所做的工作，说明了一种规范性的管理方法可以为一家公司带来什么。如果一家公司的能力不能明显改进关键比率，我们会问，为什么公司要花钱维持这些能力。在解决这个问题的过程中，公司可以大幅减少之前被认为是核心能力的活动的数量，并将注意力集中在真正重要的能力上。为了确定各种能力对企业的相对价值，可以将它们分为三类：强制性能力（mandatory competences）、独特性能力（distinctive competences）和潜在性能力（latent competences）。

强制性能力。 这种能力可以带给你平等的竞争机会。如果你想要保持你的竞争地位，那就必须打造或获得这种能力，它们可以让你的公司在关键比率上起码能达到行业基准（或主要竞争对手）水平。这些能力能提供必不可少的属性，或者避免那些对竞争优势基本上没有什么帮助的消极属性。然而，如果没有它们，你就会处于很大的劣势。

独特性能力。 这种能力可以给你带来比较优势和加分项。它们使一家公司的关键比率比竞争对手的更加出色。如果这种差异能够给客户带来价值，那么公司就可以通过提高价格来获得比其他竞争对手的产品更高的利润率；如果这种差异能够帮助顾客提高效率，那么公司可以通过提高生产效率来获得更高的利润率。[6]

⊖　固定资产周转率理应越高越好，此处原书疑有误。——译者注

潜在性能力。这种能力可以在未来给你提供加分项或必不可少的属性。未来竞争优势主要来自潜在性能力的调动。[7] 例如，杜邦（DuPont）公司生产戈尔特斯（Gore-Tex）面料的能力，就源自其原有的生产特氟龙的能力。在顾客那里，戈尔特斯面料最终获得了巨大的成功。而这一成功连杜邦公司自己都没有预料到，它甚至将这一技术授权给了戈尔公司！

如果你连强制性能力都不如竞争对手，那你长期都没法达到竞争对手的价格或与它们具有的其他积极属性匹敌，在市场上取得成功更是绝无可能，就算偶有成功，也绝无法持续。还有，如果你在所有关键比率上都无法超越竞争对手，那你也必然无法在资本竞争中吸引优质投资者。

下面，我们通过介绍通用电气金融服务公司（GE Financial Services，以下统称为 GEFS）的演变，来探讨能力发展是如何创造独特性的。

独特性能力的基石

GEFS，今天的金融巨头，最初只是通用电气家电板块的信贷部门，负责为贷款购买通用电气的产品的顾客管理分期贷款。该业务的主要盈利驱动因素是评估潜在顾客信用价值的能力，高效、准确地处理大量交易记录的能力，熟练管理现金流的能力，当然，还有处理欠款的能力。在该公司的众多能力中，最吸引我们的是其处理欠款的能力。GEFS 的坏账占全部账面价值的比率一度比公司标准低 30%，而这一指标是衡量公司盈利能力的关键指标。

在早期，金融服务行业通过非常简单的处理系统来处理欠款，这个系统主要由一屋子人员组成，他们负责整理拖欠的账单并给欠款顾客打电话。员工的招聘标准基本不存在，而所谓的培训就是下发一系列常规问题，以便员工在电话中向欠款的顾客朗读。可想而知，这一套程序的效力多么有限。在这一点上，GEFS 达到了行业基准水平。

接下来，GEFS 开始专注于发展处理欠款的重要能力，请注意随之而来的变化。[8] 首先，公司开始尝试理解一种新的消费链，即哪些因素可能影响潜在的欠款顾客偿还债务，而不是违约。该公司对欠款顾客的行为进行了一些严肃的研究，并建立了一个有趣的档案。研究表明，在首次拖欠还款后的短时间（大约 10 天）内，因为欠款顾客会感到内疚和不安，所以其还款的倾向要比以后大得多。然而，随着时间的推移，这些内疚感会消失，催收工作也会变得更加困难。这一结论为 GEFS 提供了一个能力开发的焦点。

现如今，潜在的欠款是通过电子跟踪系统确定的。一旦发现潜在的问题，自动拨号系统就会启动，每 20 分钟给欠款顾客打一次电话。当他接听后，电话会立即切换到一个经过精心挑选的训练有素的 GEFS 代表。该代表从 GEFS 对欠款顾客所有信息的全面在线记录中获取线索，基于她接受的培训与其进行高度个性化的对话（大多数代表是女性，在这种不大愉快的情况下，她们通常比男性带来更少的对抗情绪）。她们能被挑选出来，是因为她们有着礼貌的态度和高超的技能，能够坚定地说服欠款顾客支付账单。[9]

此外，GEFS 还开发了自动系统来处理纸面工作，防止这些代表把时间浪费在使用其职业技能以外的任何事情上。系统可以根据需要调出记录并将信息保存在一个中央数据库中，而不需要代表手动处理表单。如果她没有成功说服欠款顾客支付账单，那么该项债务将提交给催收部门来采取进一步行动。因此，GEFS 发展出了一种独特性能力——结合了违约处理技能及与之配套的相应资源和系统。多年来，这些技能、资源和系统使其在分期贷款的坏账成本方面，远远低于耐用品贷款行业的平均水平。

到目前为止，我们在本章讨论的两个例子都说明了独特性能力的构建要素。第一个要素是一种少有的创业洞察力。在 GEFS 的案例中，这一洞察力就是对欠款顾客行为的研究。而对于那家工业品分销公司来说，这一洞察力就是对该公司如何帮助顾客竞争的研究。

第二个要素是确定创业洞察力与推动业绩的关键比率之间的联系。对于 GEFS 来说，关键的联系是时间，如果能够在潜在欠款顾客对自己的拖欠感到最内疚的时候找到他们，公司将损失更少的钱，而且相比于让他们演变成坚固的欠款顾客，这样做收到的钱会更多。那家工业品分销公司的关键联系与另一种时间有关。该公司开发了一些方法，让顾客不用多花时间去购买常规货物，就能维持他们的业务。通过帮助顾客竞争，企业也提高了顾客满意度和回购倾向。

第三个构建要素是创建技能、资源和系统的组合，使公司能够在已确定的联系方面的表现达到与众不同的水平。例如，GEFS 加大投资，精心选择并培训其欠款处理代表的说服技能，这为公司带来了更好的催款结果。其在资产和系统方面的投资，也有利于这些代表充分发挥自己的说服技能，实现了最大的杠杆效应。对于工业品分销公司来说，新系统的信息强度和响应能力直接提高了顾客满意度和回购倾向。此外，在拆除旧系统时，分销商终于能够发挥出员工的技能，而之前，这些技能在与顾客建立联系和创造性地为顾客服务等方面，并未能得到充分利用。

能力背后的洞察力

我们强调创业洞察力是发展独特性能力的基础。原因在于，为了获得高于行业平均水平的回报，公司需要占据一个竞争对手难以撼动的竞争地位，而保持自己的创业洞察力是实现这一目标的关键。在强制性能力方面，大多数有能力的竞争对手都能与你匹敌，但如果没有能力背后的创业洞察力，也没有基于经验的深刻理解，竞争对手就只能摸索着向你的竞争地位靠近。[10]

然而，这里有一个令人两难的地方，要在资本市场占据一席之地，你必须以一种令人信服的方式向分析师和投资者解释你的策略。这就迫使你必须分享竞争计划中的关键因素，而这会被竞争对手知晓。理解关键比率的概念则可以帮助你讲述一个令人信服的故事，同时又不必将你独到的洞察力公之于众。

以 GEFS 为例，它可以很容易地向潜在投资者展示其在处理欠款方面的优异表现，以及随之而来的更好的业绩回报，而无须向他们展示它是如何做到这一点的。实际上，如果竞争对手监视了 GEFS，它们会看到什么呢？它们肯定会看到与当前行业普遍做法不同的东西，譬如人员选择和培训项目、使用程控电话系统、广泛的自动化应用等等。但它们没有看到 GEFS 对情感如何影响顾客支付倾向的洞察。即使它们实施同样的培训和系统，它们也不会知道使一切变得有意义的那个关键因素。[11]

为能力打造创造条件

以前面的示例作为参考，你现在可以考虑将关键比率分析和能力打造的概念应用到你的业务中。第一个任务是确定 7～10 个关键比率，这些比率能使你的利润增长。你可以从阅读你所在行业的研究报告开始。投资银行家、商业银行家、行业分析师和协会可以提供丰富的想法。现如今，海量的新行业情况和竞争信息都被上传到了网上。特定行业的网站，如 eSteel（由 E*TRADE 运营的投资网站），以及 Hoovers.com 等面向信息的网站，都提供了信息的丰富来源。另一个花费不多的信息来源是你公司的投资顾问或财务官。即使这个人没有你需要的信息，他也能经常给你指出有用的信息的来源。

你也可以去图书馆和书店的商业书籍区域读几本颇受好评的商业书籍，这能够为你思考如何提高盈利能力提供一个起点。[12] 如果你的业务是多元化的，那你就需要为每一个主要产品线确定关键比率。

当你在收集所在行业（或细分行业）的信息时，你就会了解到你在每个关键比率上相对于竞争对手的地位。下一步是将这些数字放在一个类似于表 6-1 的比较表中。只要你稍加坚持，就可以找到差距。商业银行家和投资分析师经常收集数据，以评估竞争对手的相对表现。商业银行家的利润和投资分析师的饭碗都取决于他们在识别和解读这些信息方面的能力，那我们为什么不利用他们去理解竞争有效性的基本驱动因素？此外，还能从诸如 *Value Line* 之类的出版物中、*Compustat* 之类的在线数据库中以及行业协会那里获得信息。[13]

获取私营企业的数据可能会有更多的挑战，因为它们不需要向大众报告数据。因此，你可能需要更广泛的情报来评估这些竞争对手的表现。[14] 例如，你可以基于其对投标的响应来做推断，或者根据关键顾客或知识渊博的行业专家提供的信息进行推断。

一旦你掌握了行业基准，下一步就是了解你公司内各个部门的人员是如何影响关键比率表现的，而关键比率反过来又会影响业务模式的盈利能力。如果人们能够充分了解自己在利润增长中的作用，那么他们就能够更有效地参与竞争。将职能活动与竞争基准相联系是至关重要的。除非公司的所有人员都知道他们今天的行为和公司的业绩之间有什么联系，否则他们怎么可能知道如何才能最好地为盈利做出贡献呢？[15]

通常，他们对这些联系的理解都是似是而非的。想象一下，如果你告诉内部销售人员你想增加市场份额，他们肯定会同意，甚至欣然接受，但如果他们不知道他们的所作所为会如何影响市场份额，那他们该怎么去实现这一目标呢？相反，如果他们知道当顾客打电话来的时候，让顾客在原来的订单中添加两行产品就能增加市场份额，那么这些内部销售人员也就知道该如何增加市场份额了。这就是为什么麦当劳的服务员会问："你还需要薯条吗？还需要苏打水吗？"这也是为什么兰德斯（Lands）终端的电话销售员会建议说："目录第 23 页的腰带和你刚订购的短裤很配。"

现在，你已经准备好开始弥补你和竞争对手之间的差距了。那些不利的差距代表了能力发展的机会。关键的问题是要培养某种洞察力，围绕这种洞察力，你可以打造具有独特性的竞争地位。

你可能已经对你的机会清单有了这些洞察。多看看它，寻找那些你有机会在特定基准上做得更好的指标。竞争对手有没有开拓出一个新的顾客细分市场，在那里它们比你的公司更能满足某些特定需求？你是否忽视了某些将你置于不利地位的趋势？你是否遇到了某种阻碍你达到基准水平的障碍，比如第 5 章中描述的那些？市场的变化是否创造了新的需求？如果你的机会清单没有给出任何你认为可行的机会，那你可能就需要重新审视之前讨论的属性映射和消费链分析，这次要关注你与顾客在每个环节是如何交互的，看看它们是如何帮助或阻碍你在关键比率上做得更好的。

有了新的洞察力，你就可以采取特定的步骤来打造新的能力。你对结果和联系的描述越具体，你的员工就越容易执行你的想法。

行动要领

下面的行动要领是为了让你着手实践本章所讨论的概念和过程。你可以灵活地用一种适合你公司的方式来阐述。

第 1 步：为你的业务模式创建一个简短的列表，包含 7～10 个与增长和盈利能力相关的关键比率。如果你拥有多个不同的业务，那么你需要为每个业务设置一组不同的比率。

第 2 步：收集你自身的关键比率数据以及竞争对手的相应数据，整理出与表 6-1 类似的表格，并找出差距。

第 3 步：当你在一个或多个关键比率上低于平均基准时，重复第 5 章中的"五个为什么"练习，找出原因。让员工参与到公司不同职能的工作中来，这样他们就能帮助你在不同的业务之间建立必要的联系。你还要记下你的发现。

第 4 步：如果你的关键比率中没有一个显示出你有独特性能力，那么你至少还有机会去建立新的能力。浏览机会清单，重复第 2 章和第 3 章中描述的消费链和属性映射，或者两者都做，目的是发现可能形成新的独特性能力的基础。

第 5 步：基于这些洞察，首先考虑你能做些什么来在大多数关键比率上达到平均基准，其次至少在一个比率上创造出相对于竞争对手的独特性能力。

第 6 步：你应该将最好的想法记入机会清单，尤其是当它们存在生产力方面的重大改进潜力的时候。

第7章 选择竞争领域

到本章为止，我们已经讨论了识别新机会的方法：重新设计产品和服务，重新差异化产品和服务，重新细分现有市场，重组市场，以及打造具备一流水平的崭新能力。如果幸运的话，你现在应该已经拥有了一个记录着各种机会的清单。这当然是个好消息。但坏消息是，无论这些机会目前看起来多么诱人，你都不可能成功地抓住每一个你想到的机会。事实上，如果追求的太多，你很可能会失败，你的团队也会因此陷入困境。而且，如果你尝试太多的新事物，就有可能无法充分利用你当前拥有的能力所能带来的好处。[1]

此时，创业思维的另一个重要组成部分——保持专注，就要开始发挥作用了。创业者保持专注的方法有两个：第一，他们只从激烈的竞争环境中选择有吸引力的领域；第二，他们只在选定的领域寻求机会，以巩固自己的地位。专注意味着做出权衡，这包括放弃或至少推迟实现许多可能性，有时甚至需要你放弃那些过去一直很重要的事情，这些选择有时候会很艰难。因此，你需要从两个角度来看待实现目标的挑战。首先，你要在竞争激烈的领域中瞄准有吸引力的领域，选择那些最有可能使你实现盈利增长的业务领域进行竞争。[2] 其次，你要确定你所选定的领域里机会的优先级。你要先对当前形势进行详细描绘，然后以此为基础来选择你未来的竞争领域。

描绘你的竞争形势

在第 6 章中，我们建议你通过使用关键比率来对你的竞争位置形成一个公正的、便于比较的理解，这样可以帮助你框定挑战，发展新的能力，并让人们专注于共同目标。我们现在要把这条思路进一步深化。在寻找机会的时候，我们既要考虑做新事的机会，也要考虑停止做旧事的机会。

当你的公司经历创业转型时，你之前服务的顾客、销售的产品或服务、使用的分销渠道以及经营的地理区域并非都会与你正在创建的新业务相适应。确认停止将资源投入某项特定活动的时机，与提出促进增长的想法一样重要，但企业通常不太注意这种时机。如果没有利润增长的好机会，投入新业务的每一笔预算，每一名高技能员工，每一名优秀技术专家、销售能手或服务人员，都将是一种资源浪费。

我们建议先做出一张简单的分层映射图（stratification map），以此来显示各项业务活动对当前业绩的贡献度。分层映射图会以一种直接而有力的方式分析当前业务的每个部分对业绩的贡献。你需要选出那些最具吸引力的部分作为未来发展的跳板，最不具吸引力的则成为裁减的候选项。

对公司目前所处的位置进行分层

你可以从对你当前的收入进行分层开始。我们将从负责业务组合的管理者的角度对收入进行分层，以此来说明分层映射的概念。但是，请记住，需要分层的可能并不是一项业务——它可能是产品、细分顾客群、地理区域、分支机构、分销商/经销商（在分销密集型业务中）或服务。从你认为最重要的那一项开始分层，其他的部分可以之后再做。

就像下述示例显示的那样，收集每个业务领域去年的营收数据。然后你就可以做出一个收入分层映射图，完成以下步骤。

1. 对每个领域的收入按降序排列。
2. 计算累计收入。
3. 计算累计收入的百分比。
4. 将累计收入的百分比在65%以内的业务列入Ace类别。
5. 将累计收入的百分比在65%～85%的业务列入Jack类别。
6. 将累计收入的百分比在85%～100%的业务列入Deuce类别。

你最终会得到一个类似于表7-1的表，它描绘了一家虚拟公司的年收入。这些类别的名称（Ace、Jack、Deuce）源自纸牌游戏的逻辑。在几乎所有的纸牌游戏中，Ace都是最有价值的牌，能让持有它的玩家获得最大的得分空间。Jack也是很有价值的牌，但仅处于中等价值范围的顶部。持有Jack的玩家有很高的得分潜力，但只有在正确的情况下才能兑现。而Deuce这样的牌在牌局中只有一些边际价值，只有一些极为特殊的情况除外。

表7-1 收入分层的简单例子

业务	收入（千美元）	累计收入（千美元）	累计收入的百分比（%）	类别
1	100	100	50	Ace
2	55	155	78	Jack
3	30	185	92	Deuce
4	10	195	98	Deuce
5	5	200	100	Deuce

在选择表示业务领域价值的名称时，我们使用了 Ace、Jack 和 Deuce 这样的类别来简化记忆。Ace 类业务给你很大的潜力和行动的余地。Jack 类业务是好的业务，但需要谨慎管理才能发挥其潜力。Deuce 类业务偶尔也做，但大多数情况下更多是为了方便操控和交易，它们本身并不具有很大的价值。

这个简化示例中显示的结果非常典型——大多数收入都来自少数产品。然而不幸的是，在通常情况下，营收大户未必是利润的最大贡献者。[3] 要了解每条产品线的盈利情况，请进行第二次分层，即按利润或利润贡献额（在高固定成本业务中）对其进行分层。考虑到利润可能为负，你需要做出一些调整。接下来我们要创建一张关于利润贡献的分层映射图，步骤如下（见表 7-2）。

表 7-2　贡献分层的简单例子

业务	利润贡献额（千美元）	调整后贡献额（千美元）	累计调整后贡献额（千美元）	累计调整后贡献额的百分比[①]（%）	类别
2	25	25+8=33	33	33/79=42%	丰厚贡献者
1	18	18+8=26	33+26=59	59/79=75%	多产贡献者
4	5	5+8=13	59+13=72	72/79=91%	边际贡献者
5*	−1*	−1+8=7*	72+7=79	79/79=100%	边际贡献者*
3*	−8*	−8+8=0*	79+0=79	79/79=100%	边际贡献者*

注：*表示正在亏损的业务。
① 该列数据经四舍五入。

1. 对每项业务的利润贡献额按降序进行排列（第 2 列）。如果你有亏损，将最大亏损额加到每个"利润贡献额"项上，得到调整后贡献额。在这个例子中，最大的损失是 8，所以我们将第 3 列中的所有利润加 8。亏损业务应该排在所有盈利业务之后，亏损最大的业务排在最后。

2. 用星号"*"标记所有正在亏损的业务，以让你牢记这些业务正在产生亏损。

3. 计算累计调整后贡献额（第 4 列）。

4. 计算累计调整后贡献额的百分比（第 5 列）。

5. 将累计调整后贡献额的百分比在 65% 以内的业务列入"丰厚贡献者"（lucrative contributor）类别。

6. 将累计调整后贡献额的百分比在 65%～85% 的业务列入"多产贡献者"（productive contributor）类别。

7. 将累计调整后贡献额的百分比在 85%～100% 的业务列入"边际贡献者"（marginal contributor）类别。

如果手头没有关于利润贡献额的数据，你可以做一些有根据的猜测（请注意这些数字是基于假设的）。否则，你只能退而求其次，仅仅依靠之前绘制的收入分层图来分析。

在这之后，你需要对收入和利润贡献额进行交叉映射，生成类似于图 7-1 的分层映射图。你可以一眼看出，虽然业务 2 产生的收入比业务 1 少得多，但实际上它对公司的贡献比业务 1 大，业务 1 从较大的收入中获得了更低的利润。这种情况对公司提出了一个问题：是应该对业务 1 做些什么来提高其盈利能力，还是应该将资源投入到不断增长的业务 2？

	丰厚贡献者	多产贡献者	边际贡献者
Ace		业务 1	
Jack	业务 2		
Deuce			业务 3* 业务 4* 业务 5*

图 7-1　分层映射图：收入与利润贡献额

注：*表示正在亏损的业务。

另外，业务 3、4 和 5 都是低收益的亏损业务。我们要看的是它们已经持续亏损的时间——如果它们是初创业务，那么它们可能需要时间来步入正轨。然而，如果它们已经亏损了一段不短的时间，那也许是时候好好审视一下为什么公司还在支持它们了。

如果你能得到相关数据，并为你两三年前的业务创建类似的分层映射图。那么，除了能够知道你现在所处的位置，你还能够看到你是如何走到今天的，接下来你可以对未来的趋势做出一些猜测。比方说，业务 1 曾经处于丰厚贡献者的位置，但现在已经下滑到多产贡献者的位置。对于这样的业务，你需要仔细考虑：这是一个可以通过识别新的机会来纠正的短期问题，还是一个长期趋势？如果是长期的问题，那么可能是时候逐步淘汰甚至卖掉它了。

解读胜利者和失败者

分层映射图为你提供了一个简单、明确的业务高低点描述。让我们考虑表中的每个单元格，使用图 7-2 中的类别来进行讨论。我们重申，你可以用不同的方式分解数据，譬如根据细分顾客群、产品、地理区域，甚至根据分公司或分销商（取决于你所采取的操作）将其拆分，效果可能会更好。

	丰厚	多产	边际
Ace	丰厚型 Ace	多产型 Ace	边际型 Ace
Jack	丰厚型 Jack	多产型 Jack	边际型 Jack
Deuce	丰厚型 Deuce	多产型 Deuce	边际型 Deuce

图 7-2　分层映射图中的类别

丰厚型 Ace（lucrative Ace）

丰厚型 Ace 是你公司赚钱的王牌，是当下的基石业务。它们是你盈利能力背后的核心力量，但很可能对你的竞争对手也极具吸引力，因此容易受到竞争对手的威胁，比如价格战。同样，你所在行业的这些竞争领域很可能正在积累我们所说的"冗余－过剩资源"（slack-excess resources），而这些资源本可以带来新的增长。[4]

有些冗余是必要的，它代表了人们可以用来进行试验和尝试新事物的资源。然而，如果这些冗余太多——尤其是当它拉低了流程效率或带来了费用方面的问题时，就说明企业可能正在浪费宝贵的资源，而这些资源本来可以用来追求新机会。如果管理这类业务的人过于自满，当竞争到来时，他们可能会陷入高成本的境地。导致这一切的根本原因在于，即使潜在的商业环境导致增长放缓，人们仍倾向于继续以业务快速增长时的投资速度投资资产。有一个办法可以快速检查这一情况，即查看销售和一般管理费用（sales and general administrative expenses，SGA）与收入或利润的比率。如果 SGA 的增长速度超过了收入或利润，那么明显是存在问题的。

多产型 Ace（productive Ace）

多产型 Ace 提供了很多收入，但没有带来太多的利润。对于一家老牌公司来说，这往往是一个危险的类别，因为通常情况下，多产型 Ace 业务的管理者对公司的影响力与他们带来的利润不成比例。如果继续支持这些多产型 Ace 业务，你可能会错过那些目前规模较小，但长期看来更有利可图，只要投入资源就能带来增长的业务。

你需要关注该业务的发展趋势。如果这个业务曾经是一个巨大的利润来源,那么现在发生了什么?它是否面临利润率方面的压力?是否遭受了新技术或替代产品的威胁?或是管理层对资产的利用变得草率?无论原因是什么,你都急需对这一类别的业务做出一些改变,譬如缩减规模、提高价格或重新考虑增长目标。当然,在它看起来仍然有吸引力的时候卖掉它也是一个选择。

在网络导向型的行业中,多产型 Ace 可能并不坏。在这样的行业(如销售软件、通信系统、网络系统和由通用组件构建的系统的行业)中,价值在很大程度上取决于使用该产品或系统的顾客规模。因此,传真机或文字处理软件这种产品对一家公司的价值取决于有多少其他人使用了相同的传真技术或相同(兼容)的文字处理软件。在这种情况下,公司的战略目标至少应该是能够共享标准,而最高目标应该是主导标准制定——就像英特尔在微处理器市场所做的那样。通常,一个公司会放弃其早期盈利来获取和维持一个行业标准,或者控制网络的发展。[5] 在这种情况下,公司的目标应该是用利润更高的下一代产品取代现有产品,并获得较高的市场份额。

边际型 Ace(marginal Ace)

这一类别可能代表着公司曾经很辉煌的竞争领域,但其竞争地位已经被削弱,或者就网络导向型行业而言,这一领域可能代表着先行者为获得一个标准或获得主导地位而付出的代价。对于非网络导向的业务,这一部分可能需要进行大范围的战略调整。边际型 Ace 的业务很容易成为规模庞大的干扰因素,并白白地消耗时间、资源和人才。如果想不出一个令人信服的理由继续追求这条业务线,那么最好的做法就是放弃、重组、出售它或者通过提高它的价格来增加利润。然而,由于来自这些业务的收入往往相当可观,因此放弃或重组这些业务可能需要一个痛苦的战略决策过程。成熟组织在应对这种剧烈的变化时所遇到的问题已经在学术文献中得到了很好的记录。专栏 7-1 提供了关于组织惯性与变革研究的主要结论。

专栏 7-1　组织惯性问题:理论视角

那些成熟的组织发现,要想改变现存的人员、资产和产品的组合,往往会遇到很大的困难。这一发现催生了大量的学术（和实践）研究。这些研究试图解决这样一个关键问题：为什么为了专注新事物而去放弃旧事物会如此困难？

第一个影响因素是惯例，即人们倾向于重复那些导致成功的行为，而不愿去采取可能与失败相关的行动。探索未来的发展模式需要试验，而试验可能会失败，因此许多人会过于规避风险而不敢尝试。导致组织惯性的第二个因素与组织日常行为中蕴含的隐性知识有关。随着时间的推移，具体的操作过程被嵌入一整套复杂的信念、价值观以及对其不断强化的过程中，这使得它们既难以被发现，又难以被分离。此外，在战略层面上，很难深入分析基层日常工作的内部运作情况。[a]具有讽刺意味的是，有效的基层学习可能会使决策层看不到惯性所带来的问题。[b]以上所有这些原因都说明，除非对整个过程进行积极管理，否则对过程的调整往往会落后于环境的变化。此外，除非组织因外部冲击而陷入危机，否则这些调整过程更容易影响一些基层情况（例如，对产品或服务的改进），而无法引发系统范围的调整。例如，苹果电脑在20世纪90年代末被迫做出重大战略转变，原因是该公司正为生存而苦苦挣扎。有了运气和适当的准备，你就可以避免在重大外部冲击的压力下被迫改变。[c]

一个组织是否有能力改变，这是一个由种群生态学派提出的问题。这个学派的学者们将源于达尔文进化论的自然选择思想应用于组织群体的变化。虽然他们的观点近年来有所松动，但他们最初的理念认为，组织根本无法对其活动组合进行任何有意义的改变。[d]这一观点的支持者认为，大多数公司都倾向追求效率，而不会去主动承担通过追求新的业务模式而带来多元化的高成本。这是因为投资多元化就像追求多个新机会一样，会导致不稳定的业绩，进而增加投资者、顾客等关键利益相关者放弃支持该公司的可能性。一旦失去足够的支持，公司就无法生存。[e]

资源依赖理论派学者则提供了另一种观点，他们认为变化是组织适应环境的必要工具，而且变化是可以实现的，但同时也具有高度的政治性。战略家的本质是通过谈判获得资源。在他们看来，公司被迫对外部环境做出反应，目的是使它们能够获得必要的资源。因此，它们在可能采取的行动方面高度受限，在此背景下还要不断进行政治谈判以获得更多的资源。这一思想带来了一项影响深远的启示：组织的外部控制。^f 与种群生态学相比，资源依赖理论派认为管理者有能力应对来自环境的挑战，并可以通过影响拥有重要资源的人来塑造企业的经营环境。

克里斯坦森（Christensen）认为，过去的成功经验所带来的资源依赖模式，会严重阻碍一个组织应对那些对未来至关重要的突发事件。^g 伯格曼（Burgelman）在对英特尔公司的研究基础上，也提出了类似的发现。他说低级别的运营管理者在有自由裁量权和激励措施的情况下，会做出对英特尔参与 DRAM 技术有负面影响的决策，而不管高管对这项技术有多拥护。^h 此外，退出业务的负面影响有时也会十分强大，强大到即使大家都认识到了退出该业务能够让所有人受益，居然还是不足以让人真正退出。^i

从个人的角度来看，终止一个正在进行的项目或业务是一件困难的事情，并且常常伴随着痛苦。它会导致紊乱的行为。例如，管理者可能会坚持不懈地投资，徒劳地尝试挽救一个失败的项目。这就是所谓的承诺升级[⊖]。^j 麦格拉思认为，与其将创业项目视为生死攸关的商业尝试，还不如将其看作一次失败成本更低、学习潜力更大的试验或选择。任何组织中的当权者都必须认识到，创建和淘汰业务模式都是必不可少的。那些不成功的项目或计划，或者已经到了生存尽头的项目，都需要重新定向。否则，学习过程就会受阻，效果也会受到影响。^k

注释

a. Nelson and Winter（1982）；Miller（1993）；March and Simon（1958）；March（1991）.

b. Levinthal and March（1993）.

c. Venkataraman and Van de Ven（1993）；Tushman and Romanelli（1985）；Romanelli and Tushman（1994）；D'Aveni and MacMillan（1990）；Bowman（1980）.

d. Haveman（1992）.

⊖ 承诺升级指这样一种行为：当主体发现自己的决策已经导致了负面结果时，不去停止或改变行为，反而继续合理化自己的决策和行为，从而带来负面结果的不断升级。

e. Hannan and Freeman（1977）；Aldrich（1979）；Amburgey, Kelly, and Barnett（1993）。

f. Pfeffer and Salancik（1978）。

g. Christensen（1997）。

h. Burgelman（1996）；see also Grove（1996）。

i. Harrigan（1981）。

j. Staw, Sandelands, and Dutton（1981）；Ross and Staw（1986）；Ross and Staw（1993）。

k. McGrath（1999）；Sitkin（1992）。

在瞬息万变的竞争环境中，公司需要时刻做出这样的放弃或重组业务的决策。想想德州仪器（Texas Instruments，TI）出售其核心业务——面向军事防御市场的产品和服务时，所做的艰难决定吧。多年来，德州仪器的成功在很大程度上得益于这项业务，该公司许多最资深的高管都曾在这个业务板块工作过，包括前首席执行官杰里·詹金斯（Jerry Junkins）。1996年，杰里·詹金斯突然逝世，他的继任者托马斯·安吉伯（Thomas J. Engibous）将公司的业务重新集中在与数字信号处理（digital signal process，DSP）相关的业务上。1997年，德州仪器将笔记本电脑业务出售给宏碁（Acer），将国防电子业务出售给雷神（Raytheon），将企业应用业务出售给斯特林（Sterling）。1998年，德州仪器将存储芯片业务出售给了美光科技（Micron Technology），并开始收购类似阿马特通信（Amati Communications）等面向数字信号处理业务的公司。股票市场分析师和其他观察人士认为，由此形成的更为聚焦的业务组合具有很高的潜力，此后德州仪器的市值一直稳步攀升。

惠普也做出了类似的决定。该公司管理层决定剥离其早期成功业务之一的测量设备业务，转而支持其他具有更大增长潜力的业务，如电子服务业务。

这里要注意的一点是，边际型 Ace 有助于利用固定产能，摊薄固定成本，或产生在其他方面有用的收入。有时候确实是这样，但问题是，如果你已经发现了很多机会，为什么要把这么多的精力投入无利可图的交易呢？

丰厚型 Jack 和丰厚型 Deuce

丰厚型 Jack 和丰厚型 Deuce 是宝藏，相比收入，它们对利润做出了极其不成比例的贡献。它们之所以罕见，是因为从盈利能力的角度看，它们的表现远远好于那些规模更大的业务。不幸的是，它们也更有可能引来竞争。因此，你要提前预测竞争对手会如何进入你的竞争领域，而你又打算如何捍卫自己的竞争地位。在其他条件相同的情况下，你最好把时间花在培育和发展这类业务上，而不是拼命支持那些低贡献的业务。

多产型 Jack

刚从 Deuce 或边际贡献者类别转入多产型 Jack 类别的业务会不断增加其利润贡献，并很有可能成为 Ace 业务。这是个好消息。但是，如果这些业务在这一类别里已经待了一段时间了，那么应该有人问一问它们是否会成为公司未来的重要业务。多产型 Jack 业务的首要任务是实现盈利增长。

Deuce

由于大多数新业务在开始时收入和利润方面的贡献都很小，因此 Deuce 倒也未必一定是坏事。实际上，正如我们将在第 8 章中讨论的那样，当我们考虑实物期权时，低收益业务可以帮助你以低廉的成本洞察重大机遇。然而，有两个问题需要考虑：第一，你能同时维持多少 Deuce 业务？第二，你能确保自己知道何时需要 Deuce 业务成长和贡献利润或关停吗？许多管理者发现，在业务似乎没有多大前途的时候，结束它们甚至要比创办新业务还难（第 10 章讨论的是探索驱动计划，可能对你在这里的思考有帮助）。

分层映射的实用性

分层映射的实用性在于其简洁性，几乎每个人都能理解它。我们使用分层映射图主要是为了在花时间进行更精细的分析之前，能够快速、全面地了解事物。这些图表有助于确定哪些产品和顾客群最有利可图，哪些经销商最有价值，以及哪些地点和分支机构做了最重要的贡献。[6]

一位创业者在向一家有兴趣收购他的公司的大公司汇报时，甚至将分层映射作为自己演讲的核心。他向其展示了收购将会如何改变其业务组合，以及能为其创造什么优势。这是对分层映射进行的战略性应用，它能帮助你将未来的业务可视化，以便你对资源分配进行权衡。

面向未来分层映射以实现聚焦

到现在为止，你应该对现有业务如何对业绩做出贡献有了一个深入认识。接下来，你要考虑构建面向未来的分层映射图了。首先，请回顾你的机会清单，并将机会分为两类：竞争领域构建型（arena building）和模式转换型（model transforming）。

第一类，竞争领域构建型机会，是指开发全新竞争领域的机会，也就是你已经识别出来的如下机会：引入重要的新产品，进入可观的新市场，开发新颖的销售或分销方式（特别是在互联网时代），或发展重大的新能力。这些机会主要来自你在第5章和第6章中所做的工作。[7]

第二类，模式转换型机会，是指在现有竞争领域改变业务模式的机会，而不是创造一个全新的竞争领域。这些机会主要来自你在第2～4章中所做的工作。

竞争领域构建型机会

请根据整体吸引力，对你的竞争领域构建型机会进行排名，最有潜力的机会应该列在榜首。

多年来，业界已经开发了许多模型和框架来评估业务领域的吸引力。[8] 问题在于，随着不确定性的增加，预测吸引力变得越来越难。对风险投资行业来说，这是一个长期存在的问题——很明显，当大家都能看出一个竞争领域具有很大潜力时，做出杀手级投资（killer investment）的机会也就消失了。在表7-3中，风险资本家所做的就是寻找潜力巨大的预测指标，而不是试图精确地衡量它，这一逻辑也是我们开发自己的评价工具的起点。[9]

我们将我们的方法比作挖掘企业先天的遗传密码。举个例子，我们来对比一下两种药物的潜在优势。一种药物能够明显改善一种患者众多且经常复发的疾病的症状,而另一种药物能治愈每10万人中只有一人患病的病症。在第一种情况下,重复使用需求和高发病率创造了巨大回报的潜力。在第二种情况下,药物使用很少且有限,意味着收益较低。正如遗传学家无法准确预测一对动物的成年后代的特征一样,管理者也无法准确预测投资于特定竞争领域的潜在好处。但是开发出一些智能工具用来对竞争领域进行比较还是有可能的。

表7-3列出了一个具有大幅上涨潜力的竞争领域的各项指标。这些指标可以以多种方式使用。我们的方法是,让人们以1～3的等级对这些指标进行评分,然后将得分看成项目评估的一般指南,并作为正式讨论的基础。所有或大多数指标的得分越高,意味着上涨潜力越显著,并且根据接下来要讨论的风险因素,这些都是潜在的开放型机会(open-ended opportunities)。如果所有或大部分指标的得分都很低,那这些机会就属于受限型机会(constrained opportunities)。

表7-3 具有大幅上涨潜力的竞争领域的各项指标

◇ 我们提供的解决方案所带来的潜在长期市场需求是巨大的
◇ 需求将长期增长
◇ 如果我们追求这个竞争领域,许多关键问题都可以解决
◇ 追求这个竞争领域使我们能够探索许多潜在的细分市场
◇ 产品或服务的最终受益者愿意并且能够支付报酬,或者能够轻松获得融资
◇ 受益者将不满足于只进行一次购买——他们将重复购买
◇ 会经常重复使用

我们来看一个具有巨大上涨潜力的产品案例——辉瑞公司(Pfizer)针对男性勃起功能障碍的治疗药物伟哥(Viagra)。在该药物于1998年推向市场之前,对这种病症的治疗方法要么使人痛苦不堪,要么疗效甚微,要么就是两者兼有。伟哥是针对这一病症的首款可以口服的片剂,它带来了前所未有的便利性——对服用时间的精确控制以及相对舒适的服用方式。潜在的长期市场对这一药物的需求是巨大的。成百上千万男人在人生的某个时期都会受到这种情况的影响,而随着年龄的增长,这一频率会越来越高。婴儿潮和人口的老龄化则确保了需求的增长。事实上,在当时,在全球90多个国家超过500万男性中,开出的伟哥处方已超过1 600万张。许多顾客都非常乐意为这款神药带来的好处付费。此外,由于它并不能根治病症,而仅是缓解症状,因此需要重复使用。这样的机会说明了一种极具吸引力的需求结构。值得注意的是,辉瑞公司的管理人员在刚开始研发伟哥时,并不知道它最

终会成为如此轰动的成功产品，这些都是在临床试验中发现的。[10]

一个提示：如果你的技术人员敦促你去寻求某些机会，但营销人员似乎没有兴趣，那就请你再仔细看看。通常，这些机会代表了未来的颠覆性技术。这些技术可能会产生一定的市场影响，而这些影响会超出那些仅仅接待现有顾客的人的想象。[11]

另外，机会在带来巨大潜力的同时，也可能带来超出你的控制的风险。我们特别关注表 7-4 中列出的风险。如果这些风险或其他类似的风险存在，那么这个机会就是受限型机会，而不是开放型机会。

表 7-4　进入有潜力的竞争领域的风险

◇ 该市场的人口统计学特征数据可能会对我们产生重大影响
◇ 该产品服务于一个情绪敏感的市场（例如婴儿用品市场）
◇ 有可能带来长期法律责任
◇ 参与这一市场的道德规范正在产生越来越多的争论
◇ 该市场容易受到东道国政府的干预

要说明上述问题，我们以转基因食品行业为例。在欧洲，对转基因食品的广泛反对令美国的一家跨国农业公司孟山都（Monsanto）感到意外。1999 年，这家公司在英格兰发起了 160 万美元的广告宣传活动，强调了基因工程的好处。但该活动引发了强烈的抵制，揭示了若干个之前被认为拥有上涨潜力的竞争领域其实并非想象中那样乐观。批准和销售转基因产品的问题已变得很敏感，引发了相关的法律和道德问题，并带来了一系列政府干预措施。表 7-4 直接关注此类潜在风险。[12]

我们考虑的下一个问题是，将你的机会转变为能够产生收入的业务需要多长时间。不论顾客最终是否真的会选择你提供的解决方案，坐着烧钱等他们慢慢下定决心都是代价不菲的。你也不能全靠自己的时间和精力教育潜在顾客——你在教育顾客方面的投入通常会让整个行业受益，这样后来的参与者不费吹灰之力就能享受这些好处，而你不会有任何先发优势。[13]

最具吸引力的机会允许你创造积极的差异化，顾客会很快采用你的产品和服务，几乎不需要培训或促销，所需的基础设施也已经全部到位。这些条件很少能够同时满足，因此，了解哪些问题（如果有的话）可能会延缓顾客采用进程就非常重要。关于这些问题的指标如表 7-5 所示。我们通常会按照 1～3 的等级对每个因素进行评分。如果总分高于 18，就意味着显著的延缓；反之，顾客采用进程就会相对较快。

表 7-5 采用进程的评价指标

延缓采用进程的因素
◇ 与现有解决方案相比，该产品不具备显著的性能优势
◇ 目标顾客对当前的解决方案非常满意
◇ 那些从产品中获益最多的顾客无法控制购买决策
◇ 最终产品需要经过重要的监管审批流程
◇ 顾客对价值的看法取决于其他方的支持
◇ 产品的销售将取决于其他方（如分销商）的努力和资源
◇ 采用此产品将要求顾客或分销商更换昂贵的附属系统
◇ 目标顾客必须接受如何使用产品的教育培训
◇ 目标顾客必须从根本上改变使用模式
◇ 该行业的技术标准尚未明确
◇ 购买决策对目标顾客来说是有风险的
◇ 在大量产品投入使用之前，不太可能实现大量销售
◇ 必须同时开发基础设施或技术，才能将产品推向市场

如果要举一个延缓采用进程的例子，语音识别行业那漫长而曲折的历史再完美不过了。虽然语音识别技术已经发展了数十年，但该技术的广泛使用依然受到许多障碍的掣肘。例如，语音识别技术的大多数应用都嵌入在其他行业的公司所制造的系统中，如汽车和个人数字助理。要真正最大化语音识别的潜力，则要求顾客改变他们现有的系统，学习使用该技术，并承担作为早期采用者的风险。此外，该行业的技术标准尚不清楚，目前仅有有限数量的产品正在使用，而使用语音识别所需的主要基础设施依然没有建立。这也难怪这项技术还需要很长时间才能实现了。[14]

现在，你可以开始粗略地对清单中竞争领域构建型机会再进一步分类，将你的竞争领域构建型机会分为丰厚型 Ace、丰厚型 Jack 和丰厚型 Deuce。如图 7-3 所示。那些具有强大上涨潜力和几乎不会延缓采用进程的机会显然有可能带来巨大回报。随着上涨潜力逐渐受限制，并且采用进程逐渐放缓，机会就变得不那么有吸引力了。[15]

	上涨范围大且风险低	上涨范围有限或风险高
快速采用	未来的 Ace	未来的 Jack
缓慢采用	未来的 Jack	未来的 Deuce

图 7-3 竞争领域构建型机会的分类

通过此评估过程，你可以发现清单中是否存在"潜力巨大"的机会，这些机会有可能对现有的分层映射图进行实质性扩展。未来的 Ace 很可能就来自那些具有显著上涨潜力、低风险且能够被消费者快速接受和采用的业务机会。受限的上涨潜力和缓慢的采用进程则意味着这一机会可能不会超过未来的 Deuce（至少在近期内）。你可以继续讨论剩余单元中存在的那些机会，但我们建议，除非发生某些事情使得其上涨潜力看起来更具吸引力，或者有人可以设想一种加速采用进程的方法，否则还是将它们归类为未来的 Jack 比较妥当。

现在，你可以创建如图 7-4 所示的图表了。这张图将你当下的丰厚贡献者、多产贡献者和边际贡献者映射到未来的 Ace、Jack 和 Deuce 上。图 7-4 分为两个部分。首先，看看你目前的竞争领域和各个类型的贡献者，并确定它们将在 3～5 年后会成为 Ace、Jack 还是 Deuce。将这些映射到图的左侧列。现在，在图的右侧列中描述你的竞争领域构建型机会。显然，对于高度不确定的新业务，你不会有明确的收入数字，因此暂时将它们放在图 7-4 中标签所示的框中，接下来估算在规划期限的最后——比如三年之后，你的现有业务可能落入你的分层映射图中的哪个位置。下面总结图 7-4，顶部一列反映了当前每个业务在进行分析时的位置。所有新的竞争领域构建机会都在最右一栏。使用图 7-3 来预测未来每个竞争领域构建机会

	当下的丰富贡献者	当下的多产贡献者	当下的边际贡献者	竞争领域构建（当下还不存在的业务）
未来的 Ace 从现在开始 3～5 年后收入前 65% 的业务	如果你能找到机会维持强有力的竞争地位，这将成为今天和未来的基石类业务	如果你能找到机会加强竞争地位，这将成为增长类业务	如果你能找到构建强有力竞争地位的机会，这将成为快速增长类业务	转型业务——如果你能够创造出强有力的竞争地位，这很有可能会改变你的整个业务组合
未来的 Jack 从现在开始 3～5 年后收入中等（65%～85%）的业务	这可能是一个受到猛烈攻击或成熟的业务。你能找到重建竞争地位的机会吗？你应该放弃吗？	仔细想想这个业务到底为你带来了什么？它是放弃的备选项之一吗？	有潜力成为多产型的增长业务，但前提是你能找到显著地建立竞争地位的机会	业务扩展——如果你可以创建强大的竞争地位，很有可能将你引入新的业务竞争领域
未来的 Deuce 从现在开始 3～5 年后收入后 15% 的业务	这可能是一个吸引力迅速下降的业务。请证明保留它的合理性，并留意对承诺的兑现	低贡献和低未来收入的业务。请证明保留它的合理性；否则，立即终结它	请证明保留它的合理性；否则，立即终结它	请证明它可以作为未来的选项或可以用于防御目的（见第 7 章和第 8 章）

图 7-4　分层映射图：从当下到未来的 3～5 年

的大致位置。未来的 Ace 排在第二行，然后是未来的 Jack 和未来的 Deuce。这是绘制整个业务可能变动的一种方式，这样你就可以看到哪些业务可能对未来增长做出重大贡献，哪些不可以。

图 7-4 为你和你的团队提供了思考未来竞争领域的通用参考框架。它还为你指明了你应该集中大部分时间和精力的地方，应该避免进一步投入的地方，以及应该终止当前努力的地方。它列出了从低成效竞争领域到高成效竞争领域重新定向的策略。举个例子，如果进入一个令人兴奋的竞争领域意味着需要将一个停滞增长的业务归入边际贡献者，那么也许到了务实地舍弃这一业务的时机了。[16] 这种实用主义既是创业思维的一部分，也能带来新的机会——过去的业务必须不断舍弃，才能为最有吸引力的机会腾出空间。这些动作背后的想法让你能持续地更新迭代，不仅仅是通过识别和追逐新的机会，更是通过消除那些前途有限的业务。

吉列（Gillette）的一次性打火机业务就是一个很好的例子。尽管一次性打火机是像比克（Bic）这样的公司的核心竞争领域，但对于吉列的经营而言，它们只是相对较小的一部分。创立以来，吉列的主导业务都是剃须产品。随着每一代新剃须产品的研发成本和全球营销需求的增加，吉列的管理层认为，放弃一次性打火机等业务将有助于人们专注于剃须刀和其他消费者导向的核心业务。正如我们将在第 9 章中看到的那样，同样的逻辑也使得比克将资源从剃须刀业务转移到打火机业务。迄今为止，这一聚焦行为已经取得了丰厚的回报。吉列最新推出的 Mach 3 剃须刀提升了公司在核心业务中的份额，达到美国剃须刀市场份额的 70.7%，这是自 1962 年以来的最高值。[17]

模式转换型机会

现在来看一下你的模式转换型机会，它将影响你在当前竞争领域的地位。你需要确定哪些模式转换型机会最有可能改善你在现有业务领域的前景。当你浏览机会列表时，请指明与每个机会相关的未来竞争领域。它与未来的 Ace 竞争领域相关吗？如果是，那这个机会可以帮助你建立、维持或开创你的竞争地位吗？如果它只代表了一个未来的 Deuce，那么追求它还有什么意义呢？很明显，你将更倾向于将资源部署在最具吸引力的模式转换型机会中。一些模式转换型机会可能具有很大的潜力，它们可以将未来的 Jack 变为未来的 Ace。

完成后，你应该在图 7-4 中绘制所有竞争领域构建型机会和模式转换型机会的映射图。现在是时候看看你的公司能为这些机会提供什么支持了。

你在公司里担任什么职务

所有公司都有资源限制。这意味着当你的项目得到资金和人员支持时，其他人就被剥夺了这些资源。公司的资源通常需要经过漫长的多层次协商过程才会进行分配。[18] 因此，在你采取大胆的新举措之前，务必要对得到所需资源的可能性心里有底。

我们在此讨论的评估过程和前面一样，但这一次你需要考虑你在所属公司的职务，并需要确定你的业务在 3～5 年内能够为公司带来的成果。与你在图 7-4 中为自己的业务所做的分析不同的是，这次你要试着对整个公司的分层映射做一个粗略的估计。这将会揭示你在公司中所扮演的角色：你的业务目前是丰厚型、多产型还是边际型？你会成为未来的 Ace、Jack 还是 Deuce？如图 7-5 所示。

未来的位置	公司当前的丰厚型业务	公司当前的多产型业务	公司当前的边际型业务	公司当前不存在的业务
公司未来的 Ace 未来 3～5 年收入前 65% 的业务	公司资源的高优先级：授信额度（line of credit）	公司资源的高优先级：授信额度	公司资源的最高优先级：空白支票（blank checkbook）	公司资源的最高优先级：空白支票
公司未来的 Jack 未来 3～5 年收入中等（65%～85%）的业务	公司资源的中等优先级：专项审批（line-item approvals）	公司资源的中等优先级：专项审批	公司资源的中等优先级：授信额度	公司资源的中等优先级：授信额度
公司未来的 Deuce 未来 3～5 年收入后 15% 的业务	公司资源的低优先级：自筹资金（fund yourself）	公司资源的低优先级：自筹资金	制定退出策略	公司资源的低优先级，除非是试验性业务

图 7-5 公司分层映射图：现在和未来 3～5 年

各种问题（有些是合理的，有些不是）都会影响内部资源竞争。[19] 因此，通过了解你在公司分层映射图中的位置，你将知道你可能从公司中的掌权者那里获得多少资金以及其他类型的支持。图 7-5 提供了一些关于你可能得到的支持（或缺乏的支持）的想法，具体则取决于你在公司中的地位。公司对你的看法将从根本上影响你能够追求的机会数量，以及你能够追求的程度。

如果你的业务被看作最高优先级的类别，根据我们的经验，你能够获得相当可观的公司资源。而且，你也会对它们的使用享有很大的自由裁量权，假如你的计划可以有理有据地证明成本要比预期的大，你也会有机会获得更多资源。这有点儿像给了一张空白支票，允许你在需要时随便填写。然而，请记住，你所面对的是一个极不确定的未来。由于缺乏客观的数据，公司对你的支持主要源自大家觉得你的项目潜力巨大。你必须通过沟通和不断强调你的项目的上涨潜力来塑造大家对它的认知和理解，否则人们是不太可能自发形成这一观点的。这一点是重中之重，它是由公司内部创业活动的观察者们所总结出的金玉良言。[20]

如果你的业务属于较低优先级类别，那么获得充分的支持将较为困难，因此你要相应地减少追求的机会数量。对公司未来福祉必不可少的业务可能被视为最高优先级。有吸引力但并非必不可少的业务也可以是高优先级的。高优先级的业务可能会带来授信额度——你将在年度预算中得到资金和人员支持，在总体预算额度之内你可以自行决定如何分配资源和责任。如果你只有中等优先级，那你只能指望一个项目一个项目地去争取资金和人员，并对每一个项目的预算负责。如果你的业务被视为低优先级，那你将不得不靠自己挤出资源。你必须表现得像一个独立的初创公司，在资源使用方面厉行节俭。在第10章中，我们有更多关于资源约束的内容。

根据你从公司得到的支持的多少，重新浏览图7-4，并务实地计算出你能追求的机会数量。即使你的优先级较低，也不要绝望，有创造力的管理者会找到方法来执行他们认为重要的创业方案，而不会与内部的资源竞争相冲突。这些技巧在专栏7-2中有所描述。

专栏7-2　借用、乞讨和拾荒：最大限度地减少你需要的资源

在资源稀少的情况下运行的系统性方法被称为"资产集约"（asset parsimony）。[a] 以下是几种可以付诸实践的方法。

从资源闲置的人那里借来资源是避免资源竞争的好方法。长期以来，这种技巧一直被创业者所采用。例如，在Anna Lee Saxenien（安纳利·萨克森宁）的《区域优势》一书中，讲述了一个有关软件开发早期情况的伟大故事。惠普非常友好地将其原本闲置的夜间计算能力提供给了一个有抱负的软件创

业者。几年后，这位创业者回忆了自己带着睡袋来到公司，整夜使用借来的资源的情景。

如果你有幸与那些有资源的人保持良好的关系，那么乞讨策略也可能奏效。他们可能愿意在互有善意的基础上借给你一个人员、一点生产能力、一些营销时间或编程帮助。这就是公司内部的非正式关系和合作规范如此重要的原因之一——没有它们，获得这些关键资源几乎是不可能的。

拾荒是另一种省钱的好方法。这意味着去寻找和使用被其他业务部门扔掉或嫌弃的资源。当你的公司（甚至你的顾客）正在经历诸如迁址、战略调整、合并等诸如此类的转变时，稍加留意你就能发现这种资源。有时，一些完好且有用的资源，例如文件柜、书桌、打印机、计算机等，都被简单粗暴地丢弃，因为公司不知道如何处理它们，或者不想费心去重新登记这些资源。

一点一点地申请资金也是资产集约的好方法，这可以使你无须完全获得正式的批准就拿到资源。约瑟夫·L. 鲍尔（Joseph L. Bower）在他的标志性著作《资源分配过程》中记录了一家制造公司的西海岸管理人员如何利用分散的单独订单建立起了整个工厂，这些订单分开来看都很小，不需要递交给更高级别的管理人员来审批，但是加总起来的体量却够大，足以建造一个工厂！

厉行节约的基本经验法则就是，花钱之前先尽量发挥想象力。正如 Zenas Block（泽纳斯·布洛克）——一位在创业领域内外开展了许多业务的习惯性创业者所说的那样："能买旧的就不要买新的，能租到的就不要买，能借到的就不要租，能讨到的就不要借，能捡到的就不要讨。"

注释

a. Hambrick and MacMillan（1984）.

在我们结束"厉行节约"这一话题之前，简单说说"臭鼬工厂"（skunk works）。"臭鼬工厂"指的是一些由追求新想法的员工组成的小规模独立工作小组，这些小组通常没有公司决策者的正式批准，需要通过非官方渠道获取资源。最近，提倡使用"臭鼬工厂"来开发新业务变得流行起来，因为它们在一定程度上可以避免与"主流"业务争夺资源。然而不幸的是，被排除在主流之外也会导致"臭鼬工厂"陷入挣扎。在以下诸多情况下，使用"臭鼬工厂"是不合时宜的：

◇ 如果新业务依赖主流业务中的诀窍或能力。

◇ 如果机会稍纵即逝且竞争激烈残酷——如果你因资源有限而缓慢启动，机会之窗将会关闭。

◇ 如果新业务依赖由主流业务所控制的分销、关系或渠道。

◇ 如果新业务需要与主流业务集成以增加价值——一旦将其设置成一个独立和不同的实体，之后当你试图整合时，将引发巨大的文化冲突。

◇ 如果新业务有潜力为上级组织产生有价值的知识溢出效应，或者有潜力把从这种溢出效应中的获益反馈回自己的业务。[21]

要评估你获得所需资源的可能性，请仔细考虑你的机会清单，并指出你是否能得到空白支票、授信额度、专项审批，或是需要自筹资金。现在回过头来看看你的清单，很多没有吸引力的机会根本无法获得它们所需的资源。对于每个机会，你需要决定：是否要对其进行包装以使其更合高层管理人员的胃口；或是搁置它，转而专注其他更有前途的创业项目；抑或完全抛弃它。

我们之所以奉劝你对公司的支持水平持务实态度，是因为即便你脱离公司的慷慨援助也能开展大量工作，在某个阶段你仍然还是离不开公司的支持。而且，从长远来看，你会希望你负责的那块代表着一个正当的、受人尊敬的业务。然而，如果你在无休止的资源争夺中毁掉了自己的所有桥梁纽带，将会是一件无比糟糕的事情。[22]

玩政治——以正当的方式

我们现在谈谈公司内部政治问题。根据我们的经验，管理者习惯于对公司内部政治进行负面的描述。也就是说，他们认为公司内部政治是自私自利的人为了达成自己的目的而做的糟糕的事情。但是在通常情况下，当你深入剖析时，你会发现通常所谓的政治都是建立在一些正当的论点上的。重要的是，要意识到那些抗拒和反对的家伙并不一定都是试图阻碍进步的人。相反，你需要理解并正视他们的问题，进而解决你自己的问题——如何在最初受阻的情况下获得对你所选机会的支持。

公司内部政治问题需要用政治的方式解决。错误的方法是否认其正当性，并假装它不会出现。如果你要成功，你必须妥善地处理这些问题，它与你在公司的地位（位置）相伴而生。你要仔细考虑你的政治策略。第一步，可以将每个与你的目标机会有利益关系（或好或坏）的人进行分类。这些类别如表 7-6 所示。对付每个角色需要不同的策略。

表 7-6　政治立场分类

	感知益处	感知威胁
积极参与	英雄	对手
旁观者	疏忽的盟友	睡觉的狗

英雄（heroes）。英雄需要获得所有人的注目和成功的光环。他们需要看起来像赢家——他们赢得的越多，你赢得的就越多。他们是你的天生盟友。

对手（opponents）。对手必须被击败、消灭或至少保持中立。在专栏 7-3 中描述了一些应对对手的技巧。[23] 我们发现，理解你被反对的理由至关重要——对手很少是白痴，只有当你能够深入理解为什么有人反对你，你才有采取适当反击行动的依据。

专栏 7-3　应对政治对手的策略

推翻他们：你是否能够简单地推翻反对派（也就是说，使他们没有权力反对你）？

抢先一步：你能在他们做出反应之前行动吗？

团结他们：你能找到你们共同的兴趣点吗？也许你的对手有一个非常上心的项目，你可以将其与你的项目捆绑起来（变成共同的项目）。你还可以找出一个共同的敌人，使得你和你的对手团结起来。

改变他们的动机：你能以某种方式改变他们反对你的动机吗？你需要让上涨空间更小，下跌空间更大。

与他们讨价还价：你能做笔交易吗？你有他们需要的产品或资产吗？反过来他们又有你需要的东西吗？可以进行交换吗？

收买他们：也许你只需要付钱让他们离开。

孤立他们：尝试将对手与其支持性资源分开。

压制他们：你能以某种方式消除他们的权力基础吗？你能让他们无法合法行事吗？

揭露他们：如果他们想拖后腿，那就让他们提出具体的、清晰的、可衡量的支持要求，这会让他们出于被揭露的尴尬而支持你。

选择一个能接受的而不是理想的结果：你能给出一个更容易被对手接受的协议或调整策略吗？记住，获得大部分资源比无法获得资源更好。

疏忽的盟友（allies unaware）。疏忽的盟友容易被忽视，但可以在你的政治战略中发挥重要作用。他们经常处于你的公司之外，他们可能是顾客、供应商、分销商或监管机构。在支持你对抗对手方面，他们能够发挥关键作用。例如，顾客可以帮助你改进运营流程。你必须努力、全面地对各方进行政治分类，不要把寻找支持的范围限制在公司内部。任何因你的成功而获益的人，尤其是重要顾客，都可以参与你的事业。

睡觉的狗（sleeping dogs）。对待睡觉的狗类别的人，第一个经验法则是尽可能让他们毫无觉察。管理者们总是把注意力放在不必要的活动上，在原本没有问题的地方制造矛盾，这给他们自己带来了巨大的问题。我们之前提到的孟山都公司为进入欧洲食品市场，花费了数百万美元来开发转基因食品。1998年，该公司在英国花费160万美元宣传转基因食品的优势，期望这为其产品的进入铺平道路。但广告效果恰恰相反。反对派几乎立即被动员起来，质疑其产品的各个方面——从转基因食品缺乏营养到可能对公共健康造成潜在破坏性影响。[24]

即使你在一开始没有引起他们的反应，这些睡觉的狗最终也会发现你的成功给他们带来的问题。那时，理想的情况是先发制人。我们称之为"制造既成事实"，即他们无法再影响已经确立的局势。

行动要领

下面的行动要领是为了让你着手实践本章所讨论的概念和过程。你可以灵活地用一种适合你公司的方式来阐述。

第1步：确定你需要评估的业务（产品、服务、顾客、地域或其他类型的业务）在分层映射图的适当分类，得到相应的图 7-2。请特别留意业务类型在过去的变化情况。

第2步：重新审视机会清单，并判断该机会能够构建新的竞争领域，还是能够带来模式转换。

第3步：对于那些最具吸引力的竞争领域构建型机会，采用表 7-3、表 7-4 和表 7-5 中的问题来评估其上涨潜力、风险和采用进程的特征。

第4步：确定这些竞争领域构建类型的机会是否可能成为你未来的 Ace、Jack 或 Deuce（譬如 3 年后），将它们映射到图 7-3 上，并绘制到图 7-4 的右侧列。

第5步：通过评估图 7-2 中的业务在 3～5 年后的位置，对它们进行分层，并填入图 7-4 的左栏。确定哪些机会和现有的业务元素值得进一步认真、谨慎地考虑，哪些应该重组或出售。

第6步：重新浏览机会清单，并确定模式转换类型的机会将增强图 7-4 中的哪些单元格。输入能适当增强未来 Ace、Jack 或 Deuce 的机会。这将为你提供一系列竞争领域构建和模式转换的机会，如图 7-4 所示。

第7步：通过进行公司级的分层映射来确定你在公司中的相对位置（见图 7-5）。务实地考虑你的潜在支持来源。你是会获得空白支票、授信额度或专项审批，还是你必须自筹资金？根据这一结果，决定你要追求的重大机会。

第8步：将人和团体按照表 7-6 进行分类。开始谋划你对每个单元格上的角色的管理策略。

第 8 章
搭建机会组合

The Entrepreneurial Mindset

在第 7 章中，你已经结合所面临的资源约束情况，从机会清单中筛选出了若干个有可能实现的高潜机会。记住，删除不必要的业务和添加新业务一样重要。如果你想对自己的创业机会组合保持控制，那你就必须同时关注已有业务和新增业务。

到目前为止，你已经评估了哪些业务机会将为公司的未来做出巨大贡献。下一个挑战是弄清楚如何在选定的机会之间恰当地分配资源。[1] 你将使用一种基于实物期权推理（real options reasoning）的方法来构建投资项目组合。在此方法中，你需要先进行一些下跌风险可控的投资，以此来了解是否值得进一步深入。

实物期权推理是基于多种创业机会搜寻的思考过程。[2] 许多投资机会的前景都具有高度不确定性，因此无法使用净现值规则（net-present-value rule）进行估值。净现值规则意味着所有未来的现金流（无论正负）都要折现到当前进行加总。如果最终结果是正的，说明应该投资；如果是负的，就代表不要投资。虽然从表面上看这个方法合情合理（在你没有面临重大不确定性的时候确实有用），但基于净现值的思考方法将不可避免地把你推向短期投资机会，这意味着你不得不放弃更雄心勃勃的长期机会。

这并不是让创业者们去肆意挥霍他们的资源。恰恰相反，他们所做的是投资具有有限或可控下跌风险的项目，以此来测试一个机会是否具备在未来带来可观回报的潜力。使用实物期权推理来指导你在新机会中的人力和资源投资，使你能够追求有吸引力的机会，而且不会拖垮你的公司，也不会浪费稀缺的资源。

理解实物期权推理

成功的创业者在创建新公司时所采用的投资方式，可能与投资者投资股票期权的方式相同。相比直接投资于股票的成本，投资股票期权花费的钱更少。股票期权合同赋予你在特定日期或之前以特定价格购买（或出售）股票的权利，但没有同样的义务。如果期权到期时，这笔交易在财务上没有意义，你可以干脆不投资。虽然这样你会损失掉购买期权的成本，但这份损失相比直接购买股票可要少得多。期权的好处在于，它保留了你对机会的索取权，又不强迫你做出承诺。

同样，为了探索新的机会，你今天可以进行一次下跌空间有限的投资，说不定在将来就能获得好机会。就像金融期权一样，收益的不确定性越大，期权的价值就越大。这是因为获得期权的成本是一定的,而上行收益的最大潜力却在增加。[3]

如果这项期权投资后来显示出该机会具备可行性,那么你进一步投资的信心就会更足,而如果当初未购买期权,那你就不会拥有这种信心。因为只有在购买期权之后,你才能从这一投资行为中获得经验,这种通过投资学习的过程让你比竞争对手更有优势。你的竞争对手并不知道这些经验和知识,因为他们没有经历过同样的学习过程。

在高度不确定的环境中,使用实物期权推理给公司留下了足够的选择余地。其他种类的期权也可以让你推迟做出那些不可撤销的选择。这些期权为公司创造了价值,因为它允许管理者们在形势明确之后采取行动,从而利用和扩大上行收益,同时还将下跌风险降至最低。因此,与那些对不确定的未来早早做出的全额投资相比,期权提供了相当大的灵活性。

关于实物期权,有一点很少被明确提出,那就是不同种类期权的目的和性质并不完全相同。我们区分了三种期权:定位期权(positioning options)、侦察兵期权(scouting options)和踏脚石期权(stepping-stone options)。你应该以不同的方式来管理它们,并对它们抱有不同的期望。

定位期权

定位期权赋予你等待和观望的权利。如果发生不确定的外部事件,比如互联网上出现了一个热门的新概念,或者一项成功的技术终于夺得了市场主导地位,你能够通过定位期权对其加以利用。当你面临的不确定性不在你的控制范围内时,定位期权仍然可以派上用场,但你需要随时做好准备以迎接时机的到来。

当存在若干竞争结局可以满足潜在的市场需求,而目前尚不清楚哪种结局将占主导地位时,我们就可以运用定位期权。以美国的移动电话业务为例,在撰写本书时,市场上同时存在三种不同的通信标准,而哪一种将成为最终标准存在着巨大的不确定性。可能出现的情况包括:①三个标准中的一个成为最终标准;②当前的三大标准并存;③出现新的标准或通信方式,当前的三种标准全都过时。鉴于这种不确定性,对有投资兴趣的公司来说,明智的做法可能是分别进行适度投资,使其能够应付三种情况中的任何一种;相反,将所有资源完全投入其中之一的做法是不明智的。当然,我们在实践中也看到了这一点,因为电信公司在积极游说监管机构和投资通信标准的同时,还大量并购规模较小的公司,并且与规模较大的公司组建合资公司和联盟。可以看出,选择一个定位期权,能够尽可能地减少投资,只对不同的可能进行适度投资,而不是将所有资源都投入一种可能还能争取到时间,在结果明朗之前保持投资灵活性,以在结果明朗之后采取最佳行动。

侦察兵期权

第二类期权是侦察兵期权,也可以被看作创业试验。这些投资的意图在于,通过在潜在的新竞争领域运用你所发展出来的能力(也许是最近刚发展的),为产品和服务发现或创建市场。通过这些期权,你可以从最具吸引力的市场收集信息,基于当前的能力基础探索新领域。[4]

侦察兵期权与定位期权的不同之处在于:它可以将你现有的能力延伸到你认为能抓住重要市场机会的方向。这种期权可能来自你的洞察力。如果你能打破障碍,那么巨大的机会就在眼前。侦察兵期权也被用来发现突破障碍的机会。因此,选择侦察兵期权的原因在于:它能够让你找出高度不确定情况下的高潜市场。

侦察兵期权可以有多种形式。最常见的是牺牲品(sacrificial product)和探针(probe),公司可以借用它们来确定市场对一组属性的反应。[5]

我们需要时刻注意的是,这些期权应该像侦察兵一样被有意识地管理——也就是说,投资规模不能太大,而且投资不一定能立即得到回报。你的目的是用它们来学习和收集信息,其本质理念是用最少的固定投资或沉没成本派出你的侦察兵,一旦你发现有前途的机会,就可以重新调整你的努力方向。

大公司往往比小公司更不善于使用侦察兵期权,原因很简单:大公司有更多的钱可以花。如果你背负着巨额固定投资或沉没成本,调整方向就会变得困难得多。即使是研究得非常充分、技术上非常出色的新产品,在市场上也可能令人失望。卫星通信公司铱星(Iridium)就是一个例子(见专栏8-1)。

专栏 8-1　放弃侦察兵期权:卫星通信公司铱星的例子

20世纪80年代中期,铱星有一个众所周知的充满野心的计划,通过66颗卫星组成的网络,铱星计划可以为全世界任何地方的顾客提供移动通信服务。由摩托罗拉牵头的财团经理们预计，商务旅行者们对可以在全球范围内使用单一电话系统的需求将非常巨大。1998年5月，铱星公司总裁爱德华·F. 斯塔亚诺（Edward F. Staiano）提出了这样的假设："只要拿着我们的手机，你可以在地球上任何地方打电话，人们也可以随时找到你。"[a]

大多数潜在顾客都喜欢全球手机的想法。但不幸的是，在1998年11月铱星手机成功推出之后，大多数人对其的热情并没有持续太久。一方面，铱星手机的价格高得惊人——仅这款手机的初始成本就高达3 000美元，更何况通话成本高达每分钟7美元；另一方面，顾客的大部分业务都是在室内进行的，但铱星手机只能在室外工作——有时会出现高管们探出窗外或小跑到街上打电话的滑稽场面。此外，由于人们的声音需要花很长时间才能往返于卫星之间，因此使得通话变得困难。手机的尺寸、重量和电池寿命也是问题所在——这款入门级手机有一块砖头大小，重量超过了一磅。在一个日益走向数字信号的世界里，铱星的模拟通信已经过时了。

最重要的是，拥有一部铱星手机并没有使那些在全球奔波的高管的通信工作变得更方便，他们依然需要携带多部手机，这使得之前所假设的一项主要好处化为乌有。在室内打电话依然需要普通手机，语音邮件和本地寻呼等服务也要依靠普通手机。再考虑到铱星手机的价格，人们往往只有在没有其他选择时才会使用它。简而言之，铱星手机的消极因素比预期的要多，而积极因素则比预期的少。

据估计，截止到1999年7月，该公司在该项目上花费了50多亿美元，但仅成功签约了约1万名顾客。[b] 面对令人失望的销售业绩，该公司宣布将削减价格，简化复杂的定价结构，并将其营销重点从全球商务旅行者转向在石油钻井平台或偏远矿山等偏远地区拥有员工的工业顾客。1999年，斯塔亚诺宣布辞职，公司开始寻找新的CEO。[c] 同年晚些时候，该公司正式进入破产保护程序。到2000年3月，公司仅有2万名顾客注册，而铱星也背负着巨额债务正式破产。

问题的关键并非铱星提出的概念没有市场。真正的问题是，是否有必要花费50亿美元来验证这样一个假设，即这种具有重大技术缺陷的高价产品是否能够开拓出一个新的市场。本来公司可以先部署一个侦察兵期权,通过寻找甚至资助一些顾客,对服务进行有限的验证,但这一选择被忽略了。

注释

a. Quoted in Crockett and Elstrom(1998),142.

b. Reinhardt and Yang(1999),44.

c. "Iridium North America Announces New Pricing Structure" and "Company History," press release reported on 〈http://www.iridium.com〉, June 29,1999.

踏脚石期权

选择踏脚石期权意味着有意识地进行阶段性尝试,逐渐发现新的能力,从而追逐前景光明但非常不确定的潜在市场。

当你对一个高潜市场的最终形势尚不确定,且对自身能否发展出必要的能力没有把握时,要想继续保持对这一机会的关注,你可以选择踏脚石期权。潜在的机会诱惑是如此之大,你无法抗拒。你从进入小规模的、探索性的、不那么具有挑战性的细分市场开始,把在那里获得的经验作为踏脚石,接下来,在不断发现的、越来越具有挑战性和吸引力的市场竞争领域构建能力。

因此,对踏脚石期权的投资是经过一系列精心策划和排序的。管理这类投资需要风险投资家所使用的准则,在这些准则下,只有在达到关键的里程碑并对大量假设进行了验证之后,才能做出阶段性投资决策。[c]当达到每个里程碑时,你都有机会选择继续或停止进一步的开发,甚至还可以通过销售、交易、授权或其他方式来获得之前的技术和市场开发所带来的投资回报。管理这类投资的理念是,将每一轮投资保持在绝对的最低水平,并经常对投资项目进行重新评估。

踏脚石期权和侦察兵期权的主要区别在于,侦察兵期权涉及的技术和能力要么是已经具备的,要么是你有信心可以发展出来的。踏脚石期权的重点是创建一个新的能力基础,使你有巨大潜力开拓出广阔但尚未明朗的市场。然后,你可以基于这个能力基础进入低成本的测试市场。你这样做是为了积累经验和产生现金流,而一旦能力得到充分开发,你就不会继续留在这类早期市场了。因此,你应该有意地节省资源配置,以追求精心挑选的、越发具有挑战性的机会,目标是开发出一种新的能力，并将其部署到正在成型的市场中以积累经验作为进入新市场的踏脚石。

建立一个期权投资组合

在高度不确定的情况下，聪明的公司已经认识到，有效应对未来挑战的最佳方式是构建期权投资组合。[7] 它们发现，相比于在某个看起来有吸引力的机会上孤注一掷，投资几个旨在以不同方式抓住市场机遇的小型创业项目更有意义。因此，英特尔（Intel）和微软（Microsoft）等老牌公司可能会持有多个初创公司的股权，这些公司会用不同的解决方案来解决类似的问题，而由多个公司支持的研发联盟可能会探索各种替代解决方案，由各种各样的参与者组成的合资公司则可能会采用技术共享方式。正如你可以将你的公司看作一个业务组合一样，将你在创业方案中所追求的目标看作一个期权组合也有很多好处。[8]

理解替代方案：直接启动

尽管我们很热衷于在高度不确定的情况下进行实物期权推理，但有时，立即开始行动更有意义。例如，英特尔在其 Pentium 系列产品上，每次都是直接发布最新一代芯片，因为任何其他策略都不如这么做明智。为什么呢？因为对于这些产品来说，公司对市场需求的不确定性较低（英特尔是一家占主导地位的公司，人们想要那些速度快的处理器，制造商也想把它们植入下一代个人电脑），并且技术上的不确定性也不高。事实上，在很多情况下，比起更加谨慎的期权策略，直接启动（direct launches）是更好的选择。譬如，吉列长期以来的剃须刀销售策略——永远最先推出最尖端的剃须技术，大多数制药公司进入已获批准的新药市场，以及德州仪器大举进军各种数字信号处理应用领域等，都是很好的例子。

直接启动有两种类型。第一种是增强型启动（enhancement launches），它代表了对现有产品和服务的改进，基本上是对现有业务模式的渐进式改良。增强型启动使现有的产品更便宜、更容易使用、质量更高，或者在其他方面更好。它与模式转换型机会和重新差异化的机会相对应。第二种是平台型启动（platform launches），其不确定性更高，需要更大量的投资。能采用直接启动策略的都是公司有一定信心的产品（就像英特尔一样），旨在为公司创造一个坚实的新业务基础。

考虑市场和技术的不确定性

要找出上述哪一种方法——定位期权、侦察兵期权、踏脚石期权或者直接启动，最适合你投资组合中的机会，你需要评估你所面临的不确定性的本质。我们首要考虑的是，不确定性主要与市场有关，还是与技术的某些方面有关，抑或两者都有。

要想简要了解市场的不确定性，你需要仔细考虑你对图 8-1 中所列问题的反应，并对它们进行评分，然后将项目按市场不确定性划分为低、中、高三种。稍后，你将使用这些分数来决定哪种启动方式或期权最适合你的项目。

在每个项目旁边输入你对该项目的确定程度数字。1= 高确定性，2= 中等确定性，3= 低确定性。	
得分	项目
	项目总投资
	项目的未来总收入
	我们能在多大程度上获得第三方的必要支持（如经销商和供应商）
	所产生的现金流的稳定性
	长期负债的风险程度
	价格维持稳定的可能性
	监管机构批准的速度
	被市场接受的速度
	新品上市最终所需的其他投资的多少
	及时获得其他投资的可能性
	必须改变设计的可能性
	我们知晓可能的竞争对手是谁
	竞争的激烈程度
	需要哪些属性集合
	有多少竞争对手正在试验替代产品
	顾客是否会因为替代品而犹豫
	如果要确定一个标准，那这个标准是什么
	制定标准需要花费的时间（如行业协会在标准问题上站定一个立场所需的时间）
	等待正式标准出台的时间
	互补产品或服务的供应商在标准确立之前是否愿意投资
总分： 20～29——低市场不确定性 30～44——中等市场不确定性 45～60——高市场不确定性	

图 8-1 评估市场的不确定性

接下来是对技术不确定性的评估。尽管问题不同，但思路一样。问问自己对

图 8-2 中列出的每个问题有多确定。同样，按 1～3 进行打分，将项目按技术不确定性划分为低、中、高三种。

得分	项目
在每个项目旁边输入你对该项目的确定程度数字。1=高确定性，2=中等确定性，3=低确定性。	
	完成开发需要的时间
	必须花费的设备成本
	必要的基础设施成本
	开发所需的总成本
	对所需补充技术的使用权
	系统所需的成本
	所需技能的类型
	所需技能的可获得性
	所需设备的类型
	所需设备的可获得性
	所需设备的成本
	所需的原材料
	所需原材料的可获得性
	克服预期障碍的能力
	所需的产品质量水平
	所需的支持和服务的水平
	所需生产能力
	招聘合适人才的能力
	对可能导致项目失败的因素的了解程度
	对所需的商业化技能的了解程度
	与竞争对手相比，组建一支技术精湛的完整团队的能力
	在发展中实现快速循环的能力
	对项目成功所需突破点的了解程度
总分： 23～34——低技术不确定性 35～49——中等技术不确定性 50～69——高技术不确定性	

图 8-2 评估技术的不确定性

你可能会认为这种办法看起来有些粗糙。确实如此，但我们是刻意这样做的。在高度不确定的情况下，你需要一种便宜、快速的方法将你的机会放入"大致正确"的类别。对那些在筛选后幸存下来的机会，可以进行更细致的分析。

通过这些练习，你可以确定那些在第 7 章的第一次筛选后幸存下来的竞争领域构建型和模式转换型机会的确定性级别。现在，你可以开始对这些机会的投资策略进行初步分类。分类方案如图 8-3 所示。

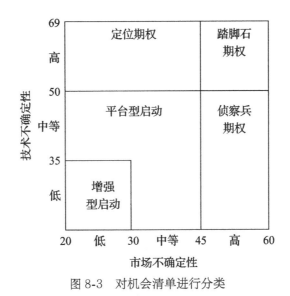

图 8-3　对机会清单进行分类

定位期权

当技术不确定性很高，但你对最终想要服务的细分市场有一定的了解时，可以选择定位期权。你的不确定可能源于缺乏主导的设计或标准，或是缺乏关于特定解决方案的技术可行性的知识，或是某些技术的监管不确定性等问题。由于主要的不确定性和替代性技术解决方案有关，我们的想法是以尽可能低的成本持有多个定位期权，以对冲一次错误押注的后果，并承受任何一个不成功的定位期权所造成的损失。

将这些定位期权联系起来的目的是寻求低成本战略，例如交叉许可或技术获取协议、组建合资公司共同将新技术商业化，或者联合营销协议等。当然，如果钱对你不是问题，那就可以更积极地购买定位期权。例如，美国电信巨头美国电话电报公司（AT&T）已经花费了数十亿美元在那些有吸引力的定位期权上，在 1998～1999 年，它集中收购了一批有线公司，如 Tele-Communications 和 MediaOne，还与英国电信（British Telecom）和日本电信（Japan Telecom）签订合资协议，并且在机顶盒软件方面与微软达成交易。[9] 将来无论电信业发生什么，美国电话电报公司的投资组合中都存在着一些选择，使其能够参与其中。表 8-1 中列出的问题将为你管理这些定位期权提供一些准则。

表 8-1　管理定位期权

你是否透彻地思考过让这项投资物有所值的可能场景？你能确定你没有在某个特定的定位期权上过度投资吗？

基本的机会区域是得到了覆盖——你的定位期权的数量是否足以覆盖你所面临的不确定性的范围？

你是否以某种方式考虑到了最可能发生的突发事件？（记住，你不必独自拥有全部的定位期权，你的一些定位期权可能是通过联盟或合资公司获得的。）

你知道应该跟踪哪些数据来决定是否应该执行定位期权吗？

你是否有一个严格的智能辅助系统来获取、解释这些数据，并基于这些数据做出决策？

信息是否传递到了能对它进行解释和依据它进行决策的地方？

侦察兵期权

当你不确定市场最终会选择哪种属性组合时，可以使用侦察兵期权。你在侦察兵期权投资中试图回答的核心问题是：未来的市场将会被如何细分？对这些新兴的细分市场而言，什么可以构成一个轰动的属性映射图？运用侦察兵期权的指导原则是，将一些产品交付给顾客，进而积极地获得顾客对其特性的反馈。

永远不要以为你知道顾客需要什么。顾客自己可能都说不清楚他们真正关心的是什么。虽然这听起来令人沮丧，但你可以经常在顾客购买和使用产品时对他们进行观察，以获得你需要的信息。当你考虑侦察兵期权时，请回顾一下表 8-2 中的问题。

表 8-2　管理侦察兵期权

你在侦察兵期权上的花费够节省吗？或者你是否已经被这样一种观念荼毒：必须发展整个业务，才能确定是否存在市场需求，并确定业务模式是什么？

关于你可以在何处增加价值的假设是否得到了足够验证？

不管发生什么事，你是否有一套能够让你学习的，精心开发的假设？

你是否仔细阐述了你所相信的能带来机会的业务模式是什么？你准备好验证这个假设了吗？

你是否在足够多的其他细分市场中进行了侦察？

除了侦察领先顾客，你也在侦察大众市场吗？

你是否对领先顾客可能已经在使用的解决方案保持警惕？这些解决方案可能会告诉你真正的问题在哪里

踏脚石期权

对于同时具有高技术不确定性和高市场不确定性的机会，采用踏脚石期权是明智的，因为公司在技术和市场这两个方面都有很多要学习的地方。这时，发起重大行动通常都是错误的，因为完全没有现成的知识平台去支撑。踏脚石项目应该从小公司开始，因为小公司里有为你提供反馈和学习机会的知识型顾客。在早期尝试中，不要期望获得很多利润，你需要认识到它们不太可能马上成功。关于踏脚石期权，要遵循硅谷著名的学习原则："失败要快，失败要便宜，不断地试。"

关于踏脚石策略，还有一点非常重要：如果你很早就固化了特定的设计或产品特性，这将会限制你未来的灵活性。如果可以的话，尝试以模块化的方式追求新的设计，这样当新的信息出现时，你就可以更改你的设计。[10] 表 8-3 包含了一些有用的问题，你可以在安排踏脚石创业项目之前问问自己。

表 8-3　管理踏脚石期权

你是否试着明确地定义一个市场——即使是一个小市场，而它将真正从你计划要提供的产品和服务中受益？
你能给这个项目安排阶段和顺序吗？如果需要重新定向，是否会面临终止或退出的困难？
你是否开发了适合衡量某个期权成功与否的度量标准，即使该期权不太可能产生大量的独立收入？
在坚持传统的成功标准之前，你的公司是否准备在这个项目上经历一些尝试和错误？
你有耐心让这个学习过程发挥作用吗？还是你会在得到真正的经验之前就放弃？
你是否一直在寻找证据和指标来验证一个正在出现的重要机会？

启动

最后，就是我们所提到的那两种不同类型的直接启动。直接启动意味着你对竞争领域里机会的确定性非常有信心，因此不需要再进行期权投资。直接启动的主要目标是使你的公司在一个选中的目标市场中处于强有力的竞争地位，你确信这个目标市场会对你所提供的产品做出积极的反应。当你直接启动时，同样值得去做的是，仔细考虑后续行动和随之而来的增强型启动。只要你能让顾客自然地转向你的下一代产品，或者从你这里购买更多种类的产品，你的增长前景就会更好。

剩下的启动基本上是对现有平台的增强或变体，帮助改进公司相对于竞争对手的属性映射图。许多模式转换型机会都属于这一类。对于增强型启动，关键是要留意新加的属性，尤其是那些冒着增加产品成本和复杂性的风险，但却不能带来实质性竞争差异的属性。

让战略方向指引资源配置

如果我们问一个管理者在公司面临转型挑战时最普遍的担忧什么，他多半会告诉你这样一个答案：难以平衡未来业务需求（长期增长型业务）和当下业务需求（目前为每个季度每股收益做出贡献的业务）之间的矛盾。在实现这一平衡的过程中，他们所面临的最困难的挑战之一是，到底应该将人员和资源投入一个面向未来的项目，还是投入一个当下就可以盈利的项目。

正如我们在图 8-3 中所做的那样，当你试图理清这些有时相互冲突的需求时，合理运用定位期权、侦察兵期权、踏脚石期权、增强型启动和平台型启动可能很有用。核心概念是基于你的策略和可用资源，确定你要在图中的每个类别上付出多少。关于这件事，没有一成不变的现成方案。不过，一般来说，你需要一个适合你所在的竞争环境的投资机会组合。如果你身处一个快速变化、高度不确定的行业，在投资机会组合中，你会更倾向于选择期权。如果你在一个相对稳定、资本密集型的行业，你可能应该在平台型启动上投入更多资金。因此，对于英特尔和惠普这样的公司来说，大举投资于期权是完全合理的，比如对拥有它们感兴趣的技术的小型创业公司进行股权投资。对于波音这样的公司来说，把更多的精力放在平台型启动上具有同样的意义。

这里有一个关键点：一旦你确定了可以支持多少个投资项目，以及需要什么样的投资项目组合来支撑你的战略，随后，这些项目就必须与其他类似的项目在预算和人员上进行竞争，争夺专门用于这类项目的资源。假设你决定将 20% 的可用资源分配给定位期权，任何想要获得定位期权资源的项目都应该与所有其他定位期权类型的项目竞争这 20% 的资源。它们不应该与其他类型期权的项目竞争，也不应该与增强型启动或平台型启动类型的项目竞争。这样可以确保你将只选择最适合你投资组合的定位期权类型的项目。更为重要的是，它能让你摆脱长期和短期项目之间摇摆不定的拉锯战。战略选择就是决定在每个类别的项目中投入多少资源。然后，在每个类别中，最好的项目应该在与其他项目的竞争中产生。

在分配资源时，最好先充分掌握当前项目所构成的投资组合。接下来，确定你是否有财力和人力来应对你现有的项目组合和你想要启动的那些创业方案。如果没有足够的能力，你只有两种选择：寻找更多的资源，或者削减你正在做的事。在上一章中，我们已经讨论了一些在机会清单中挑选优先项目的方法。了解你的竞争绝缘（本章后续会讲到）将帮助你进一步确定机会的优先顺序。你需要（至少粗略地）建立支撑你的战略所需的项目类型组合，并明确你能够承担的项目数量。例如，大多数公司都很难同时开始太多平台型启动项目——这对组织来说是非常耗精力的。

因此，设计理想投资机会组合的第一步是弄清楚你现在的实际投资机会组合到底是什么样子的。因为你想做的每一件新事情都将增加人们已经在做的工作，所以你既需要查看基于新想法的投资组合，也需要查看已经在进行中的投资组合。根据我们的经验，相比能够成功实施的项目，大多数公司追逐的项目和想法要多得多。

为了说明具体过程，我们将带你了解我们为一家技术设备制造商做的一个项目。我们首先列出了公司目前正在进行的所有项目，以及高管人员表示将在今后两年内实施的所有项目。其次，我们与高管团队合作，将这些项目按五个投资组合类别（定位期权、侦察兵期权、踏脚石期权、平台型启动或增强型启动）划分。再次，我们试着估算将每个项目带到下一个里程碑所需要的工作量（全职人员的月工作量），在到达下一个里程碑时，它将被重新评估（更多关于里程碑的内容见第10章）。这让我们了解到该公司当前的资源使用情况。最后，我们将结果映射到一个类似于图8-3的图表上。我们在图8-4中展示了结果。图中的每个圆圈都表示一个项目。圆圈中的数字表示到下一个里程碑为止，估计所需的每月人员数量。空白圆圈表示那些虽然在列表上，但直到我们进行映射时都没有分配到任何资源的项目。这样做的目的是把所有耗费时间和精力的事情都以一种人们能够识别的方式记录下来。[11]

可视化可以带来深刻的启示。将所需资源和可用资源对比后，很明显，该公司正在进行的，以及预计两年内实施的项目所需的人员比它所有的人员多得多。尤其值得一提的是，该公司试图同时开展许多要求很高的平台型启动项目，如果这么做，它们是不太可能公正对待其期权组合的。此外，公司也不太可能有效地管理当前顾客所要求的增强型启动项目,因为许多这类项目还在设计阶段,它们要与重要的平台型启动项目争夺稀缺的设计和工程方面的人才。简而言之,该公司想要的太多。这种过度投入意味着项目的最后期限总是被拖延,对关键顾客的承诺经常被打破,员工也感到筋疲力尽。

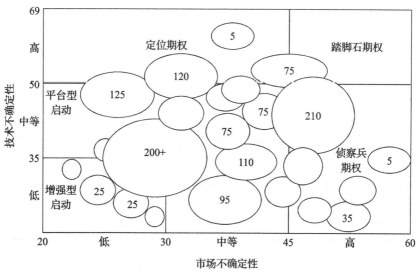

图 8-4　一个拥挤的组合

这种情况并不少见。公司通常会在进行项目的过程中,发现自己没有足够的资源对手头上的事情一碗水端平。特别是当管理者没有完全弄清楚哪些资源应该用来支持建立新平台,哪些资源又该投资期权用以学习时,不同类型的项目就会混在一起相互竞争资源,造成混乱。这种协调性的缺乏,也正是那些没有将战略与可用资源进行匹配的公司的典型特征。一个明智的做法是去做那些所需资源数量有限、运行良好的项目,而不是去追逐一些永远赶不上进度和超出预算的创业方案。[12]

经过上述操作,你就能知道你目前设计的项目是否合理。接下来,你要做的是确定你的项目承载能力。尽管资金预算分配确实是这个问题的一部分,但大多数公司对资金和资产分配规则的认知程度,似乎要远远高于它们对应该如何分配和安排技能娴熟员工工作时间的认知。聚焦技能和人才,对你应对当前业务需求、成功实施直接启动型项目、管理好期权类型的项目,都是大有裨益的。

在机会选择过程中,这一阶段的目标是确保可用的关键人员不会因项目过多而超负荷工作。如果你能够从一些有根据的猜测开始,比如人们如何分配他们的时间,那么你就能很简单地计算出公司能够进行的项目有多少。首先,粗略估计一下,在接下来的一年里,你在图 8-4 中确定的项目将需要多少不同类型的人员,估计结果如表 8-4 所示。我们建议按半年划分,你也可以自行确定更长或更短的周期,没必要过于精确。你只需要大致估计就可以看到你所面临的人力资源挑战范围。

表 8-4　大致的人力资源需求

重要贡献	项目 1: 1月～6月	项目 2: 1月～6月	总计: 1月～6月	项目 1: 7月～12月	项目 2: 7月～12月	总计: 7月～12月
开发人员	1	1	2	1	—	1
工程人员	1	2	3	2	1	3
软件人员	—	1	1	2	2	4
营销人员	—	1	1	—	2	2
……						

表 8-4 表明了在指定的时间范围内完成所有项目所需员工的数量和类型。接着,考虑一下你已经拥有多少人才,拥有什么类型的技术人才。如果你的企业与我们的范例公司类似,那么你会发现,你所追求的项目超过了你满负荷时的承载能力。这可能会对完成每个项目所需的时间产生惊人的影响。例如,假设一个项目需要一个熟练的软件开发人员花费 6 个月的时间来完成。如果这个人全职工作,那么这个项目的交付期就是 6 个月。如果把这个人的时间分配到 4 个项目上,那么他有 3/4 的时间都被花费在了其他项目上,这 4 个项目的交付期都延长到了两年!在一个讲究效率的世界里,像这样的延误可能是致命的。

在规划和分配人力资源时,千万不要让员工超负荷工作。整理一个类似于表 8-5 的表格,会帮助你开始实际的时间分配,既让人们能够追求新的机会,也允许他们继续当前正在进行的业务。我们强烈建议员工的预先分配总时间不超过其实际可工作总时间的 90%。这为应对突发事件提供了余地,也为创造力和社交关系网络提供了喘息的空间,创造力和社交关系网络是创业公司的生命所在。

表 8-5　主要人力资源配置情况　　　　　　　　　（单位：%）

	功能贡献	当前业务时间占比	项目 1 时间占比	项目 2 时间占比	……	总时间占比（最大 90）
人员 1	开发	0	90	0		90
人员 2	开发	0	0	80		80
人员 3	工程	60	20	10		90
人员 4	营销	70	20	0		90
人员 5	营销	75	0	15		90
……						

在这种程度上考虑员工的时间似乎过于精细了，但它绝对是至关重要的，尤其是当你计划承担一些项目，而这些项目具有不同的时间需求、不同的不确定性级别，以及需要不同的工作人员时。话虽如此，但请你在分配时间时也不要陷入过度精细的陷阱。对大多数具有战略意义的项目来说，按月度分配人员时间就足够了。定期回顾这样的图表也可以消除很多误解。如果对同事正在从事的其他项目没有概念，很容易就会将他的缺席（或纯粹的疲惫）误解为缺乏投入。

一旦你对每个项目所需的人力资源有了真实的评估，你就可以进一步调整你的项目组合以适应这个评估结果。之前将项目按类型分组的努力在这里得到了回报。你已经考虑过了对你的公司来说，一个理想的项目组合应该是什么样的。现在，你明确了你想要的每种类型的项目的数量，也明确了你有多少资源去追逐这些项目。

对于我们提供咨询的这家公司，我们建议它削减组合中的项目数量，保留的项目没有超出公司的承载能力。与此同时，公司也注意到自己需要：①通过平台型启动项目来实现增长；②通过增强型启动项目来满足当前顾客的需求；③支持一些定位期权项目，以便在遭遇意外时能够迅速做出反应。

我们并不建议他们彻底扼杀其他好的项目。其中的大多数都可以延期执行，而且不会造成不必要的损害，因此，它们被保留在机会清单中，等将来具备资源或机会成熟时再被激活。你还可以考虑通过合资公司或其他机制（如许可）剥离那些你没有能力处理的项目。

将启动和期权的每个类别中的项目分开进行比较，这样做你无须担心不同类别的项目之间该如何权衡，因为这是你在面对每个类别需要多少项目时所做出的单独决策。对公司来说，这样做会轻松不少，因此在实践中很常见。如此一来，人们就不用在一个关键的增强型启动（一个短期目标）和一个被认为对公司未来生存能力至关重要的踏脚石期权（一个长期目标）之间做出选择。先划分类别，再确定每个类别中的项目目标数量，这样你就可以将启动与启动进行比较，将期权与期权进行比较。

当然，如果你是子公司的一员，你的选择自由也会受到母公司战略的限制。现在是回顾图 7-5 的好时机，确保你知道公司中的资源分配者倾向于如何使用自由现金流。如果你在公司资源的最高优先级，可以使用空白支票，那么你在资源方面具有相当大的灵活性。此时，你最大的挑战就是不要高估人的能力，别让他们承担过多项目。有时候，有资源并不代表能够有效使用资源。所以，要确保你考虑的每一个创业项目都经过了严格的分析。其他融资（授信额度和专项审批）对支出有更多的限制，因此对你能够追求的机会的数量和范围也会带来更多的限制。

还要对公司环境中发生的其他事情做出真实的评估。如果你的公司正处于重大重组、合并、商业危机或其他重大变革之中，人们对创业方案方面的关注和所能花费的时间都将是有限的。

在同一类别中选择项目时，使用竞争绝缘

除了根据公司的兴趣和需求对项目进行优先排序之外，你还要了解在同一个类别中（例如在所有的踏脚石期权或所有的增强型启动中），每个项目的机会窗口有多大。时机是实物期权推理的一个核心要素，我们之前还没有涉及。你可以放心地推迟对具有较晚到期日的期权的"行权"（积极追逐）。然而，那些到期日较早的期权则必须及时兑现或主动放弃。现在让我们来考虑竞争对手的活动，看看它们会如何影响哪些期权可以积极追逐，哪些又可以推迟。

与金融产品类似，实物期权也会到期。大多数情况下，这与竞争行为有关，这些竞争行为会关闭你的机会窗口，缩短你利用优势的时间，从而为竞争对手赢得重要的先发优势，或为竞争对手创造强大的成本优势。你在多大程度上可以绝缘于这种竞争，将会影响哪些项目需要抓紧进行，而哪些项目需要推迟。这一逻辑在未来的启动中更加适用——当启动处于良好的竞争地位时，它更有可能产生有吸引力的回报，而如果它面临的竞争行为很猛烈，情况则会不同。

来自竞争对手的模仿会缩短你利用好主意的时间。在传统的战略决策中，竞争壁垒（或市场进入壁垒）在很大程度上决定了企业应该在何处建立竞争地位。建立

竞争壁垒的目标是创造竞争优势，并依靠可以将竞争对手拒之门外的壁垒维持这一竞争优势。大多数"年轻"的小公司非常容易受到竞争的攻击，也因此希望躲在诸如规模、成本优势等进入壁垒之后，但这是不现实的。相反，具有创业思维的人会这样决定在何处竞争：在哪里可以在早期绝缘于竞争对手的攻击。换句话说，竞争对手会被禁止抄袭它们，或者无法获利。在其他条件相同的情况下，可以避免早期竞争的项目，显然要比竞争大概率很快来临的项目更具吸引力。

表8-6中的项目给出了最为常见的竞争绝缘的来源。在其他条件相同的情况下，你具备的竞争绝缘越多，你的潜在优势就越大，项目的优先级也就越高。

表 8-6　竞争绝缘的来源

技术绝缘
　　此产品（服务）是你受保护的业务的延伸
　　此产品（服务）独一无二地利用了其他专有资产
　　可以使用正式的机制（专利、商标等）来保护产品
　　商业化的过程将包含正式的保护或商业秘密
　　在你最重要的市场上都有实施正式保护机制的途径
　　公司可以利用这些实施途径
　　专利、商标或版权覆盖了此产品（服务）的关键方面
　　竞争对手将需要很长时间来发明或替代受保护的产品
　　你将获得竞争对手无法获得的材料（如原材料）
　　你将与主要供应商、分销商或顾客签订独家合同
　　顾客的转换成本很高
　　需要大量的初始投资

基于能力的绝缘
　　你将比你的竞争对手在生产和运营学习曲线上走得更远
　　你的技术很难进行逆向工程⊖
　　竞争对手没有类似的分销渠道
　　竞争对手没有可比的销售队伍
　　竞争对手没有类似的服务能力
　　你拥有独特的区位优势
　　你的员工在创建此服务的工作中接受了独特的培训
　　你拥有竞争对手很难发现的特殊技能
　　你将开发出竞争对手难以复制的特殊系统和程序
　　没有你的人才，竞争对手将很难复制你的系统和程序
　　如果没有你的开发团队，这个产品是不会成功的

⊖ 逆向工程是一种产品设计技术再现过程，即对目标产品进行逆向分析和研究，从而演绎并得出该产品的处理流程、组织结构、功能特性及技术规格等设计要素。其目的是在不能轻易获得必要的生产信息的情况下，直接从成品分析，推导出产品的设计原理。

	（续）
基于关系的绝缘	
你与购买者建立了一种独特的、良好的关系	
你在这个领域有非常好的声誉	
你的产品具有品牌忠诚度	
你的顾客信任你	
你的产品有品质证明，你的目标市场不接受仿品	

表中包含了三种类型的绝缘：技术绝缘（technical insulation）是为了防止竞争对手模仿你的行动而设置的屏障；基于能力的绝缘（competence-based insulation）源自你的特殊能力，竞争对手需要花时间迎头赶上；基于关系的绝缘（relationship-based insulation）源自你与顾客和分销商的独特关系，这需要竞争对手花一些时间才能与你匹敌。

匹敌（matching）几乎和模仿一样糟糕。这是竞争对手蚕食你的利润的另一种方式。当竞争对手注意到你成功地为顾客解决了一个重要问题后，它们也解决了同样的问题，但使用的是属于它们自己的技术或其他资源，这就是匹敌。就顾客的关切而言，本质上，它们找到了一条通往相同目标的不同路径。

对于那些顾客不知道或者不关心其原理和投入，只是根据感知或观察对其结果进行评估的行业来说，匹敌是一个行业通病。许多服务行业，如保险、银行、商业贷款行业都属于这一类。通常情况下，顾客在做出购买决定很久之后才能够判断产品的真正质量，他们被迫根据他们所能观察到的那些属性进行选择。这种情况为匹敌创造了机会。个人数字助理行业的发展就是一个很好的说明匹敌危害的例子。这个由苹果公司的 Newton 首创，并被 3Com 公司的掌上设备 Palm Pilot 成功占领的市场，在后来遭遇了来自飞利浦和卡西欧等公司的竞争，这两家公司都对个人数字助理最初的核心功能提供了新的变化。

匹敌有时是有意的，有时是无意的，但同样有破坏性。现有企业通过一种成本更低的方式实现匹敌，从而使利润降低，使你的利润降入谷底，手握大额订单的公司恐吓你的供应商或经销商，这些都是那种态度强硬的公司与你竞争的方式，它们甚至都不用提供一种和你类似的服务就能与你匹敌。要想知道竞争对手与你匹敌的潜力有多大，你可以考虑表 8-7 中的项目。就像模仿一样，在其他条件相同的情况下，一个几乎没有匹敌风险的项目往往比一个匹敌会构成实质性威胁的项目更具吸引力。

表8-7 匹敌的潜力有多大

你的目标竞争领域是许多公司认为令人兴奋和值得进入的竞争领域
你预期在你的目标竞争领域会有很多竞争对手
现有竞争对手会做出激烈反应
拥有大量资源的公司会做出竞争性反应
有很多公司有足够的能力对你的产品引入做出回应
竞争对手最近雇用了一些与目标竞争领域相关的人才
其他行业的竞争对手也在积极寻求采用替代技术提供类似产品
你将要面对的竞争对手是非常有能力的
竞争对手的主要工作人员有着良好的业绩记录

阻塞行动（blocking activities）是指你的竞争对手所采取的，能够阻止你执行或大大削弱你执行项目的能力的活动。启动一个项目，但是无法完成，这没有任何意义。因此，除非你能想出一个创造性的方法来消除或绕过这些阻塞行动，否则就应该把那些极有可能被阻塞的机会退回到机会清单上。在尝试确定阻塞行动可能的强度时，请查看表8-8中列出的问题。

表8-8 阻塞行动的可能性有多大

大多数你想进入的市场，进入壁垒都很高
潜在的产品在社会上或政治上都有争议
在你进入的竞争领域中，你可能会遭遇有组织的抵制
有许多现存的或潜在的监管障碍
竞争对手与你需要的关键价值链合作伙伴之间预先存在关系
竞争对手对监管机构的影响力比你更大
竞争对手比你更能赢得公众的尊重
竞争对手与媒体的关系比你更好
竞争对手可能会利用对顾客、分销商或供应商的影响力来阻止你进入市场
竞争对手可能会阻止你建立成功所需的人脉关系
潜在的竞争领域被排他的商业网络所控制，从而阻止你进入

请仔细思考一下你的期权类项目有多容易被阻塞，你的启动类项目的优势有多快就被模仿或匹敌打消掉，然后使用这些思考的结论来指导你的项目选择。显然，任何将被阻塞行动严重影响的项目都应该被推迟，直到你弄清楚如何应对阻塞行动。你自然不希望看到，在你费尽心思开发创意后，却因为阻塞行动而白白烧钱。除非该项目在其他方面难以模仿或匹敌，并且你可以设计一个相当可靠的方法来克服阻塞行动带来的风险，否则最好不要碰这些。

行动要领

下面的行动要领是为了让你着手实践本章所讨论的概念和过程。你可以灵活地用一种适合你公司的方式来阐述。

第1步：拿出你在第7章中列出的竞争领域构建型和模式转换型机会的清单。竞争领域构建型机会代表着未来的 Ace 和 Jack，或许还有一些因技术发展而值得关注的 Deuce。模式转换型机会代表着你可以采取行动，从目前的竞争领域建立未来的 Ace 和 Jack。

第2步：对于列表中的每个有吸引力的机会，使用图 8-1 和图 8-2 中的问题评估市场和技术方面的不确定性。将每个机会绘制到图 8-3 中适当的期权或启动类别。

第3步：决定你想实施的每一个创业方案的资源分配比例——定位期权、侦察兵期权、踏脚石期权、平台型启动和增强型启动。在你的竞争领域中，不确定性和变化量越大，你就应该分配越多的资源到你的期权组合中（把这当作你最初的经验法则——你可以根据经验在以后进行调整）。

第4步：估计你的投资组合中每个项目完成所需的每月人员数量。以类似于图 8-4 的格式绘制你的新项目的和当前项目的创业方案。

第5步：使用表 8-4 所示的方法，确定公司执行新项目和当前项目的人员需求。评估一下你在未来两年承担这一重任的能力。

第6步：如果你的项目数量超出了你现有的能力，那就要考虑应该推迟或放弃其中哪些，或者如何提高你的能力。你的目标是管理项目组合，使其在你的承载能力之内。将一个类别中的项目与该类别中的其他项目进行比较（例如将启动与启动进行比较）。在一个类别中，使用竞争性评估问题来确定这些项目可能产生的优势的持久性。具有良好的模仿竞争绝缘性和低匹敌威胁的项目应优先考虑。高阻塞行动风险的项目应该获得较低的优先级，除非你能够识别出一种摆脱阻塞行动风险的方法。

第7步：将具体的职责分配给特定的人，并使用表 8-5 这样的表将其记录下来，这样将来就不会混淆谁应该做什么。

第8步：一定要定期检查能力、机会组合以及人员与项目的匹配情况。

第 9 章
选择并执行进入策略

当进入本章时，想必你已经学会了如何建立一个创业机会组合。你也已经学习了如何识别、筛选机会，以及如何专注于那些能确立你的竞争地位且有吸引力的项目组合。从本章到第 11 章，我们将讨论如何去适应性地执行你的创业想法，以及应对这其中的挑战。

适应性执行（adaptive execution）包括以下三项主要活动：第一，决定进入的策略，这在很大程度上取决于你所预期的竞争反应。我们将在本章中花费大量时间来演示如何预期竞争行为和反应。第二，要有计划地学习，而不是仅仅局限于完成预先确定的目标——这也是在高不确定性情况下的基本做法。我们将在第 10 章详细讨论一种叫作探索驱动计划（discovery-driven planning）的方法，它将帮你以尽可能低的成本将假设转换为知识。第三，评估项目的进展情况。我们将在第 11 章详细讨论这一点。

预测竞争对手的反应对于选择进入策略至关重要。如果你所建立的新业务模式对当前竞争对手的业绩产生了重大影响，它们将别无选择，只能想办法对此做出回应。但是，在某种程度上，你所选择的进入策略可以按照你的期望去影响竞争对手的回应。我们的目标是教会你通过速度、技术和奇袭等方式，运用谋略战胜竞争对手，帮助你减少竞争带来的消耗。关键是要利用你的想象力，而不是使用物质资源来获得成功。[1]

从零销售到"首次五连发"[⊖]

设计进入策略的出发点，是为你追求的每个机会选定一批种子顾客。我们在第 8 章结束时讲到，你需要选择一批有潜力带来重要价值的不同创业方案，不论这些方案是否具备全面实施的条件。对于每个方案，你要识别出一个或多个顾客群。你还应该能够准确地描绘出其消费链和各个环节的属性，以针对每个细分市场制作属性映射图。现在的挑战是走出去，并确保你的前几个目标顾客会购买你的产品。

我们对一小群习惯性创业者进行了研究，来观察他们是如何做到这一点的。看起来他们都拥有一种相同的能力，那就是能够让顾客对他们传达的一些特定属性做

⊖ "首次五连发"（first five sales）指的是找到首批（至少 5 个）有明确购买意愿的顾客。——译者注

出承诺，有时候甚至是在产品或服务被开发出来之前就做出承诺。这些创业者将这种承诺看作市场对其新业务模式的肯定。有人甚至说，如果他没有得到几个关键利益相关者的这种承诺，他就不会继续下去，宁愿返回到原点，选择另一个机会。

为了对过程的解释保持简洁，我们需要专注于顾客。你的机会也许依赖于其他的关键利益相关者——分销商、供应商、关键技术人员，或每一个对你的成功会起到关键作用的人。[2] 在任何情况下，找到让他们支持你的方式都至关重要。

显然，并不是所有潜在顾客都具有同样的吸引力。企业对顾客来说也是如此。赢得第一组顾客的核心挑战在于聚焦少数你可以依赖的顾客，从而使你的业务顺利启动。具体来讲，当创业者带着他们的商业计划来寻求我们的帮助时，我们坚持要求，在他们花费哪怕一美元去购买资产之前，也要先向我们提供至少五个有明确购买意愿的顾客。如果他们无法获得订单，那至少应该获得一份购买意向书。如果无法获得购买意向书，那至少应该得到一封表达兴趣的意向书。如果连任何表达兴趣的意向书都无法获得，那他们就应该重新思考自身的业务模式了。对一些产品来说，关键是首次分销，而不是首批顾客。所以对于它们而言，要去寻找首批分销商。

你应该去哪里寻找这些至关重要的首批顾客呢？一个合乎逻辑的方式是去找寻那些你已经为其提供过很好的服务，并且与你建立了良好关系的顾客。但是，在通常情况下，这些项目的真正受益者是一些新顾客，这是因为你重新细分了市场，或者是因为你通过重组市场参与者之间的关系取得了突破性进展。在后一种情况下，目标细分市场甚至还没有出现，你需要一种策略来吸引这些新顾客。如果你现有的顾客看不到你所做的事情的价值，请先避开他们，直到业务有了一个良好的开端之后，再请他们进来。[3]

最好的首批顾客是那些行业标杆公司或代表性个人。[4] 他们是自己所在行业里的意见领袖，广受业内尊重。比如那些经常由商业出版社评选的"最受尊敬"公司，或者那些你所瞄准的细分市场中的代表性个人。你的目标是利用这些顾客对你的产品的热情来测试你关于属性映射图的假设，同时还要运用他们的影响力实现对其他顾客的销售。如果从你这里购买的产品包含任何类型的感知风险，那么顾客的直接评价和真实体验就会是至关重要的，因为其评价和体验将有助于你改进产品来降低风险水平。

在尝试向这些顾客销售时，请记住购买决策可能会非常复杂。如果你想向个人顾客推销产品，通常会涉及经销商或其他渠道合作伙伴。如果你想推销给公司顾客，那里通常会有各种员工，他们不仅参与购买决策，还会参与公司消费链中的许多不同但非常关键的环节。[5]

在规划产品上市时，你需要了解那些参与关键决策的人是否愿意从你这里购买产品，你还需要了解他们的需求和兴趣是什么。试着尽可能清晰地告诉自己，如何完成此次销售的预案，什么情况下会停止交易，谁想要停止交易，他们为什么要停止交易，以及什么能够促成这笔交易。这样做的目的是要做好克服困难的准备，在它们出现之前完成此次交易。

你应该尽量熟悉和了解这些顾客的消费链，这样你就能评估出他们从你这里购买产品的风险和难度大小。你需要了解对他们而言，转而接受你的产品有多大难度；他们要花费多少钱；如果他们需要学习如何使用你的产品或服务，相关的培训和调整会带来多少负担。他们为贯彻你的解决方案所付出的努力越大，就越需要你使他们相信这些努力都是值得的。

你会发现对潜在顾客进行优先排序是大有裨益的，排序的依据是你相信在多大程度上，顾客认为采用你的产品将带来实质性的好处，又或者顾客认为你的产品会有风险，需要付出额外的努力。图9-1显示了结果矩阵，你可以使用它来帮助你设置顾客优先级。

	低风险	高风险
低收益	二级优先 尽量让不购买的风险大于购买的风险，也许可以使用同行的例子	低优先 除非你可以增加价值或降低风险，否则你应该推迟销售计划
高收益	一级优先 很容易达成交易	三级优先 为这些顾客承担风险。你发给顾客的信息可以是"不要担心，如果它不奏效，账单算我的，你不会吃亏"

图9-1 对顾客进行优先级排序

为了说明理解风险对于初创公司的重要性，让我们以一位从事化工行业的青年创业者为例。他从一位教授那里获得了某些催化技术的相关授权，并雇用了一位食用油行业的炼油厂管理者，帮他将这些技术转化为革命性、突破性的产品。他的愿景是发明一种比现有催化剂成本低得多的新型催化剂，用于冶炼氢化石油。虽然他的想法是合理的，但对炼油厂管理者来说，却没有产生太多的"兴奋点"。

因为对炼油厂管理者来说，采用新催化剂，每年每个转化器节约的成本差不多是15万美元,这并不算多。此外,炼油厂管理者个人无法从这些节省中受益,这些费用将列入工厂预算当中,而不会成为评价炼油厂管理者的指标。[6]但是,如果出现一批油损失的情况,那管理者们就要负责任了,一次的损失可能就会超过15万美元。因此,我们不难判断,这种新型催化剂是高风险、低收益的。这位青年创业者挂在嘴边上的那句"我会帮你省钱的——相信我"听起来也毫无吸引力。

在绝望中,这位创业者拜访了一位当时正在联合利华(Unilever)经营炼油厂的大学老友。这位创业者带来了那位开发了这种催化剂的教授,教授能够证明其安全性和质量。该创业者为了让他的朋友试用该产品,他甚至自愿无偿捐赠了第一批催化剂。他的朋友被说服后下了订单。催化剂的质量非常好,因此联合利华做出了改变。当时在这个行业,联合利华的工厂所生产的产品被认为是最先进的产品。一旦大家知道联合利华已经采用了这种催化剂,那么该地区几乎所有工厂都会改用这种催化剂。

这位创业者达成了两项关键成果。首先,对于独立运营的炼油厂管理者而言,他消除了改用催化剂的风险。如果出现什么问题,这些管理者可以令人信服地辩称,他们只是在遵循行业的最佳标准。其次,他提升了这些管理者不使用他的催化剂的风险,因为行业领先的制造商使用的都是他的催化剂。初次的销售很快就带动了接下来的几次销售。势头建立起来之后,这位创业者在接下来的18个月内,将他的目标市场里的大部分公司都转化成了自己的顾客。

简而言之,最重要的是确保最初几笔关键交易的成功。只有先卖到100台,才能卖到1 000台,而只有卖到5台,才能卖到100台(我们用"首次五连发"这个习语来让人们记住这个概念)。初始营销计划的前端应该专注于如何找准最初的几个目标顾客,以及如何降低他们的购买风险。

评估竞争反应

在考虑过最初的购买者是谁之后,你必须决定下一步将采取多大力度的行动。要想做出这样的决定,你需要了解竞争环境。在本节的其余部分中,我们都假设你正在进入一个有成熟竞争对手的市场(如果你正在进入一个全新的市场,你不需要花费精力去分析过去的竞争行为)。关于新业务主张能否成功的一个关键变量是潜在竞争对手的反应。我们的研究表明，任何新业务主张的成功，在很大程度上都取决于创业项目能否免受早期的、恶劣的、竞争性的攻击。[7]除非你拥有绝对强大的形成竞争绝缘的资源（如制药行业的专利），否则你得到的反应将在一定程度上取决于你最初的行动。

我们的研究表明，有两个主要因素主导着竞争反应。第一个与竞争对手在该竞争领域挑战你的动机有关，第二个与其挑战你的能力有关。[8]

竞争对手的动机取决于其管理者是否因为你的加入而感受到威胁，以及他们是否认为必须立即做出回应。他们感受到的威胁程度取决于他们是否重视这个领域的竞争。如果他们之前对你要开始销售的顾客有相当大的投入，他们就会有更强的动机做出回应。

衡量竞争对手对该领域投入程度的一个指标，是它们所面对的利害关系。回顾第 7 章中探讨的分层分析。使用公开可用的信息（至少利润是公开的），你通常可以粗略地估计出竞争对手将哪些业务放入哪些分类。如果你所追求的细分市场对你的竞争对手来说属于"Ace"或"丰厚贡献者"的类别，那么竞争对手很可能会为了保住自己在这方面的地位而拼尽全力。此外，与新开展的业务相比，竞争对手长期以来投入了大量感情和资源的老业务更有可能被高度重视。衡量竞争对手投入程度的另一个指标，是它们在目标竞争领域的相对效率。你可以评估竞争对手在该竞争领域关键驱动力上的表现，进而来衡量这一指标——如果这家公司的表现经常优于竞争对手，那么它就拥有较高的地位，并且更有可能去守护这种地位。以英特尔为例，它在微处理器行业强大的控制力和竞争力广为人知。多年来，它还表明自己不仅有动机，更有能力去抵御其核心业务领域的新进入者。因此，在没有准备好应对英特尔强有力的反击的情况下，人们不会轻易对该公司采取行动。无论这些指标是什么，竞争对手的投入程度应该能够为你提供一个基础依据，用来判断其可能投入多少精力、注意力和资源来抵御你的行动，或者提升其现有地位。

竞争对手对你的举动做出反应的能力也很重要。一个竞争对手即使充满动机，但如果没有资源，或者没有适当的技能或技术，就无法对你造成多大的伤害。但是，一个拥有大量自由现金流（或现金储备），在资产方面投入巨大的竞争对手则可能会很快行动起来抵制你。此外，在分销、供应或制定标准方面处于强势地位的竞争对手也会令人生畏。

图 9-2 总结了竞争对手对你进入市场的反应倾向的一些指标。如果投入性指标

回答每个问题并打分，如果答案为否，则得 1 分；如果答案为可能，则得 2 分；如果答案为是，则得 3 分。

投入性指标	你会根据什么做出判断
这个领域对它们很重要吗 得分_____	根据利益和地位，例如它们在这一领域的销售或利润占比来判断。利益越大，地位越高，对它们而言，该领域的重要性就越高
它们在这方面的投入是否增加 得分_____	寻找竞争对手对新产品投入增加的公告或者资源分配增加的公告，以及对投入的固定资产增加的公告。在这方面的投入越多，它们就越可能回击
它们是否在这个领域投入了巨资 得分_____	例如，工厂和设备投资、大量的广告支出、培训投资
投入性指标总分_____	
能力性指标	你会根据什么做出判断
它们有资源冗余吗 得分_____	寻找有效的冗余证据，例如，它们手中握有的现金数额，过剩的能力，具有接受新挑战的能力，以及没有诸如合并或收购之类的干扰。冗余越多，它们就越有能力做出回击
它们当前的位置稳固吗 得分_____	评估它们的表现：它们是否展示了具备在所选择竞争领域获得持续优良表现的能力？本领域的顶尖人才是否选择为它们工作？它们在本领域是否有良好的名声？它们当前的表现越好，它们就越有能力发起有效的回击
它们能轻易匹敌或模仿我们的行动吗 得分_____	评估竞争对手匹敌此举的难度如何：我们的行动保护得不好吗？竞争对手是否可以轻松使用和我们相同的基础架构及我们正在使用的技术？顾客使用竞争对手的产品是否存在转换成本或任何风险？我们的行动越容易被匹敌或模仿，竞争对手就越有能力回击
它们的防御成本是否大幅下降 得分_____	竞争对手是否已经拥有可用于做出回击的资产、工厂和设备？如果是这样，它们将更有能力且更有动力进行回击（因为如果我们成功进入市场了，它们也许不得不注销部分资产）
能力性指标总分_____	

图 9-2 竞争对手的反应倾向指标

总分为 4 分或更少,那么可以将竞争对手归类为低投入度;分数在 4 分以上意味着它属于高投入度。如果能力性指标总分低于 6 分,则将竞争对手归类为低能力;否则,就要将其列为高能力。

在使用图 9-2 思考你可能要应对的竞争反应后,你可以根据竞争对手在竞争领域内的投入和能力,评估其可能带来的威胁。表 9-1 描绘了一个大概的场景,这能让你在做出竞争性行为之后,对它们可能的竞争反应有所预测。

表 9-1　可能的竞争反应

	高能力	低能力
低投入	睡狗型(sleeping dogs) 确保你一直在关注这类竞争对手——一旦它们对这个领域是否有吸引力做出决定,它们可以快速动员,付诸行动	旁观者型(bystanders) 当前,你不需要过于担心这类竞争对手
高投入	战士型(combatants) 这类竞争对手有能力和动机倾注大量的努力来与你斗争。如果你进行直接、明显的攻击,你可能会收到强有力的回应	散兵型(skirmishers) 这类竞争对手下定了决心,但不得不依靠有限的资源来应对你的行动,往往是选择性地做出反应

表 9-1 中的信息在一定程度上能够帮你确定最初的策略。显然,如果你面对的是一名"战士型"的竞争对手,那就尽量不要做那些会引起其直接反击的举动,比如大幅降价。这引出了一个问题:当你进入一个市场时,你应该考虑哪些具体的竞争行动。这里给出了几种选择。可以选择的竞争行动将在下一节介绍。

竞争性卷入

第一次浏览这本书时可以跳过这一部分。

没有任何竞争对手会拥有与你完全相同的顾客、产品线、地域覆盖范围等等。由于这些差异,某些顾客、细分市场、产品线或这些的组合对竞争对手来说,要比你更重要。这不仅让你有机会确立自己的地位,还有机会影响竞争对手与你竞争的方式。[9] 是的,你可以影响它们的反应。[10] 能够选择的竞争行动包括:突击(onslaughts)、游击战(guerrilla campaigns)、佯攻(feints)和弃卒保帅(gambits)。

突击

突击是一种直接地、侵略性地进入目标竞争领域的方式。为了获取一个重要的市场地位，这种方式通常会包含一些昂贵且需要高投入的行动。你采用这种方式的目标是先发制人，迫使现有竞争对手退出市场，之后对分散的行业进行整合，或者至少能够阻止竞争对手扩大自己的市场，以巩固自己的市场地位。当你成功地阻止了新的竞争对手进入该领域，或者使得现有竞争对手减少了对于这一竞争领域的投入时，你就实现了目标。

关于突击的一个著名的例子发生在 20 世纪 80 年代中期。当时日本半导体制造商在动态随机存取存储器（dynamic random access memory, DRAM）业务上取得了进展，而该业务之前是英特尔公司的传统势力范围。这些日本公司采用了它们所谓的 10% 法则，这意味着它们将为每个目标顾客降低 10% 的价格，直到英特尔放弃这些顾客。[11] 这种突击导致的最终结果是英特尔完全退出了 DRAM 市场。[12]

突击策略的主要危险是引起竞争对手的大规模反击（见表 9-1）。这可能会导致一场消耗战，使你和竞争对手两败俱伤。图 9-3 列出了发起突击的一些条件。

对下面的陈述回答"同意"或"不同意"。
____ 竞争对手在该领域的投入比你低得多。
____ 对于那些有经验的观察者来说，你的攻击非常有说服力（你在一个行动中投入的越多，别人就越相信你。具有高可信度的攻击往往会加速暴露竞争对手的弱点——包括生理和心理层面，这会削弱它们的意志力和反击能力）。
____ 竞争对手在其他方面有某些有吸引力的机会，并且它们也倾向于去追求那些机会。
____ 你可以从拥有资源的盟友那里获得支持（这些盟友可能是其他利益相关者，如分销商、顾客、供应商和政府机构，它们希望你的攻击能够成功）。
____ 你可以按照第 5 章所讨论的思路部署一个破坏策略来彻底改变游戏规则，让你的竞争对手处于非常不利的地位。
____ 通常情况下竞争对手会反击，除非是竞争对手正处于内部危机（收购、兼并、剥离、杠杆收购等）之中，其管理层对此忧心忡忡。
评分：至少拿到三个"同意"，你才可以发起突击；否则，结果将会非常糟糕。你拿到"同意"的回答越多，突击可能就越有效。然而，在采取行动之前，你应该先验证你对这些陈述背后的假设，并确保你已经考虑了所有相关的竞争对手，包括那些目前还没有涉足该领域的潜在竞争对手。

图 9-3 什么时候发起突击才有战略意义

如果你是一个个人创业者或一个小企业主，侵略性的突击带给你的伤害可能和带给竞争对手的伤害一样大，因为你通常更容易受到持续斗争的伤害，更有可能首先放弃。因此，另一种更精妙的策略是游击战。

游击战

游击战的目标是通过逐步进入一个竞争领域来建立你的地位，从一个细分市场开始，随着你地位的逐步巩固，再向其他领域进行扩张。游击战策略强调的是位置的流动性以及动态的推进和后退。因此，一个采用游击战策略的竞争对手可能会有选择地把产品卖向目标市场，而不会盲目地寻求主流市场，如果它的业务引起了业内巨头的注意，那么它就会放弃这个市场。游击战策略还巧妙地描述了如何利用对手的规模来对付它们，迫使它们以巨大的沉没成本捍卫自己的阵地，并利用其目前的投入将它们自己困在令其较为难受的位置上。这是因为在定价和产品修改方面，小公司比大公司灵活得多。这种竞争方式应该会让今天的许多管理者感同身受。[13]

游击战的本质是找到一个细分市场，最好是一个未被充分开发的细分市场，并为之创建一个竞争对手难以匹敌的、能够引起轰动性的属性映射图。这个细分市场就像一个游击战基地，你从这里进入下一个细分市场，然后再逐个向下推进。如果你能找到这样的细分市场，你就可以避免在目标竞争领域内进行全面出击的昂贵成本。占领细分市场对新进入者尤其有用，因为这种竞争方式往往不那么显眼，也不像突击那么具有威胁性。你所能得到的最理想的反应，尤其是当你面对极具攻击性的竞争对手时，就是它并不认为你是一个值得关注的威胁。在竞争对手发现你之前，你将有机会建立起自己稳固的竞争地位。图9-4列出了游击战成功的条件。

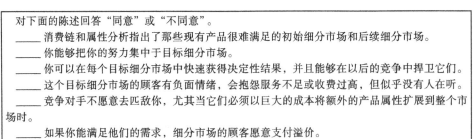

对下面的陈述回答"同意"或"不同意"。
____ 消费链和属性分析指出了那些现有产品很难满足的初始细分市场和后续细分市场。
____ 你能够把你的努力集中于目标细分市场。
____ 你可以在每个目标细分市场中快速获得决定性结果，并且能够在以后的竞争中捍卫它们。
____ 这个目标细分市场的顾客有负面情绪，会抱怨服务不足或收费过高，但似乎没有人在听。
____ 竞争对手不愿意去匹敌你，尤其当它们必须以巨大的成本将额外的产品属性扩展到整个市场时。
____ 如果你能满足他们的需求，细分市场的顾客愿意支付溢价。
评分：至少拿到三个"同意"，你才可以进行游击战，否则你没有足够的条件从主战场开始成长。你的"同意"回答越多，游击战就越有效。然而，在采取行动之前，你应该验证你对这些陈述回答背后所做的假设，并确保你已经考虑了所有相关的竞争对手，包括那些目前还没有涉足这个领域的潜在竞争对手。

图9-4 什么使游击战得以成功？

一个典型的运用游击战策略的例子是美国前进保险公司,我们在第3章中对其有过描述,它进入了高风险的汽车保险领域。实际上,在它进入这个细分市场时,它的竞争对手毫无反应。这是一个伟大的游击战策略的特征——如果你的竞争对手发现,它们难以对你选择的小众市场提供服务,或者在这个市场无法发挥它们的能力,那么它们可能不会做任何事情来阻止你的发展。几年后,美国前进保险公司发展了自己的能力。最终,该公司利用从服务其细分市场发展而来的能力,开始向更具吸引力的其他细分市场扩张。

正在被游击战竞争整体重塑的一个行业是互联网B2B行业。许多有前途的互联网初创公司起步时,都是作为服务小顾客群体的分销商或接入点。这些领域的顾客发现,如果数据能在全球范围内得到整合,那就可以创造出相当大的利润空间,这使得满足他们需求的服务第一次变得有价值。因此,通常情况下,一个因为规模太小而无法得到良好服务的细分市场,可以利用低成本的互联网交易,在全球范围内成为一个有潜在价值的细分市场。

其中的一个例子就是实验室里的科学家。之前,科学家们要买到做实验所需的化学制剂,有时是一项极其费力的工作,他们需要查阅供应商库存的每一种化学药品的目录和手册。造成这一情况的原因是,在人工系统下,专业供应商根据特定科学家的需求去定制产品及设备的目录是不划算的。但钦德斯公司(Chemdex)已经开始着手解决这个服务不足的细分市场的需求了。你可以在一个为顾客量身定制的、专门用来寻找资源的网站上快速、准确地搜索化学品。在供应方面,钦德斯公司可以与供应商合作,通过将许多小订单合并成大订单来获得优势价格。

另一个例子是eBay,它在收藏爱好者和其他顾客中间挖掘了一批忠实的追随者,这些追随者意识到如果能够接触到大量潜在买家,将会带来巨大的收益。eBay还可以节省顾客搜索他们感兴趣的商品的时间。现在的eBay似乎准备从最初的细分市场进入更有挑战性和侵略性的主流市场。它已经收购了高端拍卖行伯得富(Butterfield & Butterfield),以更系统、全面地进入奢侈品市场。此举最终引起了拍卖行业内大佬们的注意,进而促使高档拍卖商苏富比(Sotheby's)和亚马逊匆忙结盟。

佯攻

如果最让你担心的竞争对手涉足多个竞争领域(可能是多个行业、产品,甚至多个顾客），你就有机会利用佯攻来影响它们的反应。佯攻涉及两个竞争领域：一个是焦点竞争领域，用来吸引竞争对手的注意力；另一个是目标竞争领域，这才是你真正的战略目标（这些术语在下面的弃卒保帅战术中也会使用）。佯攻的意思是，直接攻击对于你的竞争对手来说非常重要的焦点竞争领域，但不为它们所知的是，你真正的目标竞争领域在别处。佯攻的目的是迫使你的竞争对手专注于你要佯攻的竞争领域，而不是继续向你的目标竞争领域投入资源。

我们观察了一家规模虽小却好斗的糖果制造商，它利用佯攻取得了巨大的优势。虽然它的主要业务是生产硬糖和口香糖，但它也经营着一家太妃糖工厂（基本上收支平衡）。在回顾该制造商的业务组合时，我们问其管理者：在其他业务都实现了高利润且有强劲的地区增长的情况下，为什么还要经营一家规模小又占用资金的太妃糖工厂呢？他回答："这很简单，我并不担心糖果行业的本地竞争，我对太妃糖业务也不感兴趣。但有时一些市场占比较高的大型跨国太妃糖公司会想进入糖果行业，我一听到风声就赶紧把太妃糖的价格降了下来。我可能会在短时间内亏损，但我每损失 1 美元，这些规模是我的 50 倍的国际巨头就会损失 50 美元，它们必须向海外总部解释。没过多久，它们就会明白过来，不再做糖果生意了。"这个故事的有趣之处在于，这位管理者实际上是在利用规模和竞争优势来对抗那些大型跨国太妃糖公司。[14]

对于佯攻来讲，你还可以选择时机。你既可以先佯攻，然后再进入你的目标竞争领域，也可以在你佯攻的同时进入你的目标竞争领域。你可以在佯攻成功后减轻进攻力度，或者继续保持压力来分散对手的注意力。你的决策取决于你所拥有的资源。如果你有能力保持压力，也能增加（或减少）压力，那你的决定就取决于你的竞争对手的行为，你可以把佯攻作为一个骚扰因素，不断分散竞争对手的注意力。上面讲的糖果制造商为我们提供了一个关于如何骚扰主要竞争对手，使其陷入困境的好案例。

佯攻可以用相对较少的投资取得成功，但你采取的佯攻动作必须有一定的可信度。此外，只有当你的竞争对手对焦点竞争领域有相当大的兴趣时，它们才会全力以赴。无论在任何竞争领域采取佯攻，你都必须做出一定的实质性投入，或者只有它本身就牵扯到许多利益，你的竞争对手才可能会把它视为一个重大威胁。佯攻的可信度取决于被感知到的意图：你的投入越明显，你的竞争对手就越会认为你的攻击是恶意的、真实的。专栏 9-1 举例说明了佯攻与突击相结合的策略。

专栏 9-1　谁来喂养宠物？宠物食品行业的激烈竞争

20 世纪 80 年代末，那些富裕的宠物主人们开始重视起宠物的饮食来。这部分人往往没有孩子，但他们有着充足的金钱，同时又对宠物有着非常强烈的感情。罗森－普瑞纳公司（Ralston Purina）是宠物食品领域的主导者，拥有近 30% 的市场份额和著名的普瑞纳品牌，但是，它们起初并没有过多关注这个新兴市场。一些初创公司转而瞄准了它，推出了爱慕思（Iams）和希尔斯（Hill's Science Diet）等品牌。这些宠物食品最初在专业宠物店或兽医那里出售。

当时，宠物食品的分销渠道正在发生巨大变化。宠物连锁店如 Pet Smart 和 Petco 侵蚀了传统超市的市场份额。这些大型专业连锁店以更低的价格提供相同或更好的产品。除此之外，它们也开始储备特色食品，比如爱慕思生产的宠物食品。

罗森－普瑞纳公司想要阻止高端竞争对手进入超市，并巩固其在超市渠道的地位，这意味着超市成了罗森－普瑞纳公司的目标竞争领域。该公司开发了 Pro 系列产品，直接进入宠物店和专卖店。它的定位是高端食品，但价格略低于爱慕思和希尔斯。这引发了两家公司的强烈反击，它们在专卖店推出了新的，甚至更高质量的产品系列，并向宠物主人推出了店内促销活动。这种防御措施消耗了它们所有可用的资源，强化了这些在超市买不到的食品作为超级优质产品的市场定位。为了保护它们的焦点竞争领域以防损害它们的品牌形象，爱慕思和希尔斯最终把自己锁定在了罗森－普瑞纳公司的目标竞争领域（超市的大宗商品销售渠道）之外。

佯攻成功后，罗森－普瑞纳接着发起突击。它向超市推出了一款叫作 Purina O.N.E.（Optimum Nutrition Effectiveness，最佳营养功效）的产品。这是一种优质的宠物食品，价格更低，质量几乎可以和 Pro 系列媲美。这使得罗森－普瑞纳的超市经销商拥有了形象优质、成本低廉的产品，凭借此优势，它们可以与专业宠物连锁店进行竞争。这种竞争交替使得爱慕思和希尔斯被罗森-普瑞纳的传统超市渠道拒之门外,而罗森-普瑞纳则凭借其Pro系列产品在宠物店和专卖店中站稳了脚跟。

注:宠物食品行业的数据来自David Collis和Toby Stuart,"Cat Fight in the Pet Food Industry(A),"Case 9-391-189(Boston:Harvard Business School, 1991)以及为此书收集到的额外出版材料。

弃卒保帅

弃卒保帅在国际象棋中是指棋手故意牺牲某个棋子以获得战略优势。在竞争中,弃卒保帅意味着先从一个需要做出牺牲的竞争领域(sacrificial arena,以下简称牺牲领域)撤退,并促使你的竞争对手扩展到该领域。在你的竞争对手将注意力转移到你的牺牲领域时,你就可以在另一个竞争领域——你的目标竞争领域,建立竞争优势了。弃卒保帅的策略可以用来向竞争对手发出信号,表明你愿意放弃牺牲领域的位置,以换取目标竞争领域的位置。如果一个竞争对手已经在牺牲领域具有一定的能力,它可能更愿意在那里扩张,而不是投入很多精力与你争夺目标竞争领域。

就像在国际象棋中那样,你牺牲一个低价值的棋子来取得一个更佳的位置或保卫一个高价值的棋子。通过有目的地、高调地从某个牺牲领域退出,引诱你的竞争对手增加投资。而你真正的目标是在你自己的目标竞争领域内建立竞争优势。如果你的策略奏效了,你的竞争对手就会在你的牺牲领域中忙着建立自己的位置,而你则有机会在你的目标竞争领域中发展你的业务。注意,你不必完全退出——如果你真的退干净了,那你就放弃了未来佯攻的机会。当然,你退出得越多,你的策略就越可信,你的竞争对手得到的机会就越多。

在比克(BIC)和吉列(Gillette)之间的长期竞争中,展现了明显的弃卒保帅策略。数十年来,比克和吉列一直在多个市场上相互竞争。它们主要竞争的两个领域是一次性打火机领域和剃须刀领域。吉列在剃须刀领域的传统竞争战略是将技术开发的重点放在盒式剃须刀上。而比克在生产廉价的一次性产品方面具有强大的能力。1975年,比克公司大举进入一次性剃须刀市场,迫使吉列公司也加入其中。比克的这一举动蚕食了吉列利润丰厚的盒式剃须刀市场,由于剃须刀是其核心业务,因此这对吉列来说变成了一场灾难。

经过 10 年的剃须刀战争，吉列和比克的利润都被压得很低，因此吉列在打火机上实施了一个策略，它决定放弃一次性打火机业务。比克公司在打火机市场占有强势地位，其利润远高于剃须刀市场。1984 年，吉列完全退出打火机业务，将资源重新投入剃须刀业务。

比克公司上钩了，将其剃须刀业务的资源转移到打火机部门。与此同时，吉列专注于打造其在剃须刀领域的地位。在两年内，吉列拥有了 50% 的剃须刀市场份额，并将由此产生的利润用于一系列新的剃须刀产品的研发，尤其是高价的电动剃须刀。尽管吉列在低端市场受到了侵蚀，但 6 年后，吉列在高端剃须刀市场发起了突击，于 1990 年推出了感应剃须刀，并取得了惊人的成功。

注意，通过佯攻和弃卒保帅策略，双方最终都可以变得更好——实际上，这让双方同时扩大了竞争优势，你扩大了你在你的目标竞争领域上的竞争优势，你的竞争对手扩大了它在你的牺牲领域上的竞争优势。[15]

组合拳

突击、佯攻和弃卒保帅这三种策略可以组合成更复杂的招式。在一个有趣的案例中，菲利普·莫里斯公司（Philip Morris）利用突击和佯攻相结合的方式，夺回了自己在美国市场上的地位，并在东欧市场上确立了自己的优势地位。这一行动被称为"万宝路战争"(Marlboro wars)。20 世纪 90 年代初，雷诺烟草公司（R. J. Reynolds）利用折扣和低价品牌侵蚀美国高档香烟的市场份额。菲利普·莫里斯公司看到旗下高档品牌（万宝路）在美国市场原本 30% 的份额被严重侵蚀。1993 年 4 月 2 日，菲利普·莫里斯公司发动了一场突击，宣布其在美国的万宝路香烟降价 20%。两周后，菲利普·莫里斯公司非但没有削减广告开支，反而大幅增加了广告开支。作为回应，雷诺烟草公司在美国也进行了相应的价格调整和广告宣传。

尽管成本高昂，但降价的突击让菲利普·莫里斯公司重新夺回了被折扣品牌夺走的市场份额。1993 年 11 月，雷诺烟草公司宣布了一项停战协议，该公司宣布将其高端品牌在美国的价格提高 10%。三天之内，菲利普·莫里斯公司将万宝路的价格上调了同样的幅度，使得万宝路重新占据了美国市场 30% 的份额，尽管整体价格比之前更低了。换句话说，这次突击达到了目的。

菲利普·莫里斯公司在美国的这次冒险被证明是一场全球范围内的佯攻。菲利普·莫里斯公司可以承受在美国的损失，但雷诺烟草公司不能。在万宝路战争之前，雷诺烟草公司已经在东欧建立了强大的市场地位。到1994年，它每年在那里大约售出7 000亿支香烟，销售额增长迅速。与此同时，它在美国市场的年销售量大约是5 000亿支，比过去十年下降了15%。雷诺烟草公司为了捍卫温斯顿（Winston）和骆驼（Camel）等旗下优质品牌在美国市场的地位，分散了本可用于继续在东欧建立地位的资源。

到1993年年底，雷诺烟草公司解雇了10%的美国员工。相比之下，菲利普·莫里斯公司却蒸蒸日上：在克拉斯诺多尔、沃尔纳和圣彼得堡完成了工厂建设，并进一步实施收购其他俄罗斯工厂的三年计划。它还投资了8亿美元对俄罗斯、立陶宛、哈萨克斯坦、乌克兰、波兰、匈牙利、捷克和前东德的烟草公司进行收购或者合资经营。[16]因此，当雷诺烟草公司在捍卫其受到威胁的美国市场地位时，菲利普·莫里斯公司却在增长更快的东欧地区确立了市场地位。

带着竞争意识设计进入策略

注意，如果你是第一遍浏览本书，你可能会想跳过接下来的这一部分。现在让我们以20世纪90年代中期的宠物食品行业为例，来分析如何将这些概念应用于市场进入策略。[17]宠物食品行业是一个直观的例子，因为不太牵扯诸如新技术、专利和专利系统等因素。20世纪90年代，宠物食品行业在经历了几年强劲的规模扩张和利润增长后，进入了增长放缓时期。我们将从罗森-普瑞纳（Ralston Purina）公司普瑞纳（Purina）系列产品的角度来考察美国宠物食品行业，该系列产品在1986年贡献了公司总收入的27%。

20世纪90年代中期，罗森-普瑞纳公司有三大竞争对手：亨氏（Heinz）、雀巢（Nestlé）和玛氏（Mars）。罗森-普瑞纳公司的美国宠物食品部门管理层面临的问题是，如何在宠物食品业务的七个细分市场中发展自己的竞争地位，这七个细分市场分别是：干狗粮、湿狗粮和罐装狗粮；干猫粮、湿猫粮和罐装猫粮；还有一个新类别，叫作狗零食。我们用这些管理者面临的情况来说明你应该如何分析自己的竞争情况。

第一步：评估公司的支持。 关于市场进入，你所学到的第一步是评估每个参与方可以期望的公司的支持力度。表 9-2 显示了四家主要公司的收入水平。这四家公司的美国宠物食品市场份额加起来为 55%。第 6 列显示，罗森-普瑞纳和玛氏的宠物食品部门是收入的重要贡献者，因此对母公司极具吸引力，可以期望母公司对其进行高度投入。亨氏的宠物食品部门对其母公司的吸引力是中等的，可以期待得到中等的投入。雀巢的利润较低，因此不能指望母公司给出太多支持。使用我们在第 7 章中讨论的方法，我们可以预测竞争对手的每个部门可以从其母公司获得的支持（见图 9-5）。例如，如果玛氏的宠物食品产品处于有利地位，它就能得到母公司空白支票级别的支持；而雀巢的同样的部门只会获得专项审批级别的支持。

表 9-2 美国宠物食品行业主要竞争对手的数据

公司	商标	美国宠物食品市场份额（%）	最大竞争对手份额（%）	相对份额[①]	美国宠物食品占公司收入百分比（%）	顾客吸引力
罗森-普瑞纳	Purina	27	12	2.25	33	高
雀巢	Carnation	12	27	0.44	4	低
亨氏	Nine Lives	8	27	0.30	9	中等
玛氏	Kal Kan	8	27	0.30	20（估计）	高

①相对份额为第 3 列除以第 4 列后四舍五入的结果。

目标宠物食品的竞争程度	公司投入高	公司投入低
强	空白支票 ◇ 罗森-普瑞纳 ◇ 玛氏	专项审批 ◇ 雀巢
中等	授信额度 ◇ 罗森-普瑞纳 ◇ 玛氏 专项审批 ◇ 亨氏	专项审批 ◇ 雀巢
弱	专项审批 ◇ 罗森-普瑞纳 ◇ 玛氏 自筹资金 ◇ 亨氏	

图 9-5 竞争对手的每个部门可以从母公司获得的资源支持

第二步：评估竞争的动机和能力。使用图 9-2，你还可以评估每个竞争对手的投入和能力，以判断它们可能对你采取的行动，并制成图 9-6。例如，玛氏和罗森-普瑞纳带来的竞争可能会很激烈,但亨氏和雀巢的资源要少得多,无法积极应对罗森-普瑞纳的动作,因此其带来的竞争也少很多。

	高能力	低能力
低投入	无	
高投入	战士型 ◇ 罗森-普瑞纳 ◇ 玛氏	散兵型 ◇ 亨氏 ◇ 雀巢

图 9-6　宠物食品行业可能的竞争类别

第三步：对竞争领域的市场吸引力进行评级。首先,明确你将依据哪些标准来对你的竞争领域进行吸引力分类。你要选择那些在业务中驱动市场吸引力的关键战略变量。在我们对不同宠物食品细分市场的分析中,我们开发了一个综合吸引力变量,将细分市场增长率、产品利润率、运输和材料成本,以及顾客吸引力趋势等结合起来,得出了表 9-3 所示的吸引力评级。

表 9-3　主要产品类别的市场吸引力

	竞争领域						
	干猫粮	干狗粮	湿猫粮	湿狗粮	罐装猫粮	罐装狗粮	狗零食
吸引力	高	中等	高	中等	中等	低	高

其次,对每个产品类别进行市场吸引力评分,分为高吸引力类别、中等吸引力类别和低吸引力类别,如表 9-3 所示。

在表 9-4 中可以观察到：罗森-普瑞纳在干粮产品市场中很强,玛氏在罐装产品市场中很强,亨氏只在罐装猫粮产品市场中很强,而雀巢在猫粮市场中很强。

表 9-4　四个宠物食品行业主要竞争对手的竞争地位

	罗森-普瑞纳	玛氏	亨氏	雀巢
干狗粮	A	B		B
干猫粮	B	C	C	A
湿狗粮	C			
湿猫粮	C		C	
罐装狗粮		A		C
罐装猫粮	C	A	A	A
狗零食	C	C	B	

注：A=高,B=中等,C=低。

第四步：绘制每个竞争对手的竞争地位。你现在需要了解每个竞争对手在每个产品类别中的竞争地位有多强。首先要确定你将使用哪些标准来评价竞争地位。然后为每个产品类别评分并确定每个竞争者的地位，如表 9-4 所示。我们使用四个主要竞争者的收入分层，对其业务状况进行更详细的分析（如果你没有详细的数据，那就务实一点，使用最具代表性的数据，小心不要过度解读）。我们用 A、B、C 来代表高、中等、低，同时要提醒自己，我们在用收入来表示竞争地位。请注意，我们在此是基于其产品类别进行分类的，你也可以用细分市场、顾客类型或地理位置等进行分类。

第五步：制定更适合公司的战略行动。回顾你可能从公司资源库中获得的资源（见第 7 章），你现在需要决定哪种战略行动更适合你。为了说明这一点，我们将从罗森 – 普瑞纳的角度来看宠物食品行业。它在业内排名第一（27% 的市场份额），并主导着干粮市场（著名的 Chow 品牌）。

宠物食品部门贡献了公司 33% 的收入，却贡献了 45% 的利润。从罗森 – 普瑞纳的角度来看，这是一个利润丰厚、颇具吸引力的行业，利润率在 20% ~ 25%。罗森 – 普瑞纳的宠物食品产品组合的简化描述如表 9-5 所示。以干狗粮为例，与竞争对手相比，罗森 – 普瑞纳在这个产品上的竞争地位（A 位置）很高，但干狗粮竞争领域仅被认为具有中等吸引力，在极具吸引力的干猫粮竞争领域，罗森 – 普瑞纳处于中等竞争地位（B 位置）。由于罗森 – 普瑞纳不生产罐装狗粮（一个低吸引力的竞争领域），因此图上没有它。罗森 – 普瑞纳的管理层可能会支持任何建立干猫粮、狗零食和湿猫粮生产线的提议，并积极巩固和捍卫干狗粮的地位。罐装猫粮和湿狗粮领域不是罗森 – 普瑞纳的核心，但它们可能对保持战略的机动、灵活有帮助。

表 9-5　现阶段罗森 – 普瑞纳在宠物食品市场中的战略定位

吸引力	A 位置 强	B 位置 中等	C 位置 弱
高		干猫粮	狗零食 湿猫粮
中等	干狗粮		罐装猫粮 湿狗粮
低			

第六步：分析每个关键竞争对手的战略行动。你可以评估竞争对手当前的战略

定位，进而预测其需求，就像你在表 9-5 中为罗森－普瑞纳所做的那样。只要有可能，竞争对手都会希望从右到左提升自己的竞争地位，从行业吸引力最高的第一行开始。在最下面的一行，它们几乎没什么动力，除了退出。这样你就可以知道你的竞争对手最希望你采取什么样的行动。

为了举例说明，我们只对玛氏进行这种分析，因为玛氏是罗森－普瑞纳唯一强有力的竞争对手。但通常在实践中，我们会（正如你应该做的那样）对每个主要竞争对手进行分析。玛氏是全球最大的宠物食品生产商，销售额达 30 亿美元。该公司在各种罐装宠物产品领域拥有很高的竞争地位，并在全球各大领域拥有强大的广告实力。有趣的是，玛氏是一家独资公司，这意味着它比一个必须对股东负责的公司有更多的战略灵活性。

正如我们在表 9-6 中看到的，玛氏可能想要在干猫粮和狗零食中树立竞争地位，这意味着它将与罗森－普瑞纳直接竞争。它能动用很多资源来做这件事。除了本身就足够有吸引力之外，干猫粮还有另一个有价值的方面，即它有潜力用来对付罗森－普瑞纳的佯攻。玛氏的管理人员可能还会积极保持和巩固其在罐装猫粮和罐装狗粮领域的地位，因为在这些竞争领域，玛氏已经确立了非常高的地位，拥有可观的资产、优秀的品牌形象和可靠的分销渠道。干狗粮是另一个可能的佯攻市场，因为与罗森－普瑞纳相比，玛氏在这个产品上并没有一个强大的竞争地位。

表 9-6 现阶段玛氏在宠物食品市场中的战略定位

吸引力	A 位置 强	B 位置 中等	C 位置 弱
高			干猫粮 狗零食
中等	罐装猫粮	干狗粮	
低	罐装狗粮		

第七步：将每个竞争对手的竞争地位与你自己的进行映射。将每个竞争对手的市场位置与你自己（在本例中为罗森－普瑞纳）的进行映射。从类似于表 9-7 的表格开始，为每个参与者制作一张表格（同样，我们只是以玛氏为例）。

注意，每个单元格都有编号。例如，单元格 3 显示罐装猫粮和罐装狗粮对于玛氏来说，处于强势地位（A 位置），对于罗森－普瑞纳来说，处于弱势地位（C

位置)。单个星号"*"表示罗森-普瑞纳目前不生产该产品。双星号"**"表示玛氏目前不生产该产品。因此,单元格9显示玛氏既不提供湿猫粮,也不提供湿狗粮。

表9-7 对罗森-普瑞纳和玛氏进行细分对比

玛氏	罗森-普瑞纳		
	A位置	B位置	C位置
A位置	1	2	3 罐装猫粮 罐装狗粮*
B位置	4 干狗粮	5	6
C位置	7	8 干猫粮	9 狗零食 湿猫粮** 湿狗粮**

在检查表9-7时,你可以做出以下解释。

1. 单元格3的罐装猫粮对玛氏很重要,但对罗森-普瑞纳则不然,因此罐装猫粮为罗森-普瑞纳提供了一个理想的伴攻或者骚扰的竞争领域。如果罗森-普瑞纳涉足罐装狗粮市场(单元格3)的话,那也是个骚扰玛氏的好地方。

2. 玛氏严重依赖于罐装宠物食品(单元格3),因此对针对这些部分的行动高度敏感。

3. 狗零食、湿猫粮和湿狗粮(单元格9)实际上几乎被玛氏和罗森-普瑞纳同时忽视了。

4. 罗森-普瑞纳高度依赖干狗粮,因此很容易受到玛氏的伴攻(单元格4)。

表9-8显示的是罗森-普瑞纳和玛氏的分段吸引力对比。

表9-8 罗森-普瑞纳和玛氏的分段吸引力对比

玛氏	罗森-普瑞纳		
	A位置	B位置	C位置
A位置	1	2	3 罐装猫粮 罐装狗粮*

（续）

玛氏	罗森 – 普瑞纳		
	A 位置	B 位置	C 位置
B 位置	4 *干狗粮*	5	6
C 位置	7	8 *干猫粮*	9 **狗零食** *湿猫粮* ** *湿狗粮* **

注：粗体表示具有高吸引力的产品，斜体表示具有中等吸引力的产品，正体表示吸引力低的产品。

通过表 9-9 中的竞争地位，我们会看到以下重要的模式：

表 9-9　罗森 – 普瑞纳相对于玛氏公司资源支持的映射

玛氏	罗森 – 普瑞纳		
	A 位置	B 位置	C 位置
A 位置 空白支票	1	2	3 *罐装猫粮* 罐装狗粮 *
B 位置 授信额度	4 *干狗粮*	5	6
C 位置 专项审批	7	8 *干猫粮*	9 **狗零食** *湿猫粮* ** *湿狗粮* **

注：粗体表示具有高吸引力的产品，斜体表示具有中等吸引力的产品，正体表示吸引力低的产品。

从表 9-9，我们可以得出以下结论。

1. 玛氏在罐装宠物食品（单元格 3）领域特别强，因此其对这个领域会特别敏感，母公司将为这个领域开具一张空白支票，以捍卫和巩固其地位。

2. 干猫粮（单元格 8）是一个极具吸引力的领域，可能是玛氏未来的焦点。除非罗森 – 普瑞纳能把玛氏挡在外面，否则玛氏可能会在这个竞争领域积极行动，通过降价或在其他方面增加竞争，进而造成很大的破坏。玛氏可能会从母公司争取到专项审批来攻击这个领域。

3. 在罗森－普瑞纳看来，罐装猫粮（单元格3）是一个佯攻的机会。它对玛氏非常重要，但对罗森－普瑞纳并没有那么重要。因此，罗森－普瑞纳在罐装猫粮方面进行佯攻是具有可信度的。

4. 狗零食（单元格9）是罗森－普瑞纳的一个增长机会，因为它是一个非常有吸引力的细分市场，但在玛氏当前的产品组合中只占一小部分。玛氏有可能会得到专项审批来拓展这一细分领域，因此，罗森－普瑞纳在这一领域的任何显著动作都会引起剧烈的竞争。

5. 湿猫粮（单元格9）也是一个成长的机会，同样非常有吸引力，但玛氏还没有参与该领域。因此，罗森－普瑞纳可以考虑直接发起突击。

6. 罗森－普瑞纳的主要弱点是干狗粮（单元格4）。它目前是玛氏的中档产品，但对罗森－普瑞纳来说具有高度的竞争地位重要性和中等吸引力。如果玛氏在这一细分市场降价，可能会使整个细分市场对其母公司的吸引力下降到一个较低的类别。

7. 在目前的情况下，湿狗粮（单元格9）不太可能成为焦点竞争领域。然而，罗森－普瑞纳面临的危险是，亨氏和雀巢等其他公司可以利用这一细分市场，建立它们在狗粮领域的地位，这对罗森－普瑞纳来说非常致命。此外，湿性宠物食品生产技术的进步，可能会对罐装宠物食品的主导地位构成挑战，因为罐装宠物食品运输成本高昂，而且使用起来往往很不方便。

8. 除了现有的业务领域之外，我们还可以观察这些竞争对手目前尚未参与的领域。例如，罗森－普瑞纳已经在罐装狗粮产品上获得了相当大的战略价值，一旦玛氏试图进入干狗粮市场，这种战略地位就能够用来发起佯攻。

完成了以上分析后，你现在可以开始对各种竞争方式进行组合了。罗森－普瑞纳的一个组合如下（当然，你也可以考虑其他的组合）。

罗森－普瑞纳的进攻策略

1. 使用游击战的方式来系统地建立有吸引力的干猫粮细分市场，使用机会清单来识别那些关注模式转换机会的细分市场，以增强每个细分市场的属性或扩展每个细分市场的属性映射图。根据地理位置和分销渠道进行分层分析，找到能够实现这些的关键分销商和区域，这一点很有价值。

2.同时在罐装猫粮市场发起佯攻，这将有助于将玛氏从干猫粮市场引开。使用佯攻而不是骚扰策略，因为我们要避免激怒玛氏，从而引起一场不必要的消耗战。

3.由于玛氏的优势在于罐装宠物食品，因此罗森－普瑞纳可以选择对湿猫粮发起突击，以确保在早期占据有利地位，而玛氏要开发此类产品可能要借助授信额度，这更加给了罗森－普瑞纳足够的理由对湿猫粮领域发起突击。

4.由于玛氏在狗零食市场中只能获得专项审批，因此罗森－普瑞纳可以利用机会清单里的模式转换机会来发起一场游击战，这将有助于选择性地建立这一市场地位。

罗森－普瑞纳的防御策略

1.整合并准备防御对干狗粮市场的潜在攻击，利用清单中的模式转换机会去积极、持续地增强或扩展属性。通过不断地重塑最受欢迎的属性集，罗森－普瑞纳可以将价格侵蚀、佯攻带来的反应，以及玛氏发起的攻击控制在最小程度。

2.认真考虑开发一条罐装狗粮生产线，作为佯攻以对抗玛氏。

在竞争特别激烈的情况下，在确定你可以针对顾客创建一个属性映射图之后，最重要的问题就是你的竞争对手会如何反应，以及你可以对此做些什么。我们在本章中介绍的技术应该可以帮助你构思如何将每一个创业方案投放到市场中，并帮助你了解竞争对手可能会做出怎样的反应。

行动要领

下面的行动要领是为了让你着手实践本章所讨论的概念和过程。你可以灵活地用一种适合你公司的方式来阐述。

第1步：为你的新业务模式确定最初的几个顾客（使用"首次五连发"作为指导原则）。使用图9-1中描述的风险/收益权衡，确定你将给予他们的优先级。

第2步：阐明你将使用的策略，减少他们预期到的风险，从而说服他们与你开始交易。确保了解顾客组织中参与购买决策的所有各方。

第3步：对于你打算开发的每个主要领域，找出将受到影响的主要竞争对手，如表9-2所示。

第4步：评估每个竞争对手能够得到的公司支持水平，如图9-5所示。

第5步：结合它们潜在的公司支持，评估各竞争对手为了积极应对你的潜在行动的投入和能力。使用图9-2中的问题作为指导，将其可能的竞争类别绘成图，如图9-6所示。

第6步：明确市场吸引力分类的标准。分析并绘制你所参与的每个竞争领域的市场吸引力，如表9-3所示。

第7步：明确用于确定自身业务地位和竞争对手地位的标准，如表9-4所示。

第8步：绘制每个竞争对手的战略定位，一个竞争对手一张图表，如表9-5和表9-6所示。利用这些数据对你和每个主要竞争对手的战略倾向进行初步评估。

第9步：系统地构建你的业务类别与每个竞争对手的业务类别之间的竞争映射（表9-7），然后使用粗体、斜体和正体来描述各竞争领域的吸引力（表9-8），最后加上竞争者能够得到的资源支持（表9-9），一个竞争对手一张图表。

第10步：使用表9-9来决定采取什么策略行动，并预测竞争对手可能的反应。

The Entrepreneurial Mindset

10 第 10 章
让探索驱动计划发挥作用

第10章 让探索驱动计划发挥作用

在第9章中,你试图预测竞争对手将如何回应你的行动。你对它们反应的假设会影响你对进入策略的选择。因为你并不确定它们会怎么做,所以别无选择,只能对竞争反应做出假设。但假设毕竟是假设,你无法确定竞争对手是否会像你预期的那样行动。你也不能确定市场、产品、分销或你想引进的供应系统的变化能否如你所希望的那样成功。项目越不确定,你越需要依赖你所能做出的最佳假设来做决定。

实际上,你唯一能确定的就是不确定,这在很大程度上决定了你最新创业方案的结果肯定会与计划有所不同。正如第4章所讨论的,鲍勃·格尔根从未想过,他在20世纪80年代初以20万美元收购的这家小型宗教蜡烛制造公司,到1999年年中市值会达到15亿美元。在铱星项目长达10年的发展阶段中,任何支持该项目的人也不会想到,它会在投产一年内破产。谁又能想到,像英特尔这样的技术领导者,在完全占据主导地位后,仅仅几年就被迫退出其核心DRAM业务。

这就引出了我们在本书中提出的一个核心问题:你如何计划和管理一个方向和结果尚不明确的创业方案?在本章中,我们将探讨这个问题,开始适应性执行这一主题——这是习惯性创业者非常典型的特点。你将接触到我们总结出的适应性计划方法,这套方法源自泽纳斯·布洛克(Zenas Block)的智慧。泽纳斯·布洛克是一位习惯性创业者,他为我们提供了许多关键的洞见。我们将这种适应性计划方法称为探索驱动计划。它反映了习惯性创业者的倾向,即停止过度分析并开始行动,积极利用他们早期努力的成果以重新定向,并学习如何找到真正的机会。

探索驱动计划完全不同于传统计划。在传统计划中,成功意味着交付的数量要接近于你认为你能交付的数量。在探索驱动计划中,成功意味着用最少的花费获得最多的有用知识。我们将向你展示如何执行探索驱动计划,并说明它将如何帮助你形成准则和实现控制,同时避免对项目强加不适当的要求。

为什么是探索驱动计划

探索驱动计划这一概念的提出源自挫败。在许多公司中,我们看到那些负责重大新方案的项目经理们在传统计划的束缚下痛苦不堪。这常常会导致功能失调。为了满足管理层的规划要求,人们会根据未经检验的假设拼凑数字。更糟糕的是,他们会根据他们认为能让项目获得批准的内容来反推数字。不久后，有时甚至连签字的墨水都还没干，事实就显示这些数字有误。然后，6个月或12个月后，一位高管就会闯进来，要求项目经理解释项目进展为什么不在计划之内。接下来的情况可能会很糟糕，高管坚称这种差距是项目经理管理无能的表现，而实际上，在高风险创业项目中，没有达到预期的结果是正常的。发生了此种状况的公司通常是丧失了学习能力的公司。

如果要用计划和结果之间是否存在偏差来评价计划成功与否，那前提必须是大家都在一个信息充分透明的环境中工作。否则，在人们知之甚少的情况下采用这种评价方法是有害的。与实物期权推理一样，当情况高度不确定时，探索驱动计划是最有用的。

在传统计划中，你从一个对过去经验有充分理解且可预测的平台来推断未来。但在一个高度不确定的项目中，不存在这样的平台。在缺乏坚实知识的情况下，计划必须建立在假设的基础上。

假设 / 知识比率

在任何高不确定性的创业项目中，你需要做出的假设与你拥有的知识之间的比率是相当大的。我们把这个比率叫作假设/知识比率。如果你的大多数决定是基于假设做出的，那么你的管理工作与基于知识时是完全不同的。你会发现自己是在假设的基础上做出关于人员、资产、市场、技术、风险、收益和其他关键项目要素的决策的。在高度不确定的情况下，数据根本不存在。没人知道，你也不例外。

当你寻找一些突破性的洞见时，例如GEFS对欠款行为的洞见（第6章）或花旗银行对信贷业务的革命性观点（第5章），主要的挑战是以尽可能低的成本将假设最大限度地转化为知识。时刻提醒自己是基于假设开展工作，这一点本身就特别困难，因为我们倾向于给假设披上事实的外衣。招聘人员、购买电脑、准备营销材料等，所有这些都是基于你当时所能做出的最佳假设。不久之后，你会自我感觉最初所做的假设在各方面变得越来越真实。但问题是，你所经历的现实其实是自我建构和自我维持的。[1]

以第8章讨论的铱星为例。从技术的角度来看，它的项目取得了惊人的成功。

然而，该项目远未达到成功所需的 50 万用户。在推出的第一年，只有大约 1 万人成功签约这款昂贵、笨重、音质差且必须在户外使用的手机。铱星当初的假设是，一旦将这一系统开放给全球，带来的收益将超过这些担忧，但这一假设并没有实现。铱星就算能找到合适的市场，并提出一揽子解决方案，让优秀的顾客无法抗拒，但其最初上市策略的相关假设肯定是错误的。事实上，铱星到最后也没能找到合适的市场，没过几年就破产了。

即使是聪明的公司也会发现，当它们在不熟悉的环境中运作时，它们会面临难以预测的结果。公司在适应外国文化方面所犯的错误数不胜数。麦当劳将其特许经营权卖给中国就是一个例子（见专栏 10-1）。

专栏 10-1　麦当劳进入北京

麦当劳的管理者当然不笨。然而，北京这家店的管理者们却忘了测试麦当劳体验本质的假设——毕竟，快餐就是快餐，对吧？快餐意味着快速周转，这一前提指导了北京麦当劳门店的设计和建设。然而，事实证明，对当时的普通中国人来说，一顿麦当劳快餐并不是一种低预算的小吃，而是可支配收入的一大块。因此，食客成群结队地来了，他们逗留着，享受他们眼中的异国风情，甚至是美食体验。想象一下，当管理者们意识到他们的餐厅是为快速周转而设计的，而食客们并不想要这些时，他们会有多么沮丧。麦当劳最终通过扩大餐厅的规模来解决北京门店的问题。

麦当劳早期在莫斯科采用了不同的战略。在这里，食客们在餐厅一侧的大门口排队。预定的时间过了之后，另一边的门就会打开，餐厅里的所有食客都会被要求离开，下一拨顾客再进来，然后重复以上过程。

那么，在这种存在根本性不确定的情况下，你该如何做计划呢？显然，适用于新情况的计划方法必须接受高假设/知识比率所带来的挑战。面对这一挑战，许多善意的管理者放弃了他们的努力，并表示创建新业务模式的项目从根本上是不可计划的。然而，事实远非如此。实际上，如同为任何其他类型的业务做规划一样，为一项新方案做规划也同样（甚至更多）需要清醒、冷静的准则。

探索驱动计划的准则

我们将探索驱动计划的准则划分为以下六个方面（在这六个方面中，坚守准则都是至关重要的）：构建框架、设定有竞争力的市场现实参数、设定可交付成果的参数、检验假设、设法达成里程碑和厉行节约。在传统的、基于平台的项目中，管理人员通常将计划和控制视为模式识别和复制的问题。[2] 过去重复出现的模式通常是未来模式的良好指南。在传统项目中，需要根据过去推断出预期结果，根据这些结果衡量产出并做出调整，以使预期结果和实际结果更接近。[3]

与之相反，在探索驱动计划中，你不是在寻找一致或趋同（至少一开始不是），而是在创建全新的模式。这个过程不涉及对已存在现实的分析，而是要创造一个新的现实。[4] 当然，这并不是说我们鼓励人们完全抛弃常识。如果不加以引导，创造性的实施可能产生有趣但低效的结果，而人们最初想要的结果是一个成功的业务。对于负责创业项目的经理来说，关键的问题是要平衡创造性、新奇思维与真实商业需求（成本、潜在损失、上行收益）。我们用来创建探索驱动框架的六个准则有助于实现这种平衡。它们在坚守准则的计划和控制过程中体现了实物期权推理的思维逻辑。

构建框架

探索驱动计划始于一种目标感。就像任何一个唯利是图的创业者都不会梦想进入一个没有重大收益潜力的行业一样，任何一家公司都不应该在尚不清楚如果一切顺利将会带来什么好处的情况下，就推出一种新的业务模式。如果你为业务部分开发了一个框架，那么你已经迈出了开发探索驱动计划的第一步，我们在第 2 章中讨论了这个问题。

精明务实一点儿。你所采取的任何新举措都必须是值得付出努力（有时会让你筋疲力尽）和承担风险的。这意味着任何战略行动都应该对公司产生实质性的、可量化的影响。我们所说的影响指的是底线影响——一个旨在提高效率的项目，至少应该有潜力节省一笔重大且超过底线数额的资金。一个旨在增加收入的项目至少应该有增加可观利润的前景。否则，何必如此呢？你可以在你的机会清单中找到有这方面前景的机会。

在这方面，探索驱动计划和传统计划有很大的不同。探索驱动计划从你想要结束的地方开始，并将计划从未来向现在倒推。传统计划往往从你现在的位置开始，试图描绘一条通往成功未来的道路。

使用在第 2 章中创建的框架（或者你现在将要开始的框架）开始你的计划过程。我们对这种方法的灵感来自研究习惯性创业者接受或放弃商业想法的方式。他们不会问"市场有多大"，而是关注"它是否足够大，大到足以带给我必须拥有的利润以及我的各个支持者所期望的盈利能力"。

构建框架的一部分挑战是详细说明业务模式。你必须清楚你期望的业务单位是什么样子，以及它是如何与所提议业务的成本和资产架构相关联的。也就是说，如何配置业务来交付该业务单位。我们所说的业务单位，指的是能够真正触发产生收入的事件的产品或服务。在保险业中，一个典型的业务单位是保单；在银行业中，业务单位可以是指某一特定贷款或账户的收益率；在投资银行业，业务单位则是一笔交易；在咨询工作中，它通常是一个时间单位（如一天），尽管它也可以是一个项目；对于大多数制造企业来说，一个业务单位就是一个产品。互联网上的业务单位在很大程度上仍然没有定义——在一些模式中，它是一个要展示给许多人的广告；在另一些模式中，则是一种交易。

无论你的业务单位是什么，你都必须清楚它是什么样子，因为了解你的业务单位对于定义业务模式至关重要。实际上，业务模式的更改总是意味着业务单位的更改。例如，通用电气机车部门的业务涵盖了从销售机车（该业务单位是机车，是一种产品），到销售机车牵引服务（该业务单位是服务承包商）的所有服务。新上任的业务经理常常没有充分考虑他们实际出售的是什么，以及他们需要在多长时间内卖出多少才能产生他们需要的利润。

不同的业务模式可能有着完全不同的成本和收入流。例如，软件行业通常是采用"先免费赠送再升级收费"（give-away-and-upgrade）的盈利模式。它们通常的做法是预先在开发上投入大量资金，免费赠送最初的软件包，然后在后续升级过程中收费以获取利润。在这种业务模式中，收入和支出完全不同步——它们在产品生命周期中以完全不同的时间和速度流动。

相比之下，在专业服务模式中，收入和支出往往有很好的同步性：你为做生意而付出成本，同样你也会获得收入。对专业服务型企业而言，在任何给定的项目中，关键比率是杠杆率——你分别有多少名被行业专家大卫·迈斯特尔（David Maister）称为"研磨者"（grinders）、"看守者"（minders）、"发现者"（finders）的员工？[5] 这里，"研磨者"指的是普通员工（workers），"看守者"指的是关键管理人员（key managers），"发现者"指的是造雨者（rainmakers）㊀。如果"研磨者"的比例相对于其他类型较高而不是较低，你就会有一个更有利可图的业务模式。

保险行业的业务单位与软件行业和咨询行业有所不同。在保险业，你可以在承担大部分费用（包括索赔）之前获得收入。成本是在保费收入流之后的某个时候产生的。事实上，许多保险公司在承保过程中根本不赚钱——它们是通过在收到保费和提出索赔之间的这段时间内投资它们所持有的资金来获取利润的。

我们经常发现，即使在探索驱动计划中，许多想法也会被过滤掉，因为它们的业务模式和盈利逻辑从根本上来说就无利可图或盈利不足。没有杠杆潜力的服务行业就是一个典型的例子。[6]

设定有竞争力的市场现实参数

当创业者充满热情地制订计划去做伟大的事情时，纸面上的计划很容易不切实际。市场似乎比实际规模更大，利润也更高，与竞争相关的必要表现水准作为一种限制性考虑因素，也退居次要地位。明确市场现实可以促使你承认，在竞争环境中你的公司将受到来自有才能和进取心的竞争对手的压力，你必须要在基本条件方面达到基本水准，并在其他方面与众不同。计划过程的这一部分促使你了解在你的竞争领域中有哪些关键的比率。正如第 6 章所讨论的，比率是业务模式的组成部分，使得你可以将你的业务与其他业务进行比较，并为你应该在哪里竞争提供早期预警。有了这样的理解，你就可以清楚地说明你计划如何达到并超过这些比率上的竞争标准。

在这个阶段，你不需要进行深入的市场分析。你需要掌握的是：①为了让这次创业项目在竞争中获得成功，项目的基准参数必须达到什么水平；②市场至少达到多大范围这次创业才有价值。你还需要了解你可能在哪些方面具有竞争优势（例如，

㊀ 造雨者就是那些为公司带来业务上成功的高层管理者。——译者注

你拥有优越的技术或生产流程),以及你可能在哪些方面处于劣势。

当你评估市场现实时,许多最初看似合理的想法往往会暴露出其盈利能力不足或不切实际的一面。如果一家公司想邀请我们去评估新业务,请先思考一下这个故事(专栏10-2)。颇为讽刺的是,我们的目的是证明探索驱动计划的力量——但它所揭示的力量让我们被解雇了!

专栏 10-2 忽视市场的现实会让你陷入危险(一个尴尬但真实的故事)

几年前,我们应邀在一家美国大公司的新创业小组做一个关于探索驱动计划的重要报告。组织者建议我们将这一技术应用到他们正在孵化的一家尚处于筹备阶段的公司。

在会议前一两天,我们拿到了这个创业项目的最新商业计划。当时的想法是让一家纺织制造商垂直整合到服装销售中。我们被要求用探索驱动计划来进行规划,这样参与者就可以清楚地看到探索驱动计划的方法和传统计划的方法之间的区别。

经过不到一个小时的研究,我们了解到,要在业务的第五年达到计划目标,就必须每年生产美国百货商店销售给女性的所有服装的八分之一那么多的服装,而且需要以高价出售。我们现在进退两难。探索驱动计划已经奏效了,并对这种业务设计的可行性提出了严肃的现实考验。我们的委托人觉得展示这些结论的过程对他们来说将会是一次很好的学习经历,所以我们继续进行展示(尽管有点谨慎)。

接下来发生的事情是一个关于不采用探索驱动计划的实例教训。创业小组的管理者拒绝接受我们的观点,即该公司可能没有能力在一个从未参与过的行业中实现占领主导地位,更别说成功了——在服装零售这个行业里,那些知道自己在做什么的公司都经常失败,更别提这家还在筹备阶段的公司了。

尽管我们有顾虑,但他们没有接受我们的观点和建议,项目依然启动了。在历时6个月,耗资1 200万美元后,它被毫不客气地关闭,并宣布无条件失败。

设定可交付成果的参数

可交付成果的参数设定意味着将你的广义战略转化成必须交付的日常运行活动成果,这样你的机会才会变成现实。在一个探索驱动计划中,框架决定了这个转化如何进行。例如,你需要完成的销售数量将决定销售人员的规模,从而决定销售过程的成本。这些可交付成果越现实,你对计划的可行性就越有信心。

以运营方面的术语详细说明组织必须提供的可交付成果至关重要,这主要有以下四点原因。

首先,它将战略目标转化为人人都能理解的语言。正如我们在第3章和第4章中讨论的属性映射图和消费链分析阐明了顾客对整个组织中员工的需求一样,可交付成果的参数设定也阐明了每个人应该如何匹配战略。

其次,详细说明可交付成果为能力创建提供了一个关注点(在第6章讨论过)。仅仅知道必须在顾客得知他们拖欠账单的十天内给他们打电话是不够的(就像GEFS必须做的那样)。你必须知道拨打电话需要多少电话接线代表、工作站计算机支持系统、电子跟踪系统和财务信息系统。

再次,在企业的经营过程中,存在着许多极其危险的假设。例如,我们已经看到,许多有洞察力的创业经理想当然地认为现有的销售团队会很乐意出售他们品牌全新的产品。事实上,在大多数情况下,销售人员更愿意继续销售那些他们明确知道会得到佣金的产品。即使他们会花时间去了解新产品,也不会花时间在销售上,因为销售新产品他们很少能得到适当的补偿。

最后,你的可交付成果越复杂、集成度越高,竞争对手就越难复制。我们从花旗银行的吉姆·贝利(Jim Bailey)那里学到了这些智慧,贝利多年来一直负责该公司利润丰厚的信用卡业务。他声称,"竞争对手或许可以雇用我们的员工,复制我们的流程,然而,只要不接管我们的整个业务,它们就无法复制我们公司层面的整体交付能力。"[7]

不用花一分钱,你就可以在一个简单的电子表格上构建一个公司可交付成果规范参数。缺点和不合理的假设往往就明摆着,让你有机会不付出失败的惨痛代价就可以避免彻头彻尾的错误。

检验假设

对你的假设进行记录和检验，这是探索驱动计划与传统计划之间最大的区别。在探索驱动计划中，整个计划是围绕着以最小的成本将最大数量的假设转换为知识来组织进行的。大多数公司未能记录和检验他们的假设。

可交付成果参数的设定列出了所有会影响业务达成的运营活动的假设。与可交付成果参数的设定一起，你还将进一步开发一份关键假设清单，该清单将随着计划的进行而被重新检验。在新信息零零碎碎出现的情况下，检验假设是至关重要的。当期望值的累积影响最终显现时，看似很小的负面差别也可能是毁灭性的。

设法达成里程碑

里程碑是关键性的、可识别的时间节点，你需要在这些时间节点上检验关键假设。[8] 我们将里程碑的设定，以及在每个里程碑处所要查验的假设与规划过程的其余部分联系起来。在当前知识的限制条件下，力所能及地制订详细计划，然后暂停，重新审视你的假设，并在每个里程碑处重新做计划。

在高度不确定的情况下，你无法按计划去验证你之前的预期，因为它们在很大程度上只是假设而已。在这种情况下，按计划去学习更重要。正如专栏 10-3 所展示的那样，实现目标的唯一方法是学习。

专栏 10-3　如何计划学习把宇航员送上月球

美国太空计划的历史生动地说明了计划学习的力量。美国国家航空航天局（以下简称 NASA）成立于 1958 年。当时，人们对苏联于 1957 年 10 月 4 日成功发射人造卫星"斯普特尼克 1 号"（Sputnik-1）感到惊愕。从 1958 年 1 月 31 日美国发射第一颗人造卫星"探险者 1 号"（Explorer 1），到 1969 年 7 月 20 日（美国时间）阿姆斯特朗首次踏上月球，NASA 在极端不确定的情况下面临着前所未有的挑战。

1961 年 5 月 25 日，美国总统约翰·肯尼迪（John F. Kennedy）承诺，美国将在 1970 年前实现人类登月。在他宣布这一消息前不久，艾伦·谢泼德（Alan Shepard）做了一次 15 分钟的亚轨道飞行，这是人类在太空中走得最远的一次。透过三个航天计划——水星计划、双子座计划、阿波罗计划（最终带来了人类首次着陆月球的成功）可以看出，NASA 的火箭科学家面临着一个巨大的、持续的学习挑战。

NASA 组织学习的方式对所有需要应对不确定性挑战的组织都具有启发意义。NASA 提前系统地确定了每个项目的主要里程碑。宇航员在登上月球之前，必须先进入轨道。在他进入轨道之前，需要开发可靠的发射和回收技术等。接下来，NASA 为每一个阶段规定了工作人员需要学习的内容，以获得进入下一阶段的最大信心。换句话说，该组织详细说明了在每个阶段需要测试和检验哪些假设，以便 NASA 的工作人员能够获得进入下一阶段所需的知识。NASA 将详细计划下一个主要里程碑。

每达到一个里程碑，工作人员就会重新审视他们的假设，并根据他们所学的内容重新规划。NASA 通过系统地将假设转化为知识，并在新认识出现的情况下重新定位其活动，真正掌握了往返月球的方法。[a]

注释

a. National Commission on Space（1986）.

要确定里程碑，可以从项目展开时可能发生的主要事件开始。制造业项目的常见事件有概念测试、模型开发、焦点小组测试、原型制作、市场测试、试点工厂、全规模工厂（full-scale plant）初始运行、初始销售、初始回报、重新设计等。即使你不能控制每一个里程碑的结果，它仍然是一个主要假设被揭示正确与否的节点。例如，第一个竞争性的响应应该被确定为一个里程碑，即使你不知道它什么时候会发生或者什么会导致它发生。

下一个挑战是排序。在你学习的过程中，你需要一系列的事件来减少现金消耗和降低公司的期望。例如，在你成功完成技术开发所需的所有发明之前，不要向高管承诺推出日期。在你彻底分析完来自试点工厂的证据之前，不要建立一个全规模工厂。在你知道如何进行销售之前，不要给你的服务和配送岗位配备人员。

里程碑计划的输出是一个里程碑/假设图。其最简单的形式如图 10-1 所示。寻找你的假设和你的里程碑事件之间的联系。如果存在这样的联结，请在适当的框中标记 X。对于每一个里程碑，你不应该有一个模糊的假设，你要么有一个详细的参数说明（如"电池寿命必须至少为 × 小时"），要么有一个计算结果（如"博伊西的预期市场渗透率是 20%，这帮助我们确定了一个初始的市场规模 ×"）。

假设	里程碑 1	里程碑 2	里程碑 3	里程碑 4
A	×		×	
B	×	×	×	×
C			×	×
D		×		

图 10-1　里程碑 / 假设图

这里有两条铁律请牢记：①里程碑事件的出现一定会触发假设检验。如果里程碑事件出现但没有触发假设检验，那你就应该继续思考，因为你很可能忽略了一个重要的假设。②如果你不知道应该在何时用里程碑对假设进行检验，那就绝不应该让这个假设进入你的计划。如果你发现必须做出假设，但是没有当前的里程碑来测试它，那么你可能需要创建一个里程碑。许多假设将会在不同的里程碑上被一次又一次地测试——比如价格、特性和必备的性能，这些假设应该被仔细地检验很多次。

每一个好故事都需要一个英雄，探索驱动计划自然也不例外。在探索驱动计划中，英雄就是"假设的监护者"（keeper of the assumptions）。这类人在每个里程碑处收集关于最关键的假设的信息，更重要的是，他们还将评估这些信息对整个业务模式的影响。这些信息构成了对项目进行批判性审查的基础，在每个关键的里程碑处都应该进行审查。一个关键的里程碑会提供许多假设的证据。在进行这样的审查时，你延迟的时间越长，面临风险的投资金额就越大——如果你太晚决定重新定向项目的话。在审查中应提出的问题如下：

◇ 关于我们假设的正确性，我们有什么新的证据？

◇ 哪些假设需要重新修改？

◇ 需要做出哪些新的假设？

◇ 新出现的上涨能继续证明下跌风险是合理的吗？

◇ 目标能够完成吗？还是我们应该修改目标？

◇ 是否发现了新的机遇？

◇ 如何才能跨越下一个里程碑？

◇ 我们需要改变方向、扩大或缩小规模、加快或放慢速度、暂停、形成一个联合项目、获得许可、出售或中止吗？

探索驱动计划不仅是现实的，而且比传统的新业务规划方法更具有激励作用。它允许人们去学习，而不是让他们觉得有义务去证明计划和现实之间的差异。

厉行节约

厉行节约的准则直接来源于实物期权推理。这一准则要求组织中的人员找到富有想象力的方法，在关键假设得到检验之前，将投资和投入最小化。

厉行节约要求你要想办法，尽可能避免在资产方面做出投资和在固定成本方面做出投入，直到收入流可以证实它们的合理性。这一准则背后的哲学是，资产和固定成本是通过收入挣回来的。厉行节约的准则首先会对你的里程碑产生影响——那些可能使你投资资产并失去灵活性的里程碑是需要推迟的。投资资产只能作为万不得已的手段。尽可能把固定投入转变成按次付费或以分包的方式来支付。只要你记住这一点，你就不会让自己处于费力不讨好的境地，不用费劲去给你的投资者解释现在为什么要关闭你之前极力劝说他们投资的设施。此外，你可能会选择花一点钱来检验那些有重大负面影响的假设。

厉行节约的准则要求你在花费金钱之前让人们先"花费"他们的想象力，包括忍受小的损失以避免大的损失。

创建一个探索驱动计划：花王的创业项目

为了演示如何创建探索驱动计划，我们将参照日本花王株式会社（Kao Corporation，花王）的一次重大战略尝试。[9]花王的创业项目就是一个很好的例子，原因有几个。这是一个让公司远离核心业务的创业项目，具有高度的不确定性，我们也可以从公开的数据中重建其最初的业务模式。而且，这个例子很好用，因为它在很多方面显示了一个新业务的计划与一个现有业务的计划有何不同。通过这个例子，我们还将向你展示如何创建五个文件，它们共同构成了探索驱动计划的有形核心。这五个文件分别是：逆向财务报表、关键比率比较表、可交付成果参数设定表、关键假设清单和里程碑/假设图。

花王是一家有数百年历史的肥皂和化妆品制造商，在20世纪70年代末，它已经成为一家成功的磁介质工业表面活性剂供应商。1981年，该公司开始研究是否可以利用其表面活性剂技术在磁介质行业中占有一席之地。截至1986年年底，3.5英寸磁盘㊀在美国的需求量约为5亿张，在欧洲为1亿张，在日本为5 000万张，预计未来的年增长率为40%。这意味着到1993年，全球磁盘市场将超过60亿张。其中约三分之一来源于原始设备制造商（original equipment manufacturer，OEM）市场，每张磁盘的行业价格预计约为180日元（按1993年1月1日125日元兑1美元的现行汇率计算约为1.44美元）。

质量和可靠性对原始设备制造商（如软件开发人员）来说是特别重要的产品特性。在CD-ROM出现之前，磁盘是软件产品的主要载体。有缺陷的磁盘对顾客关于软件（而不是磁盘）质量的感知有着破坏性的影响。花王的管理层认为，花王可以把它从磁盘行业获得的工艺知识与它在表面活性剂方面的技能相结合，生产出质量更高的磁盘，其售价也将远低于目前的产品。对于一个处于非常成熟的行业中的公司来说，将其当前关于流程的深刻洞见部署到信息技术/计算机行业是非常有吸引力的。

构建框架

现在让我们介绍一下逆向财务报表，它使得"构建框架"准则具有高度可操作性。正如该工具的名称所暗示的那样，如果使用逆向财务报表，你将从财务报表的底部开始，而不是从财务报表的顶部开始。你不是从先估计收入，再通过利润表来估计利润开始，而是从所需的利润、所需的资产回报率和所需的成交量开始。然后，确定所需的收入水平，最后确定可行的成本和投资。它是这样的：

所需的利润 = 所需的收入 − 容许的成本

所需的资产回报率 = 所需的利润 / 容许的资产

㊀ 磁盘是一种使用磁介质存储信息的存储器。

所需的成交量 = 所需的收入 / 容许的价格

你在第 2 章看到了逆向利润表的开始部分。逆向利润表让业务面临的挑战变得清晰且现实。它使你可以清楚详细地明确新业务将如何真正改变底线。正如我们在第 2 章中所讨论的，由于缺乏更好的想法，我们把利润增长 10% 作为指导方针，当业务在稳定状态下运行时，这是最起码和必须要达到的业绩目标。

前面我们提到了业务单位，花王磁盘创业项目有一个非常简单、直接的业务模式，业务单位是磁盘销售。这使我们能够编制 1988 年花王的逆向利润表（见表 10-1）。

表 10-1　花王公司 1988 年业绩数据

净销售额	4 900 亿日元（合 39.3 亿美元）
税前利润	370 亿日元（合 2.96 亿美元）
销售利润率	9.5%
资产收益率	8%
1993 年每一磁盘原始设备制造商客户价格预测	180 日元（合 1.44 美元）

从这些数据衍生出来的框架会是什么样子？要使这项业务创新产生价值，对磁盘等新技术的高风险投资必须大幅提高花王的底线利润。如果我们假设这个数字是 10%，那么当项目达到稳定状态时，利润就是 40 亿日元。正如我们在第 2 章中所提到的，如果你想要使你的企业进入越来越有吸引力的战略竞争领域，盈利能力的提高也应该被详细说明。在公司已经实现了 8% 的资产收益率（ROA）的前提下如果我们假设 ROA 有 2% 的增长，那么磁盘业务将必须提供 10% 的 ROA（至少要补偿增加的风险）。我们还指定，新业务必须实现比现有业务更好的销售利润率，例如，增加 0.5%。这意味着，磁盘创业项目必须有潜力实现 10% 的销售利润率。注意，增加的利润和盈利能力事关你的战略选择。

不需要在业务上投资一分钱，你现在就可以开始探索它的范围。为了将花王的总利润提高 10%，这个磁盘项目需要为花王带来 40 亿日元的利润。然后，你从这个项目来看看需要什么收入。对于 10% 的销售利润率，需要的收入是 400 亿日元。在 10% 的利润增长目标下，全球范围内制造、销售和分销磁盘的总允许成本不能超过收入的 90%，即 360 亿日元。要实现 10% 的资产收益率目标，花王的投资不能超过 40 亿除以 10%，即 400 亿日元的资产。

同样的逻辑也适用于公司必须出售的磁盘数量。第一个假设与价格有关。如果花王要打入一个成熟的市场，即使质量上乘，也不太可能通过收取标准价格而成功。因此，进入一个既定的业务将要求该公司以较低的价格出售其磁盘。假设花王磁盘的预计售价将低于 1993 年的估计价格（每张 180 日元），并以每张 160 日元的价格出售其磁盘。因此，为了获得 400 亿日元的收入，公司需要销售 400 亿日元除以 160 日元 / 张，即 2.5 亿张磁盘。表 10-2 总结了花王的磁盘项目面临的挑战。

表 10-2　花王的磁盘项目面临的挑战

要求增加 10% 的总利润	40 亿日元（合 3.2 亿美元）
提供 10% 销售利润的必要收入	400 亿日元（合 32 亿美元）
160 日元每单位时必要的单位销售	400 亿 /160= 2.5 亿单位

建立了所需的项目范围之后，你就可以勾画出初始逆向财务报表了，见表 10-3。有了清晰的计划框架，下一步是对现实的查验。

表 10-3　初始逆向财务报表

逆向利润表	
要求增加 10% 的总利润	40 亿日元
提供 10% 销售利润的必要收入	400 亿日元
提供 10% 销售利润允许的成本	360 亿日元
逆向资产负债表	
实现 10% 的 ROA 允许的投资	400 亿日元

查验市场现实

了解你计划进入的市场空间是否能够支持你需要的数量是至关重要的。在这里，你可能需要做一些研究，重点是保持简单。让我们看看这对花王有什么用。

从业务框架来看，我们知道花王必须销售 2.5 亿张磁盘才能获得所需的利润。就花王而言，磁盘有三大市场。首先是个人终端客户，他们购买磁盘来备份数据并在机器之间共享数据。他们通常在计算机商店或通过办公用品商店购买磁盘。其次是企业客户，它们通常通过传统的供应商购买磁盘，目的与个人终端客户相同。最后是原始设备制造商客户，它们购买磁盘来装载软件，然后与相关的计算机硬件一起发货，或者作为独立的软件产品出售。

哪个是花王的目标客户群体呢？这需要考虑每个主要细分市场的消费链的搜索环节（见第 4 章）。一方面，花王无法获取电子产品的客户或分销商在消费链中的搜索环节，尤其是在日本之外。而且，那些知道花王的客户很可能会将它的名字与它的肥皂和清洁剂品牌联系起来——在客户心目中，花王作为一个磁盘制造商是没有任何正当性或合法性的，这意味着花王在选择环节上处于不利地位。企业客户细分市场也存在类似的担忧——试图将一种你从未生产过的产品卖给厌恶风险的生产经理并不容易。

而另一方面，原始设备制造商市场没有这些缺点。它不仅足够大，而且这些客户根据技术规格做出购买决定，并且它们拥有测试磁盘的技术能力。此外，价格和质量对它们来说同等重要。如果你们能以低于它们支付的价格满足它们的质量要求，订单就是你的了。下一个问题是，这样是否真的可行。

为了证明进入磁盘行业的合理性，花王需要在 1993 年达到预期的稳定收入时占领全球原始设备制造商市场的 25%。这意味着花王别无选择，只能进入全球市场。进入全球市场的必要性又进一步强化了这样一种假设，即该公司必须以低于现有公司的价格进入市场，因为这样进入全球竞争对手的市场份额几乎肯定会导致重大的价格波动。这就提出了营销的挑战——你能以高质量的产品获得 25% 的全球市场份额，但只有 10% 的价格折扣吗？

接下来，你要做的是确定关键比率的准则（第 6 章），并详细说明如何创建比竞争对手更好的业务模式。关于花王磁盘业务关键比率比较的一些运营参数设定如表 10-4 所示。

表 10-4　磁盘业务的关键比率比较

	行业	花王
原始设备制造商市场占有率	10 亿单位需求被 8 个主要厂家瓜分	25%（一股独大）
每条生产线的有效生产能力（考虑到报废、返工、维护和安装后）	每分钟 25 张磁盘	每分钟 25 张磁盘
设备在技术报废前的有效寿命	3 年	3 年
销售利润率	12%	10%
表面活性剂材料成本	27 日元/张	20 日元/张
预计给原始设备制造商的单位售价	180 日元	160 日元

请注意，花王并不期望在每个方面都有优势。它没有理由相信自己会比竞争对手实现更好的资产利用率、生产率或设备折旧。花王唯一真正的优势来自其拥有的表面化学和表面物理知识所带来的优越质量和较低价格。这些知识可以用于提高质量和降低材料成本。以这种方式列出挑战，可以更清晰地识别市场、技术和运营方面的挑战。

设定可交付成果的参数

磁盘创业项目的下一步是设定可交付成果的参数。为此，花王的管理人员需要对销售、制造、交付和管理项目所必需的物流活动做出假设。与第 6 章中的关键比率练习一样，在这个阶段中，你可以从各种来源获得初始假设。关键不在于寻求详细的数字，而在于建立一个合理的关于项目的经济和物流模型。

最重要的假设不一定是最容易评估的。我们提出这一点是因为大多数人倾向于分析那些容易评估的东西，而这些东西可能根本不重要。例如，我们看到了一个价值数百万美元的企业商业计划，其中工厂的每单位能源和材料成本都精确到了小数点，而关于销售额的预计却只是根据一个瞎猜的第一年销售额推断出来的。

当你在创建可交付成果的参数时，像我们在表 10-5 的最后一栏中所做的那样，记录你的思想过程是很有帮助的：这个数字是你计算出来的吗？你从网上查阅相关信息了吗？这是一种假设吗？表 10-5 展示了花王可交付成果的参数设定的一部分。

表 10-5　可交付成果的参数设定

说明	估计	估计来源
需要的利润率	销售额的 10%	管理要求
单位售价	160 日元	基于市场需求所做的假设
所需单位磁盘销售	2.5 亿张磁盘	计算
固定资产投资 / 销售	0.8 : 1	行业标准
每条生产线的有效生产能力（考虑到报废、返工、维护和安装后）	每分钟 25 张磁盘	行业标准
到 1993 年世界原始设备制造商市场的规模	10 亿张磁盘	顾问推测

（续）

说明	估计	估计来源
销售费用		
原始设备制造商每个订单的平均规模	1万张磁盘	与IBM和惠普的电话沟通
所需的磁盘销售数量（同上）	2.5亿张	计算
需要的销售订单数量（2.5亿/1万）	2.5万个订单	计算
一笔销售所需电话的数量	4通	新雇用员工以往的工作经验
每年需要的销售电话数量	10万通	计算
每个销售人员每天的原始设备制造客户销售电话	2通	新雇用员工以往的工作经验
每年所需的销售日的数量（10万/2）	5万个销售日	计算
每年销售250天（所需销售人员数量=5万/250）	200个销售人员	计算
每名销售人员年薪	1 000万日元	假设
销售总薪酬（200×1 000万日元）	20亿日元	计算
每10 000个磁盘订单需要一个集装箱	25亿日元	根据托运人当前报价表所做的假设
每年有25 000个订单，平均每个集装箱的运输成本是10万日元		
生产费用		
每分钟25个的有效生产能力=每年350天生产1 250万张磁盘	每条生产线1 250万张磁盘	计算
需要的生产线数量（2.5亿张磁盘/每条生产线1 250万张磁盘）	20条生产线	计算
支撑一条生产线（包括所有功能）所需的人数：假设每条生产线3班、每条生产线10人⇒每条生产线30人	600名生产员工	基于当前行业经验的假设
生产工资=每人每年500万日元（600×500万日元）	30亿日元	计算
原材料单位成本：假设20日元	50亿日元	基于竞争对手成本分析的假设
包装：每包10张磁盘40日元	10亿日元	假设
折旧费		
假设高科技工厂每三年更换一次。折旧=3年320亿日元的投资	每年107亿日元折旧	基于行业标准所做的假设

这个想法是建立一个涵盖所有需要的商业活动的画面，记录它们将如何实现的

假设,并且(最重要的是)记录下来这些活动如何联结以及假设将如何被检验。正是在建立这种联系的过程中,公司会犯典型的错误——它们会建立模型,然后在新信息出现时忘记检验活动和假设之间的联系。例如,如果你对销售人员一天能打多少电话或者他们需要打多少电话才能保证订单的估计是错误的,那么你的整个销售成本预算就可能是错误的。因此,业务的展开逻辑应该反复循环回到逆向利润表和资产负债表。表 10-6 显示了花王是如何做的。

表 10-6　修订后的逆向财务报表

逆向利润表	10 亿日元
要求的利润	4.0
10% 的利润率时需要的收入	40.0
允许成本(销售额的 90%)	**36.0**
销售人员工资	2.0
生产工资	3.0
变动性生产成本	5.0
包装	1.0
运输	2.5
折旧	10.1
允许的最大管理和间接费用	**6.4**
允许的总成本	**36.0**
逆向资产负债表	
允许投资	**40.0**
固定资产是销售额的 0.8 倍	32.0
允许的其他资产总额(存货和应收账款)	**8.0**

至此,项目执行的工作变得更加清晰。就花王而言,只有在企业能够完成一些重大挑战时,这个项目才有价值。具体挑战如下。

1. 凭借优越的品质和相对于竞争对手预期的每张 20 日元的价格折扣,赢得 25% 的全球市场份额。

2. 保持至少与一般竞争对手相同的资产生产率。

3. 使用先进的材料技术来生产磁盘,单位成本是 20 日元,而不是 27 日元。

4. 支持不超过 80 亿日元库存和应收账款的全球业务。

记录假设

当我们为花王准备可交付成果的参数设定时,我们开始警惕假如计划是真实的,我们将会做出哪些假设。[10] 我们在假设清单中列出了其中最重要的一条。清单应该为激烈但有准则的辩论提供背景。例如,在迄今为止的计划中,我们已经做出了一个隐含的假设——即使花王在与老牌竞争对手的竞争中获得25%的份额,价格也将维持在160日元左右。即使以牺牲盈利能力为代价,资产密集型企业也希望保住市场份额,这可能是一个关乎命运的假设。[11]

此时,你可以通过评估业务模式对某些基本假设变化的敏感性来确定其稳健性。为此,我们回忆起了在我们讨论实物期权时提到的一个基本原则。对于企业来说,有些不确定性是比较容易控制的。例如,定价就是你可以做出的一个决定。其他不确定性超出了你的控制范围,这意味着你除了应对它们之外别无选择。我们把同样的逻辑应用到我们所做的假设上。有些假设是内部推导出来的,反映了我们认为我们会做什么——我们称之为内部假设。其他的假设则是来自外部的,它们反映了我们认为在我们无法控制的环境中将要发生的事情,我们称之为外部假设。例如,花王对获得订单所需的销售电话数量几乎不能控制,但它可以在更大程度上控制销售人员一天内的销售电话数量。在清单中,明确假设的类型是内部假设还是外部假设(见表10-7)。

表 10-7 假设清单

假设编号	假设内容	假设类型	范围
1	利润	内部假设	±10%
2	每张售价160日元	内部假设	−25%
3	固定资产投资/销售	外部假设	±20%
4	每条生产线有效生产能力	外部假设	±15%
5	1993年世界市场规模	外部假设	±20%
6	1993年世界原始设备制造商市场规模	外部假设	±20%
7	平均每个原始设备制造商订单的规模是10 000张磁盘	外部假设	+100%
8	每个原始设备制造商订单所需的销售电话	外部假设	+100%
9	每个销售人员每天的原始设备制造商订单销售电话	内部假设	±50%
10	每年的销售天数	内部假设	±5%
11	每年销售人员的工资	内部假设	±5%
12	每个订单需要的集装箱	内部假设	100%
13	每个集装箱的运输成本	外部假设	±25%
14	每年的生产天数	内部假设	±5%

(续)

假设编号	假设内容	假设类型	范围
15	每条生产线的工人（每条生产线 3 班，每班 10 人）	内部假设	±10%
16	每年生产工人的工资	内部假设	±10%
17	每张磁盘的材料成本	外部假设	±10%
18	每 10 张磁盘的包装成本	外部假设	±15%
19	高科技工厂的平均寿命	外部假设	±25%
20	允许的管理成本	内部假设	计算
21	有竞争力的价格	内部假设	±25%

为了得到业务模式对假设变化的敏感性，要么手工计算变量变化的敏感性，要么通过估计可能的范围建立仿真。如果你没有任何线索，这个范围应该很大。如果你有相当的自信，你可以使用较小的范围。例如，在表 10-7 花王的假设清单中，订单大小（假设 7）和每个订单的销售电话数量（假设 8）的范围比每年的生产天数和销售天数反映了更大的不确定性。还请注意，价格指定的范围是从 160 日元到下跌 25%，而订单大小指定的范围是从 10 000 到上涨 100%。

在建立了范围之后，你可以使用仿真技术来测量整个模型对各部分变量值变化的敏感性。运行软件仿真是一件相对简单的事情，在软件仿真中，计算机程序从你指定的概率分布中随机抽取模型中的变量，并估计模型在多次重复尝试后将返回什么结果。[12] 这允许你识别所需性能参数最敏感的假设。这些假设，以及任何你认为重要的其他假设，都是在你的计划通过其主要里程碑时，应该选择进行仔细检验的。

对内部和外部假设分别运行仿真是有意义的。[13] 外部情境表明你的环境有多动荡，而内部环境表明你有多谨慎。尽管每家企业都有自己的一组核心假设，但至少你应该处理表 10-8 中列出的那些假设，或你所进入特定行业的相应假设。

表 10-8　对任何新业务的关键假设

我们的盈利模式是什么
◇ 业务单位
◇ 成本、资产、收入结构和时机
◇ 主要障碍和突破障碍的可行性

谁是我们的顾客
◇ 谁会买，为什么买：数量、黏性和频率
◇ 制造或减少产品、服务使用阻力的力量
◇ 我们不同的细分市场表现如何
◇ 市场增长率

（续）

- ◇ 完成目标量和份额的成本和时间
- ◇ 我们怎样才能找到客户，我们的销售渠道是什么，我们将如何获得它们

我们如何竞争
- ◇ 与市场需求相关的功能特性
- ◇ 与竞争产品相比的优势
- ◇ 产品优势持续时间
- ◇ 产品成本和质量的可控性
- ◇ 服务要求及成本

谁是我们的竞争对手
- ◇ 不同类别的竞争需要不同的行动
- ◇ 可能的回应：价格、产品、功能、服务、营销策略
- ◇ 做出回应的能力
- ◇ 做出回应的动机

我们该怎么办
- ◇ 能够按要求的规模生产
- ◇ 关于生产周期的特定优势——时间领先
- ◇ 可以获得具备所需知识和技能的员工
- ◇ 开发时间和成本
- ◇ 没有"借来的"或廉价的资源，业务还能独立存在吗

我们的经济状况如何
- ◇ 达到现金收支平衡所需要的现金
- ◇ 每日、每周、每月盈亏平衡
- ◇ 数字被分解成可操作的部分
- ◇ 达到盈亏平衡和盈利目标所需的投资
- ◇ 毛收入和净利润
- ◇ 达到上述要求所需要的时间
- ◇ 在不同业务量水平上的成本、利润、损失

我们应该期待什么样的内部问题
- ◇ 关键角色的支持
- ◇ 可以获得合格的管理人员
- ◇ 创业在当前企业管理实践（计划、绩效评估和控制）下的生存的能力

计划在关键的里程碑上学习

探索驱动计划的核心是重新计划。通过缩短你的里程碑和假设清单，重新计划将会带来很大的方便。当你投入精力想出数百个假设和里程碑时，你就不会忍心把它们扔进碎纸机，也不会有精力去重新计划，所以把里程碑的数量控制在20个以内。

有了里程碑之后，你现在需要将它们与最关键的假设联系起来。同样，少即多——坚持只保留 20～30 个最重要的假设。尽量包含更多难以检验的假设，而不是简单的假设。如前所述，简单的问题通常是最不重要的。还要确保你的清单上有高影响、低概率的假设——这些都是影响业务的因素。

关键假设具有以下一个或多个属性：

◇ 它们影响项目的许多元素。

◇ 它们对关键结果的影响最大。

◇ 它们建立或破坏了基本的可行性：如果它们错了，你就不能达成商业预期。

◇ 它们促成重大的投资承诺。

◇ 微小的偏差或变化都会产生巨大的影响。

表 10-9 列出了花王的关键里程碑以及可能在每个里程碑上检验的假设（表 10-7 显示了假设数字所指的内容）。根据这些信息，你可以创建一个里程碑/假设图，如图 10-2 所示。

表 10-9　花王里程碑事件和假设检验清单

里程碑序号	里程碑事件	假设检验
1	市场研究	1、2、3、5、6、17、18、19
2	可行性研究	2、3、4、7、8、11、12、13、14、15、16、19
3	原型磁盘	17
4	客户技术检测	2、7、17
5	外包生产	1、3、4、15、16、17、18
6	外包生产的销量	1、2、7、8、9、10、11、12、13
7	购买现有小型工厂	3、4、13、14、15、16、17、18
8	外购工厂的试点生产	3、4、13、14、15、16、17、18、20
9	全面建设工厂	1、2、3、4、13、14、15、16、17、18
10	竞争对手反应	5、6、21
11	第一个主要的经销商签约	2、7、9
12	重新定价分析	1、2、17、18、19

	里程碑											
假设	1	2	3	4	5	6	7	8	9	10	11	12
1	×				×	×			×			×
2	×	×		×	×	×			×		×	×
3	×				×		×	×	×			
4		×			×		×	×	×			
5	×									×		
6	×					×				×		
7		×		×		×					×	
8		×										
9						×					×	
10						×						
11		×				×						
12		×				×						
13		×					×	×	×			
14							×	×				
15		×			×		×	×				
16		×			×		×	×				
17	×		×	×	×		×	×				×
18	×				×							×
19	×	×										×
20								×				
21										×		

图 10-2 花王磁盘创业项目里程碑 / 假设图

请注意,在表 10-9 中,里程碑可以被明确地设计为假设的检验。以里程碑 3 "创建一张原型磁盘"为例。在花王进入制造阶段之前,它使用外包生产的原型磁盘检验了关于可接受的价格和质量的假设。尽管花王为外包生产的磁盘支付了一大笔钱,把它们作为原型提供给潜在客户,确保自己没有建造昂贵的工厂,但结果却发现自己在做出一些关键假设时犯了错误。通过这个过程,花王检验了几个关键的假设:是否符合技术规格,客户是否会购买上面写着"花王"的磁盘,质量是否很重要,以及客户认为什么样的特性重要。

练习厉行节约

在整个过程中,记住你的主要目标是以最小的成本最大化学习。运用实物期权推理，有时你甚至可能只花一点钱就能避免巨大的损失。

为了成功，花王必须至少保持与主要竞争对手相同的资产生产率。对于一个以前从未做过磁盘的资产密集型行业的公司来说，这确实是一个艰巨的挑战。仅固定资产一项就需要 320 亿日元的最终投资（关键的资产销售比为 0.8）。

花王能否收集有力的证据来证明这种资产密集型投资的合理性呢？这个检验有点实物期权的味道。在建设一个全规模工厂之前，花王首先从一家现有的小型磁盘制造商那里购买了一条生产线，从而获得了生产能力。花王后来从这家已建工厂的原所有者那里得到了教训，而不是试图一开始就全规模运营。一旦花王的工程师能够证明他们有能力在一条生产线上生产出质量和成本都符合要求的磁盘，花王就可以更有信心地建设全规模工厂了。

厉行节约的好处是可以进行战略试验。只要能把每一项研究的成本保持在较低的水平，就可以进行更多的试验。

专栏 10-4 讲述了花王的磁盘业务发生了什么。花王管理层所忽视的一个战略问题是，除了高质量、低成本外，他们没有有效的机制来区分他们的产品。主要通过质量和成本竞争的策略太容易被模仿——总有一些竞争对手，它们的固定资产成本高，但劳动力成本低，或者仅仅是为了得到业务就愿意接受更低的利润率。

专栏 10-4　后记：花王的狂喜和痛苦

花王确实决定启动它的磁盘项目。1990 年，它成为美国最大的磁盘生产商。到 1992 年，花王在美国的销售额达到了 300 亿日元（约合 2.4 亿美元），而每张磁盘的成本仅为 100 多日元（约合 0.80 美元）。到 1994 年，当我们为《哈佛商业评论》撰写有关探索驱动计划的首篇文章时，它已在磁盘业务中占据了世界领先的市场份额，并且是原始设备制造商市场最大的单一供应商。截至 1997 年，花王是全球最大的磁盘生产商（同时还生产 CD-ROM 等其他媒体设备），每年生产 4 亿张磁盘。

对花王来说，不幸的是，它并不是唯一一家意识到磁盘制造有利可图的公司。而该公司是一个普遍的致命假设的受害者，即使面对竞争者进入市场争夺市场份额的危机，它也维持价格不变。

由于磁盘行业除了制造商自身的工艺和制造技能之外没有任何竞争绝缘，其他公司开始热切地追求磁盘业务。在花王看来，这些公司迫切需要收入和国外业务，它们乐意购买二手和低效的磁盘制造设备。然后，它们利用低廉的劳动力成本，以极低的利润制造了大量磁盘，给整个行业带来了巨大的价格压力。这是戏剧性的，而且发生得很快。1992年1月，磁盘制造商的价格大约是 0.75 美元/张。同年12月，价格暴跌至 0.25 美元/张，且没有任何反弹的迹象。

1998年4月23日，花王宣布将彻底停止生产磁盘。该公司将其在加拿大、德国、爱尔兰和美国的信息技术业务以约 3 750 万美元的价格出售给 Zomax Optical Media。尽管经历了这次挫折，花王仍被誉为日本最成功、最具创业精神的公司之一。

资料来源：Hoover's On Line（www.hoovers.com）as of July 2, 1999.

行动要领

下面的行动要领是为了让你着手实践本章所讨论的概念和过程。你可以灵活地用一种适合你公司的方式来阐述。

第 1 步：为你希望计划的每个项目设定一个清晰的框架。你可以回到第 2 章，回顾一下这些技术。

第 2 步：确定你认为的每个项目的关键比率和关键市场参数。以竞争对手和市场为基准，寻找利润的关键驱动因素。

第 3 步：编制逆向财务报表。

第 4 步：确定可交付成果的参数设定以实现基准目标。在整个过程中记录下你的假设。

第 5 步：制定假设清单，并将假设分配到内部或外部类型。设定反映假设不确定性的范围。

第 6 步：进行敏感性分析，看看你的计划对假设的变化有多敏感，并确定哪些假设是最为关键的。如果愿意，可以使用仿真系统软件包。

第 7 步：编制一个里程碑事件的列表，并对它们进行排序，这样你就可以在将关键假设转化为知识的过程中消耗最少的钱。不要把超过 20 个里程碑放在列表上——这意味着如果要重写几十个里程碑，你就不会想要重新计划。

第 8 步：确定最多 30 个最关键的假设，并确定检验它们的里程碑。创建一个关键的里程碑／假设图，以确保你没有忘记进行检验。指定一个假设的管理人。

第 9 步：自始至终奉行厉行节约准则。找到降低初始投资和固定成本的方法，直到你检验了最关键的假设。如果你不得不这样做，那么在进行大规模的固定成本投资之前，先进行适度的投资以检验关键假设。

第 10 步：在每个里程碑处重新审视假设，并在新涌现知识的基础上重新规划。

The Entrepreneurial Mindset

11 第11章
管理结果不确定的项目

在本章，我们将结束对适应性执行的讨论，转向讨论当结果高度不确定时，如何对项目进度进行评估和管理。[1]我们希望给你提供一些严谨的方法，并鼓励你按照一些准则"干中学"(learning by doing)。

当管理那些旨在抓住新机遇的项目时，你所面临的挑战是以如下方式引导团队成员：在鼓励他们发现新的能力和顾客解决方案的同时，不要强迫他们去应对传统项目管理所带来的概念束缚。正如探索驱动计划不依赖于传统计划的准则一样，以探索为导向的项目管理也需要不同于传统项目管理的全新准则，传统的项目管理更适用于处理常见领域的问题。

在我们看来，最大的问题是，很难找到好的度量方法去评估高假设/知识比率项目的进度。一般有三种方法可以用来评估表现：滞后指标，它揭示了已经采取的行动和决定的结果；当期指标，它告诉你当下的情况；先行指标，它让你知道你会去哪里。不幸的是，大多数公司的绩效管理系统都将注意力集中在滞后指标上——这些指标提供了大量已经发生且你已无能为力的事情的信息，而先行指标则很难运用起来。如表 11-1 所示，大多数公司在获取关于已经发生的事情的信息方面绝对没有问题。最难得到的数据是先行指标——这些数据暗示着事情的走向。[2]

表 11-1 指标

滞后指标	当期指标	先行指标
现有资源	市场份额	市场份额趋势
过去的利润	营收比率	积压订单或预购订单的趋势
最"困难"的数字	当前盈利能力	盈利能力趋势

本章的目的在于为你提供一种开发项目进度先行指标的方法，以帮助你了解事情的发展方向。我们推荐的诊断技术是基于调查的。我们将其称之为"加速竞争效率"(accelerating competitive effectiveness, ACE) 的过程，其背后的思想是花尽量少的资源，尽早提高你识别项目问题的能力。显然，越早重新确定项目方向越有利。[3]

为不确定的项目制定先行指标

对你已经启动的创业项目来说，底线是要获得一种能够创造竞争优势的新业务模式（对以效率为导向的项目来说，则意味着要创造更有效的业务）。

现在，我们开始寻找先行指标。这些指标可以帮助你判断一个项目是否在朝着正确的方向前进，这比大多数公司绩效管理系统的数据早得多。接下来，我们将采用一个医学上的类比。

如果我们用医生诊断患者的方式来处理涌现出的竞争有效性问题，那会怎样呢？医生接受的训练是评估疾病或健康的指标，而不是直接评判像健康这样复杂和难以理解的现象。具体而言，他们并不能直接评判儿童代谢系统的健康状况，但可以通过比较儿童的身高增速和体重增加情况来对其进行推测。因此，我们认为，也许我们也可以想出一个类似身高／体重的图表来开发有效的新业务。

从那以后，我们发现，即使在终点未知的情况下，对开发新的竞争优势领域的进展也可以进行监控，其障碍也可以得到诊断。这是因为新的竞争优势——或者说新的能力——是通过一系列可定义的过程来开发的。这些过程有一些会按顺序发生，尽管它们也是相互影响和相互依赖的。

业务驱动因素

通常，成功的新业务都要从定义模式概念开始。这些概念一开始都很粗糙，但随着时间的推移，它们会变得越来越精准，直到最后你会清楚地理解未来业务模式成功的真正驱动因素，并解决掉关键的不确定性。所谓"驱动因素"，指的是那些能够明显影响业务关键比率（第6章）的活动。以信用卡业务为例，在你彻底了解贷款和支付流程之前，你几乎不可能创造出令人满意的关键比率。在分销业务中，支付对现金流的影响同样至关重要。你制订的探索驱动计划（第10章）是基于你所拥有的最佳假设的，或显或隐地阐明了业务的关键驱动因素。当你的团队清楚这些关键驱动因素以及如何度量它们时，你就成功地减少了不确定性的主要来源，并为未来的业务奠定了基础。

团队效率

当团队对关键驱动因素了解得越多时，相关人员也会更多地了解彼此，了解各自需要承担的角色，以及如何在项目情境中完成工作。在早期，当驱动因素尚不明朗的时候，大多数团队的工作效率会很低——你将会看到对很多事情的反复确认，很多多余的文件流转，以及花费很多时间仅仅是为了学习如何在一起工作等问题。在一个朝着正确方向前进的项目中，随着对业务的理解开始加深，团队的工作效率也会提高。他们的工作将更加协调，更加有效。

日益增强的能力

随着对业务驱动因素的信心不断增强，以及团队效率不断提高，你的团队就会发现自己越来越有能力完成他们正在做的事情。这种不断增强的、可靠的、持续的目标实现能力是你的公司正在形成新能力的标志，我们在第 6 章中将其定义为使你能够可靠地实现目标的技能、资产和系统的组合。

涌现的独特性

正如我们在本书中所强调的，仅仅向你的顾客（或未来的顾客）交付标配和"可容忍"的产品是不够的。为了形成有竞争力的影响，你必须为未来的目标细分市场提供新的"加分项"和"兴奋点"，或者以某种有意义的方式消除"可容忍"项、"丢分项"和"致命缺点"。我们将提供这些属性的能力视为独特性涌现的证据。

涌现出的优势

随着时间的推移，你的团队将把逐渐涌现出来的独特性用于为特定的顾客群体创造轰动性的产品和服务。如果这些独特性能够避免直接的竞争攻击，那么就可以认为你的团队创造出了显著的竞争优势。

当然，在现实生活中，事情从来不会这么一帆风顺和井然有序。事实上，时常有意外发生，前进之门既敞开又关闭，团队在我们所描述的进程重点方面也会有所反复。一个看似高利润潜力的项目到头来可能一文不值，而一个看似失败的事情却可能会突然变成一个绝佳的机会。想想伟哥研发团队所走过的道路吧！我们现在都知道，该产品已成为一种非常流行和有利可图的治疗阳痿的药物。然而，当辉瑞公司最初开始研发这种药物时，是想用它来治疗心脏病患者的，这本是一个药物严重失败的案例。直到发现了它的其他副作用，这种产品才有了商业成功的希望。在创业初期阶段，对该产品是否有潜在"兴奋点"的测试失败了，从而导致了对其业务驱动因素的重新确定，并转向了一个新的不同类型的业务。我们将其视为一个优势链，用来表达这样一个观点——竞争优势并非仅仅来自一个项目要素，而是来自多个相互影响的项目要素。

诊断你的项目进程

我们已经开发了一套调查工具，你可以将其应用到正在进行的项目团队中，以便了解他们在构建每个潜在竞争优势中的位置。实际上，调查结果为你提供了团队方向的先行指标，即使在项目的早期阶段，在你整理出哪些度量方法有用之前，这些指标也是有用的。我们将管理和分析调查的过程命名为"加速竞争效率"（ACE），因为调查能让你尽可能早地采取行动来改进项目进程，从而加快你的进展。

获得数据

要进行 ACE 分析，需要召集一组人马，这组人马来自你想要诊断的创业项目。其经验法则是把对项目目标负有重要责任的每个人都囊括进来。如果可以，将他们打造成一个团队，并查看图 11-1～图 11-6 中的问题。在填写调查问卷的时候，对某些问题的理解通常会存在差异，你应该在团队内把这些问题说清楚。比方说，提到客户、产品、用户和顾客这些概念时，你会希望大家脑海中的概念都是相同的——因为这些词汇常常会引起混淆。接下来，让这些人按照调查问卷顶部的说明完成问题。在问卷完成后，大家的答案要交给一个愿意保密的人来分析。如果不能保证保密性，你就不能确保你得到的结果是公正的。我们推荐由你公司的会计或法务人员来履行这一职责。

有了答案之后，接下来就是对整个团队的回答计算平均值。如果有三个人回答了同一个问题，一个得分是 2，一个得分是 4，一个得分是 5，那他们作为一个团队，对该问题的平均得分就是 3.67（小数点后保留两位）。有了每个问题平均分之后，还要计算每个表中所有问题的总体平均值。例如，图 11-2 中有 18 个问题。因此，你应该把 18 个问题的平均分加总并除以 18。这将为你提供一个所有问题的总体平均值。为了度量变化，你还应该计算每个问题得分的标准差。这给了你一个衡量一致程度的标准——如果标准差很低，就意味着作答者的回答是相似的；如果标准差很高，则意味着回答不一致。有时候，这本身就是有价值的信息。还有一种不太准确，但仍然有用的变化度量方法，就是计算每个问题的极差，即组中最高分减去最低分。高极差意味着低共识，反之成立。

显然，你最初的注意力应该集中在平均分最低或分数变化最大的问题上，因为这是人们在建立竞争优势的过程中陷入困境的信号，或者是人们对正在发生的事情没有共识的地方。我们建议让团队成员集中起来重温一下之前的分析以及他们答案的含义。永远不要认为作答者提供的分数是"等级"。这可能会破坏整个练习的有效性。这些分数仅仅是分数——并不比温度计记录今天温度的高低值更有价值。在特定项目的背景下，根据潜在的假设，这些分数才能为你提供有用的信息。

团队的回答可能会指明一些值得花时间去解决的问题，这比在正常情况下发现这些问题要及时得多。例如，作答者经常会表示，项目将为顾客增加价值，提高响应能力并提高质量，但公司不会以溢价的形式获取这些价值。这可能会引发一场战略性的讨论：如果在利润率或利润上几乎得不到什么好处，为什么要为顾客做所有这些事情。有时，这么做是有很好的理由支撑的，例如，这么做可以重新获得市场份额或将顾客锁定在下一代升级产品中。但在其他时候，这表明你需要重新考虑项目的价值。还有一些时候，这个过程会引发一些问题，导致团队认为项目存在根本缺陷，而他们的才能本可以更好地用在对公司更有价值的其他事情上。

接下来，让我们来看看竞争优势产生的每一个过程。我们将引导你去解读团队对每组问题的回答。

建立团队对于业务发展驱动因素的理解

在高度不确定的环境中，项目通常在如下问题明确之前就启动了，尤其是期权类型的项目。这些问题包括：最终顾客是谁；为什么这个顾客想要我们团队正在开发的产品；必须做些什么来满足顾客的期望。在通常情况下，最终呈现的业务模式并不是团队一开始就想要的业务模式。因此，真正重要的是，团队要转向那些随着项目的进行浮现出的真正机会。

让我们举一些例子。根据一家金融服务公司的最初设想，其资产证券化产品的主要顾客应该是那些金融经验丰富的顾客，这些顾客希望实现应收账款等资产的现金价值，并愿意支付一些证券化费用。这家金融服务公司认为，它的顾客会热切地追求它的产品，将其作为众多融资手段之一。

随着项目团队在这些产品的销售周期方面积累了越来越多的经验，他们认识到，在顾客放弃其资产合法所有权的意愿方面，他们之前的看法大错特错了。事实上，这是一个比他们的预期更情绪化的决定。相反，真正的主要顾客（他们销售额的"前五名"）来自那些现金紧缺的公司，时间通常是在与销售人员第一次讨论之后两年或更久。令团队惊喜的是，与他们所预期的复杂的、锱铢必较的谈判不同，在压力之下的顾客对所收取的费用表现出了较高的价格不敏感性。尽管这种业务模式与最初的商业计划中所阐述的模式有很大的不同，但业务仍然得到蓬勃发展。

有时候，团队会发现他们发展出来的能力比他们想象中的更有价值。与许多日本公司一样，我们合作过的一家系统集成商认为，当公司在无纸文档传输产品领域竞争时，价格是主要问题。在评估了目标顾客的消费链之后，公司发现顾客的一个相当大的成本来自将文档传输系统集成到其现有硬件中。最终结果证明，为系统集成商创造优势的不是价格，而是新系统与现有硬件集成的能力。我们这个集成商的系统在这方面做得很好，但是这项特性以前从来没有被看作是一个能够带来竞争优势的"兴奋点"。

在另一个例子中，一家商业银行开发了一套计算机系统，它可以综合世界各地顾客账户上的现金余额信息。尽管该系统有许多有用的特性，但作为主要目标顾客的首席财务官们最感兴趣的却不是获得上述信息。他们喜欢的是系统所提供的易于操作的即时打印和下载功能，这让他们不必等待管理信息系统部门发布的特别报告，就可以获得和使用信息。这些顾客的反应令人震惊。人们只能猜测，他们原先与管理信息系统部门打交道有多么困难！

上述例子里，团队在项目开始时都不清楚是什么促使顾客购买自己的产品，以及哪些属性在顾客看来是最有价值的。随着你将假设不断转换为知识，你的团队也应该不断地研究驱动新业务模式的因果关系。图11-1中的问题将帮助你确定进度。如果团队成员认为"我们不知道目前的情况"，那么得分为1分；如果认为团队确切知道发生了什么，那么得分为5分。得分越低，假设/知识比率越大，关于业务模式最终利润驱动因素的不确定性就越大。

你认为你的团队在多大程度上理解项目的以下各个方面？用圆圈圈出 1、2、3、4、5。请注意，在某些领域，特别是在早期，可能会缺乏明确性。如果某一问题不适用，请在 N/A 栏中勾选。

左边的列是直接产生收入的项目，右边的列是不直接产生收入的项目。

直接产生收入的项目	我们不知道目前的情况			我们很清楚目前的情况		N/A	不直接产生收入的项目
主要收入来源	1	2	3	4	5	—	主要资金来源
关键顾客	1	2	3	4	5	—	关键客户或者用户
满足的顾客需求	1	2	3	4	5	—	满足的客户需求
满足需求面临的竞争	1	2	3	4	5	—	满足需求面临的内部竞争
顾客何地、何时以及怎样使用你的产品	1	2	3	4	5	—	客户何地、何时以及怎样使用你的产品
顾客的购买风险	1	2	3	4	5	—	客户的使用风险
如何为产品定价	1	2	3	4	5	—	怎样分析你的价值贡献
影响你业务的法律法规	1	2	3	4	5	—	影响你业务的法律法规
公司主要风险来源	1	2	3	4	5	—	公司主要风险来源
必要的支持服务	1	2	3	4	5	—	必要的支持服务
资源成本	1	2	3	4	5	—	资源成本
如何进行关键操作	1	2	3	4	5	—	如何进行关键操作
影响操作可靠性的因素	1	2	3	4	5	—	影响操作可靠性的因素
影响输出质量的因素	1	2	3	4	5	—	影响输出质量的因素
运营成本	1	2	3	4	5	—	运营成本
妨碍改进运营的主要瓶颈	1	2	3	4	5	—	妨碍改进运营的主要瓶颈

图 11-1　理解业务驱动因素

请注意，右侧的问题与不直接产生收入的项目相关，比如重要信息技术系统开发、流程改造、人力资源开发计划等等。这些流程不涉及外部的、需要付费的顾客，但是它们涉及内部客户。

图 11-1 中以顾客为导向的问题，直接反映了你的团队在第 3、4 章中进行的消费链和属性映射分析的成果。如果他们不能回答这些问题，那你可能需要重新进行这些针对潜在目标顾客群的分析。这组问题旨在衡量你的探索驱动计划中的可交付

成果部分，例如，团队是否理解业务模式中的成本驱动因素，哪些因素可能导致运营或质量问题，你是否面临着你没有理解的风险或法律法规方面的挑战。

最重要的是，得分可以反映团队对定价是否有信心。假设你的团队已经完成了这个调查。你现在看到的反馈报告显示，在这16个问题中，得分最低的问题与价格有关。请记住，分数不是由某个顾问单独给出的——它代表了你的团队对当前情况的看法。低分表明这个问题需要讨论。讨论的内容可以是各种定价决策本身的含义，也可以深究每个人立场背后的假设。

记下讨论的要点——这是一个好习惯，可以用来捕捉不同方法的倡导者所做的隐含假设。我们经常建议客户将这些讨论的要点扩展为我们所谓的问题报告，以便与高层管理人员进行讨论。为了写一篇问题报告，需要任命一名人员进行简短的陈述，概述问题并提出替代的解决方案（有时，你可以直接从你的探索驱动计划的运营参数设定中提取这些陈述）。这样，你就能探索替代方案，并为参与项目的每个人提供一个共同的参考点。

找出高假设/知识比率的领域，可以让你尽早将注意力集中在关键问题上。在与我们合作的一家保险公司中，有一项主要顾客服务方案，从第一轮调查后的讨论中可以清楚地看出，团队在如何定价以及项目的其他方面还存在很多困惑。团队汇总的问题文件表明，该服务旨在从根本上改变公司通过经销商分销产品的整体策略，但该团队目前还不具备提供这一服务的完备能力。要解决得分较低的问题，需要董事会对项目的最终目的和目标做出决策。

这项调查是对项目负责人的一个预先警报——在向董事会做报告前的几个月，他就意识到需要对项目的定价和分销策略做出决定。如果这几个月过去了，再按照董事会的最终决定去改变策略，就会浪费大量时间、金钱和精力，更糟的是，还会在经销商和顾客之间造成可怕的信誉问题。

图11-1中列出的问题度量了你的探索驱动计划中包含多少业务驱动因素的知识。低分数表明你仍在面对大量的假设。关于业务驱动因素的问题涉及的是业务"是什么"。下一组问题涉及"怎样做"——具体来说，就是项目团队如何有效地一起工作。

构建团队敏捷性

尽管人们对"如何在团队中有效工作"这一至关重要的问题给予了相当多的关

注，但大量研究普遍表明，团队合作常常被误解。团队领域的研究者会告诉你，使团队蓬勃发展的条件是创造一项非常具有挑战性的任务。[4] 无论发起了多少团队建设研讨会，但如果目标不清晰（团队成员没有就目标达成一致），或者团队结构在授权、责任和沟通等方面无法支持目标，都将会抑制团队表现。

当我们在现实中观察团队构建新的战略能力时，很少发现那种理想中的团队合作，即人人都高度参与，大家众志成城。在现实中，我们偶尔看到能达到如此水准的团队。然而，似乎还存在着另外一种广为流行的模式。在这种模式中，我们观察到一种流动的、不断重组的人员组合，这些人为了追求一个新出现的目标而组成团队，但他们并没有同属于一个团队的归属感。

我们正在与一家非常成功的再保险公司合作，幸运的是，该公司同意在他们最重要的新创业项目上测试我们早期的策略。当需要向项目团队报告结果时，我们发现很难将所有人聚在一起。一方面，他们很少在同一时间出现在同一地理位置。另一方面，他们花了很多时间独立工作，所以在见面时，他们更倾向于以小组形式进行协商，而不是参加所有团队成员都要出席的会议。在主流的团队管理文献中，我们几乎找不到针对这种情况的说明，但是该项目后来成了再保险公司的主要增长来源。我们曾与一家商业银行的团队有过非常类似的经历，该团队致力于发展全球业务——团队成员分散在全球各地，他们几乎无法在会议上花费大量时间。

这些意料之外的情况让我们陷入思考。一旦一个新的业务开发工作顺利启动，也许从事这个工作的人就再没有理由去见面了。事实上，也许太多的"团队合作"反而分散了人们对手头工作的注意力。我们将人们对团队合作和团队能力之间关系的误解列于专栏 11-1。

专栏 11-1　对团队合作的一些误解

1. 有效的团队经常在一起工作。 然而，我们发现，当每个个体都能够独立而自信地工作时，团队不在一起也能工作得很好。

2. 团队成员之间的冲突是不好的。 许多研究人员认为这是危险的。[a] 但建设性的冲突对于防止个体冷漠、群体思维和所谓的阿比林悖论（Abilene paradox，即团队成员在感到不安的情况下也会达成一致）等负面影响是至关重要的。[b] 冲突之所以具有建设性，是因为人们只是在思想上有分歧（而不会人身攻击），并且对决策后的执行有共同承诺和相互信任。

3. 当成员们互相喜欢时，团队就会更好。 的确，当你有对抗对方的强烈冲动时，和他一起工作是很困难的。在现实中，有很多团队的成员并不愿意花时间在一起，但是他们可以有效地利用彼此的经验和技能。团队合作的关键是相互尊重，而不是喜欢。

4. 团队满意度会产生绩效。 我们发现这没有必然的相关性。[c] 当一个团队更多地关注关系维度而不是任务维度时，绩效就会受到影响。在一个极端的例子中，一位IT项目经理非常关心员工的士气，以至于在团队错过最后截止期限之后，她还举办了比萨派对，因为她认为这样人们就不会感到气馁。

注释

a. Coser（1956）；Eisenhardt（1989）.

b. Harvey（1974）；Janis（1972）.

c. Nerkar, McGrath, and MacMillan（1996）.

我们把运作顺畅且有效的团队称为敏捷团队，其特点是"熟练度和技巧性"。[5] 这样的团队很少需要协调或建立关系（以及随之而来的成本）。敏捷是形成竞争优势的第二个指标，它建立在第一个指标（对关键业务驱动因素的理解）的基础上。

在一个团队中，敏捷性有以下四个组成部分。

◇ 人际信任，即每个人都相信其他人知道各自要做什么，并且有能力做到。

◇ 相信其他人都愿意做所需的事情。

◇ 信息流，即人们在适当的时间接收适当质量的必要信息的程度。有时，早期得到的粗糙信息要比太晚得到的完美信息更有价值。

◇ 反馈，即相关人员能够给出或收到重要反馈的程度。

图 11-2 要求你的团队成员在两种描述之间定位你的项目。接近 1 的位置表示敏捷性较低，接近 5 的位置表示敏捷性较高。

说明：在每个题项的两句描述之间圈出你认为与你的项目所处位置最接近的数字。注意：以下问题没有正确或错误的答案，每个问题都是独立的。

	1	2	3	4	5	
1. 团队中很少有人知道该怎么做	1	2	3	4	5	团队中所有人都知道该怎么做
2. 团队中很少有人有能力做需要的事情	1	2	3	4	5	团队中所有人都有能力做需要的事
3. 团队中很少有人能够依靠他人做需要的事	1	2	3	4	5	团队中所有人都可以依靠他人做需要的事
4. 团队中很少有人知道什么信息对他人重要	1	2	3	4	5	团队中所有人都知道什么信息对他人重要
5. 这个项目有很多隐藏的议程	1	2	3	4	5	这个项目几乎没有隐藏的议程
6. 重要的议程经常被推迟	1	2	3	4	5	重要的议程从不会被推迟
7. 重要的信息经常被阻隔	1	2	3	4	5	重要的信息流通顺畅
8. 重要的信息经常被误解	1	2	3	4	5	重要的信息总是准确的
9. 新人加入项目后很难融入	1	2	3	4	5	新人加入项目后可以轻松融入
10. 团队中很少有人理解他人	1	2	3	4	5	团队中所有人都可以理解他人
11. 团队中很少有人可以依靠他人实施决策	1	2	3	4	5	团队中所有人都可以依靠他人实施决策
12. 推进项目所需的信息很少	1	2	3	4	5	每个人都了解推进项目所需的信息
13. 这个项目缺乏技术	1	2	3	4	5	所有技术都处在恰当位置
14. 团队成员对挑战他人感到不舒服	1	2	3	4	5	团队成员对挑战他人感到舒服
15. 很少有人认为在做正确的决策	1	2	3	4	5	大家都认为正在制定正确的决策
16. 对于我的贡献，我很少得到反馈	1	2	3	4	5	对于我的贡献，我能及时得到开放性的反馈
17. 在项目执行过程中，人们倾向于追求个人利益	1	2	3	4	5	在项目执行过程中，人们会为项目利益牺牲个人利益
18. 我没有机会对他人的贡献做出开放性的反馈	1	2	3	4	5	我有很多机会对他人的贡献做出开放性反馈

图 11-2　评估敏捷度

假设你的团队的最低分数与不一致有关——特别是问题 5（这个项目有很多隐藏的议程）和问题 17（在项目执行过程中，人们倾向于追求个人利益）。这很可能使那些通常隐藏在表面之下而未被提及的问题暴露出来，并得到解决。有时候，解决方案会出乎意料地简单。

举个例子,一位负责实施重大系统改造的管理者面临的正是这种低分数模式。她把她的团队聚集在一起,仔细看了他们的回答,想要找出他们如此怀疑彼此动机的原因。在大约20分钟的尴尬和不舒服之后,一位客户服务经理开始谈论她感受到的压力。"每次你们需要我的时候,"她说,"我就得放下手头的工作跑到这里来。当我和你们在一起的时候,我的员工感觉就像二等公民一样——就好像我只想为这个迷人的新系统工作,而他们却被它带来的一切困住了!"她的言论打开了大家的话匣子。最后发现,在这样一个文化上很难接受和承认此类问题的公司中,每个人(除了全职的系统人员)都感到不堪重负,因为他们既要在小组内做好本职工作,又要为项目做好工作。

我们意识到,真正的问题是越来越普遍的多任务处理情况,而不是大家缺乏对项目的投入。客户服务经理缺席团队会议,并且在被要求参与时表现出明显的抵制情绪,这些被其他人解读为缺乏投入,而实际上她正拼命地试图履行两套相互冲突的职责。

负责这个系统改造项目的管理者立即实施了一项规定,在每次重要的项目会议期间留出时间,要求人们讨论项目工作对他们承担的其他职责的影响,以及他们的其他职责对项目工作的影响。通过将这个话题公开化,然后再进行讨论,团队就能够找到更好的解决方案。在这个特殊的案例中,团队最终找到了在不让运营和服务人员发疯的情况下完成工作的方法。这样做的好处是减少了对顾客的干扰。

如今,公司中角色冲突的问题层出不穷,因为过去那种有时间让人们轻松赶上进度的宽松模式已经一去不复返了。做决定的时间正在缩短,管理者们被各种各样的建议压得喘不过气来。电子邮件、语音邮件、电话和其他似乎需要即时响应的通信形式正在不断侵蚀着管理时间。从对图11-2中问题的回答中,你可以确定团队是否正在变得更加敏捷。人们可以以一种直接的方式来规划责任,加大紧急和重要之间的区分度,并明确目标,所有这些都不需要顾问或咨询人员的帮助。如果团队还是无法应对,你可能需要放弃一些项目,就像我们在第8章中讨论的那样。

了解了什么是业务模式及团队工作的敏捷性之后,下一步是确定你是否正在使用你所用来竞争的技能、资产和系统来形成竞争优势。

衡量涌现出的能力

既然战略上有用的能力经常以意想不到的方式涌现，那么我们所面临的主要挑战就是如何提出一个普遍适用的衡量标准。在当前情况下，制定这样的衡量标准是一项艰巨的任务，因为在这个世界上，正是在能力方面的独特性和异质性，使每个公司获得了未来的竞争优势。

我们从进化经济学中得到了一些启示。[6] 该学派断言，尽管能力的内容可以有很大不同，但它们确实有一个共同的影响作用。正如一个高手可以可靠地、持续地实现期望的结果，并避免不期望的结果一样，一个有能力的项目团队也可以如此。一个可以用来衡量涌现出的能力的指标是，你试图实现的目标与你实际完成的目标之间的趋同程度。[7] 衡量项目团队的成就，需要将业务项目划分成10个一般目标，并要求你的团队对其进行评分，见图11-3。1分表示结果比预期差得多；5分表明结果远远好于预期。

评估项目在过去两个月内在以下每个方面的表现。

项目	结果远低于期望			结果远高于期望		N/A
1. 满足预算	1	2	3	4	5	—
2. 满足员工需求	1	2	3	4	5	—
3. 满足最后期限	1	2	3	4	5	—
4. 满足质量标准	1	2	3	4	5	—
5. 满足可靠性标准	1	2	3	4	5	—
6. 满足成本	1	2	3	4	5	—
7. 满足效率标准	1	2	3	4	5	—
8. 满足顾客需求	1	2	3	4	5	—
9. 满足服务目标	1	2	3	4	5	—
10. 整体上满足目标	1	2	3	4	5	—

图11-3 涌现而出的能力

我们不能保证越来越接近这些目标就一定会给你一个成功的项目。但我们可以保证的是，如果你离目标一直很远，那项目的最终结果就更多地取决于运气，而非战略。[8] 如果你的团队没有变得越来越有能力去达成所愿，那就没有在创建能力。如此，你就只好依靠运气。运气若一直在固然好，但在一个日益动荡、竞争激烈的环境中，这似乎是不太可能的。

在分析能力的衡量标准时，时常会出现一种有趣的模式，它反映了重点的失衡。例如，如果你接受超出预算或者降低质量，你就更容易在最后期限前完成任务。同样，如果能够牺牲顾客满意度和顾客服务这些更柔性但更重要的指标，那么成本、最后期限和效率等硬性指标就会更容易完成。调查结果显示，以数字和截止日期为导向的指标通常会优先于以技术为导向的指标。这种模式是绝对不可接受的，项目的成功通常要求所有指标都要在一定水准上得到圆满实现。

衡量独特性

正如我们所讨论的，简单的能力和独特的能力之间有很大的区别。独特性衡量的是你识别"加分项"和"兴奋点"属性，或者消除"丢分项"和"可容忍"属性的能力。独特性在以下两种情况下会产生竞争差异：①当你为选定的顾客群体创造的价值超过竞争对手时；②当你的运营效率高于竞争对手时。达成其中之一或两者都达成，将使你有机会产生比竞争对手更高的利润率。

在项目开始时，你通常会考虑这样或那样的形式的独特性。价值增加型项目（value-adding projects）的目的通常是产生新的收入来源和增长，而成本减少型项目（cost-reduction projects）的目标通常是提高生产力。无论在哪种情况下，问题都在于团队是否有信心在目标市场建立价值、提高效率，或者最好两者兼有。

我们使用图 11-4 中的问题来衡量你的项目是否会产生独特的顾客价值。如果你的项目不能从顾客那里获得收入，那么你可以与你的团队一起决定是从内部顾客的角度来填写它，还是直接跳到图 11-5。

我们使用图 11-4 中的问题作为持续监测过程的一部分。下滑（当以前的高分开始下降时发生的情况）表明，新的信息显示项目对市场的影响可能不像团队原来认为的那样显著。如果一个项目对市场的影响很小（或者至少有证据表明你有潜力在市场上产生影响），那么这个项目可能不会朝着积极的方向发展。

在评估图 11-4 的回答时，请考虑两件事。首先，寻找得分变化较大的问题。这意味着人们对项目的价值意见不一。公开这些观点上的差异是值得的，因为那些有不同想法的人可能有别人想不到的洞见。如果有人能够提供可信的证据来支持他们给出的低分，也有利于消除那些由于从众产生的想法。其次，查看平均分高（比如 3.5 或更高）的问题。对于这些平均分较高的问题，你要确定如何衡量和监测这

第 11 章 管理结果不确定的项目

些方面的进展。根据我们的经验,团队实现顾客增值的潜力和他们正在追求的目标之间,通常存在很大的差距,除非大家能够一致努力来确保真正实现价值增加。在快速推进的过程中,创造附加价值的机会很容易溜走。

你在多大程度上同意以下各种说法?

	非常不同意			非常同意		N/A
团队活动将使顾客从我们的产品中得到比过去更多的价值	1	2	3	4	5	—
通过这个项目可以使顾客从我们的产品中获得比竞争对手的产品更大的价值	1	2	3	4	5	—
通过这个项目我们能够比过去更好地满足顾客需求	1	2	3	4	5	—
通过这个项目我们可以为一组新的顾客创造产品	1	2	3	4	5	—
通过这个项目可以让顾客为我们的产品支付更高的价格	1	2	3	4	5	—
与过去相比,这个项目可以让我们显著提高对顾客的响应	1	2	3	4	5	—
这个项目可以让我们比竞争对手更好地响应顾客	1	2	3	4	5	—
与过去相比,这个项目可以让我们显著改善产品质量	1	2	3	4	5	—
这个项目可以让我们提供比竞争对手更高质量的产品	1	2	3	4	5	—

图 11-4 项目产生独特价值的潜力

要想确保你衡量的是真正的价值增加,有一个简单有效的方式,那就是确定一个衡量的方法,然后指定一个专门的人(通常是一个有潜力的下属)负责测量,并在每次会议上报告测量的进展。制定一项措施并始终如一地予以关注,可以极大地降低机会溜走的概率。举个例子,在一个领域内,如果价值来源于新的顾客群体,那你可以请人来追踪有代表性的新顾客是否真的在购买或订购,并评估他们是否和预想的一样能够创造利润。

图 11-4 评估了潜在的独特价值,但是潜在的独特性效率如何呢?图 11-5 解决了这个问题。即使是在高附加值的产品和服务领域,也很少有公司不需要控制成本和提高效率。从长远来看,人们对效率的关注会不断出现,各种提高效率的项目也会层出不穷。[9]

对于以下描述，你在多大程度上表示同意？

承担这个项目将要完成以下事项	非常不同意			非常同意		N/A
允许我们在不增加总人数的前提下做更多的工作	1	2	3	4	5	—
让我们获得规模经济	1	2	3	4	5	—
减少交易所需步骤	1	2	3	4	5	—
减少周转时间	1	2	3	4	5	—
让我们可以更充分地利用已有资产	1	2	3	4	5	—
减少投入资源的数量或成本	1	2	3	4	5	—
降低单位产出的成本	1	2	3	4	5	—
降低售后服务要求	1	2	3	4	5	—
减少固定成本	1	2	3	4	5	—
减少分销成本	1	2	3	4	5	—
减少库存成本	1	2	3	4	5	—
减少运营成本	1	2	3	4	5	—

图 11-5　独特的运营效率

然而，对于一些项目来说，效率确实不是问题。如果你的团队都同意这一点，那么你不需要使用图 11-5 进行评估。再强调一次，你一定要与你的团队一起浏览该表，并在删除不相关的问题方面达成一致。

当你评估图 11-5 的回答时，请继续关注得分变化大的题项和高平均分（3.5 或更多）题项，并进行与图 11-4 中建议的相同的练习。特别要注意的是，一定要任命一个人专门监督和报告效率收益实现的进展情况。在通常情况下，现有系统的设置并不能准确地度量系统范围内效率的提高，因此创建度量结构来实现这一点本身就是一个项目。

显然，在项目的初始阶段，我们不能指望立即就能在价值或效率上得到高分。此时，团队对业务驱动因素的理解水平往往较低，想要熟练地运转也较为困难，而且还没有足够的时间来发展能力。然而，如果市场影响和运营效率持续在低分徘徊，那管理者就应该质疑团队是否真的在创造能够预示未来竞争优势的独特性。

认识到这一点至关重要——除非你正在构建自己的独特性，否则你在新业务开发上的所有努力都将是徒劳无功的。因此，尽管本节中给出的调查结果不能完美地预测你的项目是否会取得成功，但这些结果可以为你提供关于项目进展（或缺乏进展）的有力指示。

同样值得关注的是，你的团队是否已经找到了超越当前项目的方法来实现其上涨潜力。如果是这样,你将看到正在出现的期权价值的迹象。请使用图11-6中的陈述,找出项目的某些价值是否源于它的上涨潜力。

换言之,图11-6可以帮助你评估期权的价值。如图11-4和图11-5所示,分组讨论高分差项和高平均分(3.5或更多)项。期权价值的关键在于——除非你的公司中有人在积极利用期权潜力,否则它很有可能在执行新方案的混乱中被忽视。这里的关键问题是,如何衡量是否出现了期权价值,以及谁来负责设计一种方法以利用逐渐显现的期权价值。我们希望在业绩审查和重大项目管理会议上,将期权价值的讨论列为一项常规议程。

对于以下描述,你在多大程度上表示同意?

承担这个项目将要完成以下事项	非常不同意			非常同意		N/A
帮助我们学习更多新的制造、生产或运营技巧	1	2	3	4	5	—
帮助我们了解新的细分市场	1	2	3	4	5	—
帮助我们了解国际市场机会	1	2	3	4	5	—
帮助我们了解顾客关心的产品特性和属性	1	2	3	4	5	—
帮助我们利用现有的分销能力	1	2	3	4	5	—
帮助我们利用过剩产能	1	2	3	4	5	—
利用我们在设计和定制方面的技能	1	2	3	4	5	—
利用我们在运营方面的技能	1	2	3	4	5	—
利用我们在服务和分销方面的技能	1	2	3	4	5	—
利用我们在采购方面的技能	1	2	3	4	5	—
拓宽产品或服务边界	1	2	3	4	5	—
扩大产品的品牌知名度	1	2	3	4	5	—
为公司提供一个新的差异化资源	1	2	3	4	5	—
更好地利用品牌忠诚度	1	2	3	4	5	—
更好地利用广告	1	2	3	4	5	—
在新的市场领域建立声誉	1	2	3	4	5	—
在遵守未来工业标准的前提下,使自己处于有利位置	1	2	3	4	5	—
让我们更好地掌握顾客和竞争对手的信息	1	2	3	4	5	—
发展新的供应商	1	2	3	4	5	—
改善我们的形象	1	2	3	4	5	—
产生新的产品或服务方面的想法	1	2	3	4	5	—
让我们在货源方面有优势	1	2	3	4	5	—
让我们在分销渠道方面有优势	1	2	3	4	5	—

图11-6 涌现而出的期权价值

取得竞争优势

现在我们终于可以对正在涌现的竞争优势做出一些判断了。我们要求团队成员预计项目未来在利润、利润率和收入方面有优势的可能性，并预计优势可能持续的时间。你会发现在直接启动类型的项目中回答这些问题比在期权类型的项目中更容易。这是自然而然的——在它们只是期权的阶段，你不会期望它们产生重大的优势。图 11-7 列出了我们所问的问题。尽管这些衡量标准明显比较粗糙，但我们发现，它们与一项研究的实际结果有相当好的相关性，该研究关注了一个新兴高科技创业项目，将早期对问卷的回答与后来从商业计划和业绩报告提取出来的"硬"数据进行了比较。

在下面的空格中标出你认为的概率（0 ~ 100%）。如果某个问题不适用于你的项目（例如，它并不贡献利润），请勾选"不适用"（N/A）栏。

	0 ~ 100（%）	N/A
现阶段项目成功的概率是多少？	—	—
当项目的市场潜力兑现时，其可以带来高额利润的概率是多少？	—	—
当你的竞争者有类似产品时，这个项目带来高额利润的概率是多少？	—	—
项目提高产品利润率的概率是多少？	—	—
相比于你的竞争对手，项目会提高利润的概率是多少？	—	—
项目会显著增加公司收入的概率是多少？	—	—
相比于竞争对手，项目将会提高公司收入的概率是多少？	—	—
得分	—	—

图 11-7　竞争优势的涌现

对此，我们得到的启发是，任何平均优势分数低于 60% 的项目都应该进行认真的重新评估。撇开商业概念不谈，在图 11-7 中得分较低的团队是对未来没有很大信心的团队，这是一个清楚的信号，表明一切都不是很好。如果你的团队有这样的分数，可能是时候停下来弄清到底发生什么了。

图 11-7 已被证明对管理者确有帮助，因为他们经常面临是否要坚持、重新定向或者关闭一个项目的决策。区分必要的坚持和危险的固执并不总是那么容易，但是对于那些在最终成功概率方面分数很低的项目，可能是时候改变方向了。特别要注意的是那些项目总体分数很高，但是利用竞争优势的问题却没有得到高分的情

况。如果业务的某些方面进展顺利（例如，它在技术方面很有成就），但是没有显示出竞争地位（价值或利润）改善的苗头，那你可能需要考虑将团队的才能部署到你的投资组合中的另一个项目中。

最后一个重要的数据来自图 11-8，它描述了竞争优势的持久性。对这些问题的回答将显示应该在何种迫切和进取程度上推动该项目。它们应该与我们在第 8 章中所讨论的关于竞争绝缘的问题一起被评估。

在右边一栏中指出你认为在竞争对手削弱你的市场地位之前，你所拥有的时间长度。

	回答
◇ 在以下时长内我们将比竞争对手维持更高的利润 1 分 = 0～3 个月；2 分 = 4～6 个月；3 分 = 7～12 个月；4 分 = 13～24 个月；5 分 = 24 个月以上	___
◇ 在以下时长内我们将比竞争对手维持更高的利润率 1 分 = 0～3 个月；2 分 = 4～6 个月；3 分 = 7～12 个月；4 分 = 13～24 个月；5 分 = 24 个月以上	___
◇ 在以下时长内我们将比竞争对手维持更高的收入 1 分 = 0～3 个月；2 分 = 4～6 个月；3 分 = 7～12 个月；4 分 = 13～24 个月；5 分 = 24 个月以上	___

图 11-8　竞争优势的持久性

对于那些具有短期优势的产品来说，快速发布是很重要的。缓慢的发布不仅给了竞争对手更多的时间去追赶，也缩短了你获得利润的时间。[10] 一旦这种优势结束，就需要有人思考下一个优势从何而来。期限声明还可以帮助你考虑项目的紧急程度。最后，这些陈述可以给你一些投资成本的概念。如果项目持续时间短，获得投资回报的时间也短，这意味着在执行项目时可能需要极度节约。

解释数据并利用数据制订行动计划

我们的建议是将 ACE 调查工具（图 11-1～图 11-8）与探索驱动计划结合起来使用。一种做法是让团队在达到每个主要里程碑时填写问卷，然后在开会讨论假设和里程碑清单时，查看结果（表 10-7、表 10-9 和图 10-2）。这使你能够同时考虑现在你正在"做什么"（假设和里程碑清单）和"如何做"（ACE 调查）这两个问题。

请将你在探索驱动计划中做出的决定与 ACE 调查结果结合起来，制订一个行动计划。让团队讨论他们所看到的模式，重点是如何提高最低的分数，以及如何减少任何不希望的分歧出现，这些分歧可以由问题得分的分差反映出来。雇用一个训练有素的过程顾问或引导人会很有帮助，特别是团队刚成立或者遇到非常有争议的问题时。

为了详细说明这一过程，请考虑图 11-9 所示的业务驱动因素分析。该图扩展了图 11-1，显示了我们曾经做过的一个项目的实际结果。

对于以下描述，你在多大程度上相信你的团队理解了项目的每个方面？

直接产生收入的项目	平均值	标准差	不直接产生收入的项目
1. 主要收入来源	2.50	1.0	主要资金来源
2. 关键顾客	2.75	0.86	关键客户或用户
3. 满足的顾客需求	2.75	0.79	满足的客户或用户需求
4. 满足需求面临的竞争	2.25	0.86	满足需求面临的内部竞争
5. 顾客何地、何时以及怎样使用你的产品	2.75	0.86	客户何地、何时以及怎样使用你的产品
6. 顾客的购买风险	2.50	0.92	客户的使用风险
7. 如何为产品定价	2.25	0.86	怎样分析你的价值贡献
8. 影响你业务的法律法规	3.25	0.97	影响你业务的法律法规
9. 公司主要风险来源	3.80	1.4	公司主要风险来源
10. 必要的支持服务	2.75	0.92	必要的支持服务
11. 资源成本	3.00	0.86	资源成本
12. 如何进行关键操作	3.25	0.79	如何进行关键操作
13. 影响操作可靠性的因素	3.25	0.79	影响操作可靠性的因素
14. 影响输出质量的因素	3.50	1.1	影响输出质量的因素
15. 运营成本	3.75	0.79	运营成本
16. 妨碍改进运营的主要瓶颈	3.25	1.2	妨碍改进运营的主要瓶颈
总体平均	2.8⊖		

图 11-9 实例分析：业务驱动因素

这个项目是一次雄心勃勃、资金充足的努力尝试，一家高度创新的银行机构想要进入一个全新的竞争领域——从消费者那里获取销售网点的数据。当我们进行分析时，这个项目已经进行了大约一年。虽然当时已进行了大量投资，但高管仍然认为创业项目进展过于缓慢，尤其是在他们看来，这个业务需要迅速进入才能建立竞

⊖ 应为 2.875，原书有误。——译者注

争优势。前任经理（发起并启动这个项目的人）已经离开了公司，新的部门主管邀请我们就这个项目发表意见。管理团队的所有成员以及部分运营人员完成了 ACE 调查。

他们的回答给我们留下的第一个深刻印象是，几乎所有与基础收入模式相关的特征都缺乏明确性。正如你所看到的，对问题 1～7 的回答得分都很低，这表明团队还没有找到如何吸引顾客以及从中获得价值的方法。顾客的身份、产品的使用方式以及定价策略都不清楚。问题 9 和问题 11～16 得分略高。这些项目涉及内部运营问题，如资源成本、运营和瓶颈问题。然而，即使在这里，该队的分数也不是那么高，只有问题 9 和 15 得分超过了 3.5。此外，问题 9（关于公司风险）和问题 16（关于主要瓶颈）得分的标准差很高，这表明在这些领域存在着严重的分歧。

在讨论上述结果的会议期间，我们考虑了怎么做可以提高这个团队对业务驱动因素的理解。作为诊断的一部分，我们准备了一个探索驱动计划。这个团队对公司如何从销售网点收集的信息中获取收益知之甚少。一些团队成员认为，他们会与零售店的店主签订合同，使用这些信息进行本地营销。另一些人则认为，他们会将家庭交易数据卖给主要消费品制造商。还有一些人认为，创业项目的最终目标应该是成为支付和支付处理系统的供应商，然后零售商可以将这些系统外包给他们。

简言之，大家在基本的业务模式或业务单位上几乎没有达成一致，团队成员之间产生了严重的分歧。由此产生的混乱随后扩展到初创业务的运营方面——毕竟，不同业务部门的不同业务模式意味着完全不同的运营和定价条件。一项内容不清晰常常与另一项内容不清晰紧密相关。问题 9（关于公司风险）和问题 16（关于主要瓶颈）的高标准差也来源于对最终业务结果的不同观点。

调查收集的数据为对整个业务主张进行根本性回顾提供了基础。首先，在确定可靠的业务模式之前，新上任的主管将暂缓进一步开发这项技术，并暂停雄心勃勃的招聘和扩招计划。接下来，他坚持对团队所做的关于成本、业务的地域渗透以及对初始顾客的吸引力的所有假设进行仔细的审查。最后，他制定了一些明确的财务目标和一个时间表，并为业务设定了最后期限。

不幸的是，经过对探索驱动计划的仔细审查，事实证明在项目第一年之后提出假设是错误的。因此，新上任的主管决定关闭这个项目，阻止它在当时造成巨大损失。

尽管这个故事并没有一个圆满的结局，但主管觉得公司已经从这个项目中学到了很多，特别是这样一个教训——如果不抽出时间来评价前进过程中能力的发展，我们将会付出多么昂贵的代价。他说："总而言之，相比于靠我们自己去弄清楚这个项目问题的严重性，使用这些调查可能为我们节省了 6 个月的时间和高达 2 000 万美元的资金投入。"

对涌现的竞争优势进行管理

使用 ACE 调查的唯一限制，似乎就是关于如何应用它们的想象力。组织中的不同层级都在使用 ACE 调查来观察差异，而我们很快发现，与业务一线人员相比，级别更高的人对进展更加乐观。这些调查有助于消除来自不同职能部门的人在观点上的差异，倘若处理不当，这些本来可以互相理解的观点差异可能会演变成重大冲突。从事合并、合资和联盟业务的团队也很好地利用了这些调查，以梳理出成员之间的认知差异。在其他一些例子里，公司的分销商、顾客、银行、经销商和供应商也接受了部分调查，这使得项目团队看到的结果与其他利益相关者看到的结果之间的差异能够浮出水面。

使用这样的调查工具对不确定的项目特别有用，原因如下。第一，这个过程要求每个人都以一种全面和共享的方式思考同一套竞争和战略问题。而这种情况很难自然发生，因为人们倾向于专注自己的工作，而忘记了别处正在发生的事情。第二，这样得到的信息是未经稀释的、私密的、及时的。这也给了这一过程可信度——不是由一个顾问告诉公司里的人发生了什么，而是公司里的人在告诉自己发生了什么。第三，这些工具使得问题能够尽早浮出水面并得到处理，而不是拖到最后无法解决。第四，或许也是最重要的一个原因，这个过程要求人们停下来，不仅要评估他们在做什么，还要评估他们如何合作。不幸的是，在当前这种时间期限紧迫、压力巨大的情况下，很难估计出进行这一过程所需的时间。通过惨痛的教训，一些公司认识到了在会议前后确立一个定期的暂停时间来讨论这些调查的价值。

我们相信，随着商业的竞争越来越激烈和不确定，成功的战略将来自严谨的分析、试验和探索的结合。然而人们面临的问题是，虽然有许多有用的工具来帮助人们理解应该如何进行分析，但帮助人们解决如何进行探索的工具却很少。我们所做的关于新业务模式如何出现、改良以及如何提高竞争优势的工作，正是开发这种工具的一种尝试。

关注能力涌现过程的一个好处是，可以衡量、监测并进而管理进程。将新业务开发项目视为战略试验体现了创业家的探索驱动导向。人们必须学会发现最初没有意识到的能力，以及如何运用这些能力更好地服务于公司的目标。另一个好处是，竞争对手很难匹敌这样的能力，因为它们没有经历过，也无法从进行试验的公司那里得到教训。

我们的方法确实偏离了一些常规的能力构建分析方法。这非常必要，因为在一个新项目中，你只能使用这些不同寻常的衡量方法。在高度不确定的情况下，你实际上是在沿着一条并不知道最终目的的道路前行。这里没有清晰的地图。相反，你在五组问题的答案中获得了进度指标。这些问题是：我们开始了解业务了吗？我们一起工作更有效率吗？我们是否在越来越可靠地做新事情？是否至少存在一个独特性的度量？我们成功的可能性有多大？

诚然，这些措施是模糊的。困难之处在于，我们试图衡量的是今天正在发生的事情以及将来可能发生的事情，而不是那些已经发生了的确切的、客观的、容易获得的信息。[11] 我们想要的是可以用来做决定和改变的信息，而不是那些超出我们改变能力的信息。相比于简单明确的滞后指标，我们显然对模糊的先行指标更感兴趣。

行动要领

下面的行动要领是为了让你着手实践本章所讨论的概念和过程。你可以灵活地用一种适合你公司的方式来阐述。

第1步：识别和确定项目团队的成员——所有对分配资源和实施项目负有重要责任的人。

第2步：与你的项目团队成员坐下来，就哪些调查与项目相关，以及如何解释问题达成一致——例如，谁是"顾客"或"客户"。删除与你的项目无关的问题。

第3步：在启动会议上以及之后的每个重大项目里程碑会议上，完成问卷并将其发送给某个能够保密处理它们的人。

第4步：汇总结果——计算每个问题的团队平均分，标记得分最低的问题。计算每个题项在回答上的得分变化——标准差或极差——并标记变异最大的题项。

第5步：对于那些旨在挖掘独特价值、独特效率和期权潜力的问题，确定那些用于监测高分问题进展的措施。指派专人监督，并在每次重大项目审查会议上做报告。

第6步：在会议或电话会议上与团队讨论结果。在每次问卷调查中，对低平均分和得分变化大的题项进行集中讨论。完成与每个调查相关的章节中的建议。

第7步：与团队讨论必须做些什么，才能继续改进那些利用高得分问题获得独特价值、效率或期权潜力的措施。

第8步：在你的探索驱动计划的每个主要里程碑上重复这个过程。

第 12 章
最重要的工作：创业领导力

作为一名创业领导者,你最重要的工作不是亲自寻找新的机会,也不是亲自识别关键的竞争力,你的任务是创建一个能够顺理成章地帮你做这些事的公司。当公司中的每个人都理所当然地认为业务的成功就是持续不断地寻求新的机会,并不断地放弃成效甚微的活动时;当每个人都觉得他不仅有权利而且有义务去寻找新的机会并实现它时;当公司走廊里充满了活力,员工满怀激情地来上班,为公司感到自豪时,你就成功了。当然,当你在公司中创造的价值转化为利益相关者的财富时,你就实现了创业的目的。

本章将重点介绍你作为创业领导者的行为如何影响员工对机会的追求。将那些能够带领公司持续蓬勃发展的创业领导者与其他普通管理者区别开来的是他们的个人工作实践。这种个人工作实践可以分为三类:①营造工作氛围方面的实践;②精心编排方面的实践;③亲自动手方面的实践,包括与特定创业项目负责人一起解决问题等。我们将依次讨论以上每一种实践,但在此之前,我们要强调这样一个事实,这些实践对于培养创业思维非常重要——不管你的创业项目是否需要建立特定的新业务模式。我们在下面描述的实践,对在你的公司中建立一种无处不在的创业精神和积极寻求并把握创业机会的主动意愿至关重要。

启动新业务模式的问题在于,新业务模式的所有内容都可能与现有业务模式不一致。新业务模式与现有业务模式的差异越大,习惯于现有业务模式的人就越难以理解新业务模式。除非你能专门去解决新业务模式与现有业务模式之间的非连续性,否则那些成就现有业务模式的人将倾向于保留旧模式,从而损害你正在创建(或重塑,如果是对现有模式进行重大重组的话)的新业务模式。

通用电气在今天这个时代已经被作为案例使用过太多次了。之所以如此,可能是因为它的领导团队在各个层级上系统性地建立了创业思维。在执掌公司的20年里,通用电气的首席执行官杰克·韦尔奇(Jack Welch)证明了自己是这方面的大师。他通过自己的领导,减少了不确定性带来的麻痹效应⊖(the paralyzing effects)。他丝毫不顾虑告诉人们应该关注什么。与此同时,他通过建立鼓励创业行为的结构,提供让创业行为更加有效的工具和培训,使大家不受约束地去利用新的机会。这真的行得通吗?我们认为行得通!请查看表12-1,该表证实了自韦尔奇

⊖ 麻痹效应:因忽略原因而导致的荒谬行为,本质上是人脑对非独立信息进行独立处理的结果。

在 1981 年掌权以来通用电气所创造的价值。[1]

韦尔奇将他的管理哲学总结为:"你再也无法预测了。但这并不重要,重要的是你必须有能力去适应和开拓——你必须足够敏捷地去判断价值在哪里,并且做好准备去开拓它。"[2] 接下来,让我们看看你需要做什么。

表 12-1 通用电气创造的价值

	1982 年	1987 年	1999 年
销售额(单位:亿美元)	220	440	1 000
雇员数(单位:人)	435 000	285 000	293 000
市场价值(单位:亿美元)	210	530	3 720

营造工作氛围

营造工作氛围背后的目标,是为企业中的每个人创造一种无处不在的紧迫感,驱使他们主动投身于下一个新的创业项目。从首席执行官到收发室员工都必须清楚,寻找创业机会不仅是当务之急,更是每个人的责任。利润增长是所有人的目标。

为了营造这样一种氛围,你能做的最重要的事情,就是按照你期望或要求员工所做的那样行事,并且始终如一地、可预见地、不懈地贯彻这种行为。尽管不是每个人都具有独特魅力,但任何人都可以学会坚持不懈地按照他对别人的期望或要求那样做事,以身作则,言行合一。这是在每所历史悠久的一流学校中都会传授的关于领导力的永恒原则——人们会密切注意你的行动并以你为榜样,但他们不会仅凭你说什么就改变自己的工作方式。

对你来说,最重要的行为是把你的注意力、可自由支配的资源和人才超乎比例地投入你所要创造的新业务模式中去。一方面,现有的业务以及负责这些业务的管理者,在明确需求、获得支持以及吸引人才方面几乎没有什么困难;而另一方面,创业项目在实施初期通常被认为是边缘的或不重要的。除非你亲自给它们分配超出比例的注意力、资源、人才,否则它们一定会被现有业务在某种程度上打压,甚至永远也不会有机会翻身。你的挑战是提供反制力量来对抗惯性,并引导你的员工不断加入创业项目。

超出比例的注意力

本书所涉及的一个重要主题是——不确定性、不可预测性以及创业机会是如何使我们习以为常的管理实践变得毫无用处甚至充满危险的。传统管理实践中的一个做法是，领导者应该关注最重要的业务、最重要的客户和最赚钱的产品。在某种程度上，这确实有些道理（正如我们在第7章中所讨论的）。然而，当你把注意力集中在今天最重要的事情上时，你就会忽视明天的机会，这种做法可能会将你带入歧途。

要想成功实施新业务开发计划，关键是让你的最好的员工全力支持新创业项目的开发。他们会从你身上寻找你对新项目的态度，以及新业务是否对他们的未来职业生涯很有帮助。因此，当那些很小、未经尝试、有风险的（回报不可预测）创业项目在你的管理议程上占据一席之地并被认真对待时，公司里有才华、有抱负的人才会更倾向于把它们视为发展机会，而不是与之相反的职业困境。在很多公司里，冒险被认为是致命的，尤其是在结果不如预期的情况下。[3]

你如何管理自己的议程表，是传达你对创业项目重视程度的一个有力象征和现实参照。以 GEFS 为例，尽管在今天看来，这是一项规模巨大的业务，但它是以分期贷款组合为 GE 电器业务提供支持作为一个恰当的起点的。这一业务的前负责人加里·温特（Gary Wendt），对这一业务在全球范围内取得巨大成功居功至伟。他将自己的个人议程表当作一个简单却异常有力的工具，用以将公司引导到新的业务领域。

多年来，他利用自己的个人议程表明确宣示，他希望管理层的每一位成员都能关注创业项目的增长。在每一次重要会议上，业务发展的话题都被提上议事议程（通常排在第一位）。在每次的年度评估中，管理者们都被要求展示他们从五年前不存在的业务中创造的收入。从部门主管到新聘用的分析师，每个人都要对创造业务收入和利润流相关的一系列活动负责。简言之，在公司中工作的每个人都不得不持续不懈地关注创业项目的开发。

你需要确保你也表现出同样的坚持不懈、始终如一和专心致志，并要在很长一段时间内保持这种态度。只施加一次的压力很快就会被抛诸脑后，忽高忽低的压力（有点儿一时兴起的味道）则会使人们感到困惑、失望或愤怒。温特对业务发展一致性、可见性和可预测性的关注给 GEFS 带来了创业项目增长的压力。到 1998 年温特离开时，在起步时仅有 3 亿美元的分期贷款组合，已经成长为管理着 2 500 亿美元资产的金融服务巨头。

在持之以恒地通过创业变革来推动增长方面，温特的例子还有很多。例如，有人问他，如果有人冲进来告诉他电脑室着火了（这意味着他的生意可能会被彻底毁掉），他的议程表是否会改变。温特回答说，他已经雇用了消防员来处理这种紧急情况。作为一个领导，他最重要的工作是使员工关注项目发展。由于项目发展是一个令人不舒服且不可预测的过程，温特知道，如果他让这件事对他来说看起来不是那么重要，那么所有为他工作的人都会松一口气，业务又会回到以前的老样子，创业项目就很难在他的优先名单上占据一席之地。实际上，正如他所说，即使他真的设法参与灭火，也只会给那些精于此道且专门从事这一行业的专业人士带来干扰。

重要的是，你要清楚地表明你对创业项目的支持，并在你做的每一件事上都体现这种保证和承诺，这一点再怎么强调都不过分。只有你本人才能让你的员工意识到，没有任何其他事情能够重要到可以取代创业项目在议程表上的位置。

我们并不是说超出比例地专注于创业项目（而不是现有业务）这一做法是没有成本的。因此，超出比例的注意力分配这事儿一定要慎之又慎。无论他多么聪明或坚定，没有一个创业者一天的工作时间能超过 24 小时。花在创业项目上的时间是从现有业务上挤出来的，而这些现有业务可能也需要你尽可能多的关注。因此，给你决定从事的创业项目设定优先级，并做出战略性权衡，这一点至关重要（如第 8 章所述）。

超出比例的资源分配

虽然妥善管理你自己的议程表和亲自引领创业机会的发展至关重要，但仅仅这样还是远远不够的。你还需要通过为创业项目分配资源来加强对议程表的管理。与这些创业项目在短期内能够实现的收入或利润相比，其所得到的资源的比例会超出很多。

所谓超出比例的资源是指预算支持，对运营能力或运营资产的获取，以及最重要的——最优秀的人才。具有讽刺意味的是，这些也是现有业务经理最需要的资源，他们很容易对别人在这一方面的要求提出异议。就像超出比例的注意力一样，将资源超出比例地分配给新业务模式也要付出代价。超出比例地分配给创业项目的每一美元和每一小时的运营能力都是在剥夺现有业务的金钱和时间。因此，超出比例的资源分配必须经过深思熟虑，同时要明确指出的是，对资源的使用明显是一个战略选择问题，而不是长期目标和短期目标之间的斗争。两者都很重要，并且都需要资源。因此，你的策略必须明确规定，投资组合中不同类型的项目可以得到多少资源支持（见图8-3）。以这种方式建立对创业项目的资源支持，可以明确关于其期权价值的认知。

你不必亲自去决定具体追求哪个新机会。一些非常成功的公司遵循这样一种方法：创建一种结构，在这种结构中，创业项目可以合理地要求获得其所需的资源，而不必完全听命于主要部门的管理者。例如，3M公司著名的"15%法则"规定每个人15%的工作时间可以用来追求他认为对公司未来前途重要的想法。

在其他一些公司，通过将预算分配给更小的、有能力关注创业项目的独立单位，也能达到上述效果。例如，一个中央发展基金通常由一个相当于内部董事会的机构管理，该机构可以将资源投到有潜力的机会上。合资企业和研发联盟可以为创业项目提供所需的资源方面的独立性和关注度。例如，在制药行业，许多产品开发实际上是由小型初创公司（如生物技术公司）完成的，然后这些公司与更成熟的公司合作，以获得成熟公司的资源、监管审批流程的经验和营销影响力。

股票市场的兴起和IPO市场的流动性还创造了另一个向创业项目释放超出比例的资源的机制，使它们能够全部或部分从母公司分离（可能会，也可能不会保留股权）。朗讯科技（其本身是美国电话电报公司的一个分支）和惠普一直在探索用这种方式资助创业项目。

超出比例的人才配置

最后，你必须将公司的顶尖人才投入创业项目。这可能会造成一个痛苦的两难境地。当顶尖人才为创业项目而努力时，当前的业务就会相应削弱。然而，如果只把平庸的人分配到新业务发展的艰巨任务中，创业项目就注定要失败。此外，允许平庸的人来经营创业项目会向公司的其他部门发出一个更强烈的信号，暗示他们什么是你真正的优先事项。当公司里聪明的人意识到新业务发展并不是你真正的优先事项时，他们也会相应地安排自己的优先事项。友情提示：如果你言行不一，那么没人会听你的话。

精心编排

人们发现，如果不确定性能更好地被框定、被理解、被简化，那么它就更易于管理。作为创业领导者，你面临的挑战之一是帮助你的伙伴解决在决定关注什么，以及如何确定优先级方面的困难。一心想要变得更具创业精神的管理者，在处理不确定性管理方面往往更容易出错。他们错误地认为，对创业项目的开发施加任何准则都将扼杀创造力，抑制主动性。

事实并非如此。正如我们在整本书中所讨论的那样，我们依然需要很多准则，尽管这是不同的准则——它们被习惯性创业者熟练使用。习惯性创业者意识到，许多项目想法并不会带来商业上的成功，他们必须厉行节约以有足够的资源去探索那些最终可能带来机会的创业项目。他们认识到，那些不能以合理的价格生产出满足顾客实际需求的产品和服务的创造力，并不会为公司带来价值。与此同时，他们也意识到，如果可以避免应对不确定性带来的麻痹效应，大多数人会更有成效。

划定大致领域

要想为人们减少不确定性，一个方法是详细说明你希望他们寻找什么样的创业机会。这里，借鉴一个美国习语，我们称之为"划定大致领域"（ballparking）。单词"ballpark"本意是打棒球的地方，划定大致领域就是给人们提供一个关于比赛区域的大致的、粗略的定义。在划定大致领域时，你大致上给球员指出了他们的活动领域以及他们应该如何在领域内比赛。

划定大致领域在本书中指的是确定那些可以追求的创业方向，同样重要的，还要确定那些不能去追求的方向。要扩大你的机会清单容量，使人们有空间想出许多创业的想法。同时需要注意的是，你能够追求的想法和你能够真正胜出的想法都是有限的。

划定大致领域，对于一个正在进入新业务模式，并试图摆脱其根深蒂固的旧业务模式的老牌企业来说尤为重要。商业巨头们在市场上拥有强大的主导地位和可观的资源，商业报刊上充斥着它们的报道，但是这些报道并没有就如何驱动业务成长和股东财富增长给出一个清晰的深思熟虑的计划。为了说明划定大致领域多么具有挑战性和重要性，让我们看看如下大公司：美国电话电报公司（专栏12-1）、西尔斯百货（专栏12-2）、可口可乐（专栏12-3）和花旗银行（专栏12-4）。我们将比较它们的高管是如何艰难地划定大致领域的。在仔细研究这些公司的例子时，我们还发现，对于一个公司的各个部门或分支机构来说，划定大致领域非常有用。当你划定大致领域时，你需要做的就是缩小你的范围。正如我们在后面的例子中所讨论的那样，划定大致领域对小公司也很有用。

专栏 12-1　美国电话电报公司（AT&T）：业务太广，没有重点

1984年，法官哈罗德·格林（Harold Green）下令终止美国电话电报公司对美国电信业务的垄断，从而引发了一场电信革命。这引发了多年的混乱，在这期间，电信巨头试图为自己创造一个新的、令人信服的身份。由于预见到语音与数据通信的融合以及计算机的重要性日益增长，一些管理者认为美国电话电报公司应该积极进军计算机业务。这一举动带来了一个昂贵的、失败的计算机领域的创业项目，随后，NCR公司（美国一家计算机和相关产品公司）被恶意收购。收购时，NCR公司的收入为70亿美元。短短6年之后，其收入便下降到40亿美元。此外，尽管美国电话电报公司在计算机硬件方面的业务做得很好，但由于顾客不愿与一个来自核心电信业务领域的公司做交易，管理者们发现自己的发展越来越受到阻碍。最终，如同首席执行官罗伯特·E.艾伦（Robert E. Allen）自己所言，各级管理部门都意识到公司"业务太广，没有重点"。之后，对NCR公司和朗讯科技的剥离以及从若干试验市场的退出，基本上使美国电话电报公司成为一个长途电话运营公司。后来，随着贝尔运营公司的接手，以及新的竞争对手开始进入这个行业，艾伦已不再掌舵。

专栏 12-2　西尔斯百货：购物的天堂

对于业务模式需要不断变化这事儿，西尔斯百货（Sears）的管理者们

已经司空见惯了。从最初为那些距商店太远而无法亲自购物的消费者提供虚拟目录，到如今西尔斯百货的购物中心在郊区已无处不在，西尔斯百货的管理者们为几代美国消费者提供了非凡的价值。然而，到了 20 世纪 70 年代，西尔斯百货的旧业务模式失去了竞争力。咄咄逼人的竞争对手，如凯马特（Kmart）和沃尔玛（Wal-Mart），在零售业中占据了相当大的份额。西尔斯百货的传统运作流程使其相对于技术更先进的竞争对手处于竞争劣势。此外，零售业一般被认为是一个竞争日益激烈、缺乏吸引力的行业。因此，在 20 世纪 70 年代和 80 年代，西尔斯百货的管理者们将他们的业务中心从零售转为其他几种替代的业务，包括银行、保险、房地产销售和发展、信用卡、眼保健中心、共同基金和汽车用品在内的多元化业务，同时还试图保持零售和虚拟目录这两个核心业务。

许多观察人士认为，由此产生的业务局面是一个彻底的大杂烩。西尔斯百货首席执行官阿瑟·C.马丁内斯（Arthur C. Martinez）在试图扭转西尔斯百货的局面时，做出了一个明智的决定，即利用公司的核心优势，开发未来的新商业机会。他认为，西尔斯百货的核心优势源于其在消费者心中强大的品牌认知度。1992 年，马丁内斯通过重新定义创业领域，开始了他的转型努力。重新焕发活力的西尔斯百货打造了一个致力于"3C"的零售核心：西尔斯百货是一个购物的天堂（a Compelling place to shop），一个工作的天堂（a Compelling place to work），一个投资的天堂（a Compelling place to invest）。此外，他还提出了"3P"：对顾客的激情（Passion for the customer），人们创造的价值（the value added by the People）和对绩效领先的激情（the passion for Performance leadership）。这进一步强化了"3C"。金融服务等不属于这个范围的业务从此被剥离。

专栏 12-3　可口可乐：总在你够得到的地方

已故的罗伯特·C.戈伊苏埃塔（Roberto C. Goizueta）广受赞誉，因为他提出了"软饮料消费在很大程度上取决于可获得性"这一极具战略前瞻性的观点。根据这一观察结果，他断定，只有通过大力推广其全球品牌，并提供物流保障，可口可乐才有希望保住其在软饮料市场的份额。戈伊苏埃塔没有追求一种制造廉价糖浆的业务模式，而是设计了一种新的业务模式，在这种模式中，产品的全球分销创造了重要的利润流。因此，他扩大了可口可乐的领域。他以巨大的成本投资采购，并在必要时建立了全球装瓶和分销能力，从而创建了一个综合性的全球软饮料分销业务。在此过程中，他建立了强有力的中央控制和流程，以确保该品牌在世界各地得到一致使用。他在整个供应链中获得了额外的利润，并为可口可乐的全球扩张奠定了基础。[a]

a. 2000年，戈伊苏埃塔的全球战略被新任命的总裁道格拉斯·N.达夫特（Douglas N. Daft）谨慎地改写，他认为可口可乐的下一波增长将来自更加关注当地需求的个性化产品，并且需要减少来自亚特兰大总部的严格控制。请参考 Constance L. Hays, "Learning to Think Smaller at Coke," New York Times, February 6, 2000.

专栏 12-4　沃尔特·瑞斯顿："5I"将花旗银行带入未来

沃尔特·瑞斯顿（Walter Wriston）是银行业公认的具有远见卓识的标杆人物，他在20世纪80年代早期为花旗银行划定了一个新的大致领域，这不仅推动花旗银行，甚至推动整个美国银行业迈向一个前所未有的方向。瑞斯顿宣称，花旗银行不能再继续依赖传统服务，因为传统服务的利润率正面临越来越大的压力，同时，它也不能再指望在机构业务和投资银行业务领域取得可观的绩效了。相反，他告诉他的管理者们，他希望在个人（individual）、信息（information）、保险（insurance）、机构银行业务（institutional banking）和投资银行业务（investment banking）这五个领域中都能开辟出新的业务。

尽管并非所有的创业方向最后都取得了成功，但这一愿景推动了花旗银行全新业务的大规模增长和发展，如基于ATM支持的分行银行业务、消费信用卡、分行销售的保险年金。这也带来了花旗银行与旅行者保险公司（Travelers Insurance）在1998年的合并，一个巨大的金融服务巨头由此诞生了。

划定大致领域的艺术在于——决定你将在哪个竞争领域发展以及你将追求哪些新的竞争领域,最好是与你公司的关键人物一起决定。然后,让人们不断重复这个过程。仅仅有简单的愿景和使命是不够的,那只是一个神话或传说。愿景至关重要,我们当然相信这一点,愿景与公司看重什么密切相关——它存在的目的是什么,是什么使得员工感觉拥有的不仅仅是一份工作,是什么价值观将员工凝聚在一起,作为一个团队他们想达成什么。划定大致领域是一个更有针对性的想法。它更具可操作性,并且描述了如果公司要实现其愿景,应在哪些领域展开竞争。为了有效地开展创业活动,人们需要陈述比愿景更具体有形的东西。为了实现这一愿景,他们需要知道应该追求什么业务方向。

因此,你的主要职责之一就是通过设置创业项目的参数来划定可接受的创业开发领域,那些参数具体定义了哪些创业方案是可以接受的,哪些是不可接受的。划定大致领域的挑战在于考虑公司能够实施哪些创业方案,不能实施哪些创业方案。

在试图划定你的公司的创业活动领域时,你发现下面的练习可能会有所帮助。首先,请你对现有业务中最不想要的创业扩张划定若干标准。问问你自己,你不想参与什么类型的业务。你应该列出许多你的公司不需要的业务类型。将这些标准明确地表述为具体的业务运作方式是很重要的——任何人都可以说:"我们不想在低利润、高固定成本的市场上发展业务。"但你可以这样说:"我们不想发展任何一种顾客价值感知由别人所掌控,而我们只被看作一个零件供应商的业务。"其次,解释你为什么做出这些选择,例如,这些项目的哪些品质使它们失去了吸引力。你最终希望建立一套筛选创业业务的标准,以便剔除那些看起来很有吸引力但并不适合你的公司的业务。

把没有吸引力的业务领域描述清楚,这给你提供了一个很现实的背景。在此背景下,你可以将那些吸引你的业务所具备的品质具象化。你可以列出来这些机会的哪些方面让你相信你可以有效地管理它们。

在描述了是哪些标准让潜在业务领域具有吸引力之后,下一步,你要在"是什么使得所选的业务具有吸引力"和"是什么使得你能在这些类型的市场获得成功"这两个问题之间建立起联系。

试着写一些简短的语句,快速表达你想进入的领域。例如,当我们与德州仪器公司的射频识别业务合作时,在我们"划定大致领域"的对话中产生了这样一个标准:"它智能吗?"这个问题背后的逻辑是,该公司不希望进入其特殊技术优势无法得到充分利用的应用领域(如果优势无法得到充分利用,顾客也不会认可这可以作为溢价的基础)。

最后的挑战是,如果可以的话,请你提出一个强大的图景来传达你对领域的大致划定。

我们举一个身边的例子来说明。彼得是一名来自斯堪的纳维亚(Scandinavia)的创业者,我们认为他擅长创业,他的履历也证明了他的能力——他和他的两个兄弟精心筹划创立了二十多家创业公司。彼得的理念是,要创建那些可以剥离给其他创业团队,或者可以出售给寻找新商业机会的大公司的创业机会。多年来,他的公司的真正优势在于将计算机辅助设计和计算机辅助制造技术应用到以前没有使用过这些技术的环境中。这意味着整合分散的行业,或在原有的行业内创造新的细分市场。

在自己最不喜欢做的业务方面,彼得很自律。他对那些不能为顾客解决他们真正需要解决的问题的业务丝毫不感兴趣。他既不考虑有可能吸引全球主要公司(例如日本和韩国的公司)注意力的业务,也对仅局限于斯堪的纳维亚的市场的业务不感兴趣。因为斯堪的纳维亚的市场很小,增长潜力十分有限。

在仔细考虑了他不想要的业务类型后,彼得得出了一个非常清晰的"最想要"业务的表述。他将自己的标准总结为"50 的 4 次方"。关于"50 的 4 次方",他的意思是,他对任何有潜力产生 5 000 万克朗(约合 800 万美元)利润,达到 50% 利润率,同时还能够在 50 个不同国家的市场上均获得超过 50% 的市场份额的业务都感兴趣。"50 的 4 次方"原则为他的公司节省了大量的时间,因为他的员工能够快速筛选掉许多在彼得看来没有足够上涨潜力的业务。50% 潜在市场份额的要求使他的同事只关注那些解决真实的、普遍的顾客需求的业务。50% 利润率的要求意味着顾客将愿意为了解决问题支付很高的报酬;通过为顾客解决这些让他们感受到痛苦的问题,他知道他可以收取更高的费用,并占领一个差异化的位置。50 个国家的要求意味着他可以在一些不太可能会激起全球化巨头这一级别的竞争对手做出激烈竞争反应的利基市场上获得高利润位置。

彼得并不要求他的员工严格遵守每一个"50"——这是他关心的基本原则。但如果有一个令人信服的理由来证明违背"50 的 4 次方"原则是合理的,他也会欣然接受。尽管如此，他所追求的图景依然是非常清晰的。他划定的大致领域既为他的员工提供了很多开发创业方案的空间，与此同时也让他们可以迅速否决那些达不到他要求的业务。

他的"50 的 4 次方"原则源于他对"在什么条件下可以发挥公司的战略性优势，并同时成功获得高利润率和高市场份额"这一问题的理解。这些优势包括以下几点。

第一，他可以利用自己在 CAD（计算机辅助设计）和 CAM（计算机辅助制造）方面的扎实技术，进入分散的行业对其进行整合。

第二，他可以利用斯堪的纳维亚公司的优势，在世界上许多其他国家的公司被怀疑或厌恶的地方，来自斯堪的纳维亚的公司却可以被很好地接受。

第三，几个世纪以来，斯堪的纳维亚人一直有在本土市场之外经商的传统，他们普遍会讲多种语言，他可以对这一点加以利用。

上面的例子印证了我们建议的前三个步骤：首先，定义最不受欢迎的业务；其次，定义最受欢迎的业务，并明确什么将推动未来的成功，用简短的语句抓住关键点；最后，创建一个习语或图景来象征性地呈现你的想法，这将使你划定的大致领域保持持久有效。我们提到的斯堪的纳维亚创业者使用的"50 的 4 次方"、马丁内斯的"3C"和"3P"，以及瑞斯顿的"5I"都是很好的例子。

将划定大致领域这一概念简化为一个简单、有力的图景可能是一项艰巨的任务。它需要洞察力和准则以确定未来创业开发的核心驱动因素。但如果你能做到这一点，你将为公司里的每个人提供一盏明灯，照亮你的业务的命运所在。

一旦你划定了一个大致的领域，向人们展示了可接受的业务领域，你的下一个任务就是制定基本的规则，告诉人们应该如何开发这些业务。这就是我们在书中所涉及的所有内容的集合，当你建立起创业思维时，到目前为止我们描述的管理过程都将成为你日常生活的一部分。

实物期权推理和厉行节约准则

正如我们在整本书中所讨论的，业务开发的正确方法是使用实物期权推理。这意味着在刚开始时，投资和启动成本都要控制在最低水平，直到业务显示出上涨潜力。

请尽量在资源支出方面厉行节约。努力让人们去挖掘进入策略，其中的重点是，在投资之前让其通过论证潜在收益去获得资产投资或成本承担的权利。[4] 如果任由大家各行其是，人们很少会自觉地把厉行节约这一准则用在自己身上。他们会发现，用自己的方式来解决问题要省事得多（特别是当他们花的不是自己的钱的时候）。

你怎么才能做到这一点呢？正如你能够向大家传达开展新业务的紧迫性那样，你自己的行为也将向人们传达如何以正确的方式开发新业务。实物期权推理将通过你的实践得到强化。如果员工每次提出一个项目时，都知道你会挑战他们，并会要求他们先证明自己已经竭尽所能发挥了自己的想象力，而不是先想着花钱和投入资源，那他们就会像一个资源紧张的创业者那样去开发这个业务。例如，他们将学会尽可能减少投资。他们将避免产生资产投资、固定成本以及启动费用，除非证明该业务会有很好的回报。他们会在做出一个昂贵的决定前三思。从好的一面看，他们会由衷地专注于那些可以为未来成功铺路的早期胜利。

探索驱动计划和探索驱动哲学

我们在第 10 章详细讨论了探索驱动计划，它是一种与实施新方案的哲学逻辑一致的计划方法。在探索驱动哲学中，失败本身并不是一种罪过，但是失败的代价太高并且没有得到教训就不能原谅了；错过最后的期限本身并不是一种罪过，但是不知道错过的原因就不能原谅了；承认自己错了本身并不是一种罪过，但是无法阐明最初假设的逻辑基础就不能原谅了。尽管习惯性创业者以这种方式（探索驱动）进行思考和管理已经成为一种直觉，但这种探索驱动哲学与许多人所学的"好的管理"却是背道而驰的。

你可以设置一些具体的期望，这些期望关乎在你的公司中使用探索驱动计划的方式。第一，它必须作为一种动态的管理工具而不是静态的练习来使用。人们需要认识到，这不是为了获得项目批准而进行的死记硬背式的练习，而是一种认清什么是真正的商业机会以及如何抓住它的强大方法。第二，人们需要关注计划的各个方面。他们需要了解市场和竞争基准，可交付成果，假设背后的逻辑，以及如何从一个里程碑前进到下一个里程碑，最重要的是，他们如何以尽可能低的成本来检验假设。除非作为领导者的你清楚地表明你希望看到假设被检查和验证，希望逆向财务报表被更新，希望业务模式在关键的里程碑上被重新评估，否则人们很快就会停止关注这些方面。

作为创业思维的拥护者，你还需要扮演一个非常关键的角色，那就是面向高管和外部利益相关者（如股票分析师）传递这种探索驱动哲学。因为这些人对那些试图开展新项目的人所施加的压力可能会迫使他们回归到传统的方法上去。你需要始终如一地解释探索驱动哲学背后的逻辑，随时准备提供支持其有效性的证据，如果有必要，还要为那些虽然管理得很好但没有得到预期结果的项目承担责任。

亲自动手

我们将讨论的最后一类实践是你对创业行动的积极倡导。作为领导者，当你确实积极地参与到发现和实施新创业项目（而不仅是营造工作氛围和协调他人的行为）的过程中，你便会产生巨大的个人影响。在小公司中，这将是你日常工作的一部分。在更大的公司中，你需要节省精力，专注于那些你认为对公司的未来最重要的新项目，你的技能和才华将为它们带来最大的回报。

你需要扮演的第一个也是最重要的角色是，应用你通过本书中所描述的各种技术所形成的分析视角，换言之，你要去发掘独属于你和你的公司的，具有形成重大市场突破基础潜力的创业洞见。我们将聚焦于四个不同的活动：首先，识别这些洞见；其次，将每种洞见都转换为可操作的业务描述，以使每个负责实施的人都容易理解它；再次，在公司内部建立追求这一业务的决心并使其深入人心；最后，履行创业领导者的职责。你的工作是建立"速度、简单和自信"（杰克·韦尔奇），从而确保快速有效地执行。

识别创业洞见

本书中所描述的分析过程将帮助你发现竞争对手不太可能注意到的业务增长机会。你还可以实施它们无法复制的创业策略，这是因为它们不是你——它们无法从你的角度看待问题。当你重新查看机会清单时，请认真考虑那里的每个想法是否可能代表了具有高突破潜力的创业洞见。特别地，要在以下情况中寻找机会。

1. 对细分市场来说，以前的"可容忍"属性正显示出越来越令人不满的迹象，特别是在行业标杆所在的细分市场，如第9章所述。其他人将跟随或效仿这些行业标杆。

2. 你对消费链和价值链的分析表明，可以部署新技术、新的基础架构，或新的数据系统来删除或重组消费链和价值链中的环节。

3. 整个行业在你有能力发起挑战这一假设的基础上运作。以下是一些错误假设的例子：富士施乐（Fuji Xerox）的专利无懈可击；钢琴行业已经成熟；没有人想要黑白电视了。㊀

4. 行业中成熟的业务模式可能很快会屈服于你已经识别出并将要利用的变革力量。例如，通过整合许多小公司的需求，来创建巨大的集合市场的能力是一种力量，可以预见的是它将破坏许多行业的业务模式。同样，当前生产制造技术的进步使得为较小规模的市场量身定制产品变得可行且具有成本效益，这一力量不仅有望改变产品的生产制造方式，而且能够彻底改变产品的销售和定位方式。

5. 你的公司正在开发可以满足另一行业顾客需求的功能。例如，在照相应用程序中对图像进行数字处理，而非化学处理。

6. 在一个观察到的行业中，公司之间的业绩差异很小，但是有迹象表明一些重大变化正在发生。例如，以前受监管的行业正在私有化，原本不存在竞争的行业出现了激烈竞争。

7. 一种新的问题变得足够大，引起了越来越多的关注，而你发现你的公司有解决此问题的可能性。例如，随着越来越多的女性加入职业队伍，对她们在家庭和社区中扮演的传统角色形成压力，从而产生了新的需求。这种新问题的例子包括在工作时间内为儿童安排交通、医疗和其他服务，管理家庭护理，为志愿者组织配备人员。对有所准备的公司而言，其中一些问题可能蕴藏着可以加以利用的商业机会。

8. 新兴技术正在逐渐从边缘市场进入主流市场。通常，重大技术突破在前期只会进入少数几个专业应用领域，这些领域追求的是技术所带来的极端价值。

9. 在短期，你发现非连续性变革的延迟效应开始出现在行业中。当一个行业发生重大变化时，各个公司对其做出的反应所带来的影响可能会比较滞后。例如，针对行业变化而改变采购政策的公司几个月内都不会感受到采购政策的变化的影响。

㊀ 原书写于2000年。

同样，针对行业变化而修改了预算政策的公司在一年左右都不会感受到这些变化带来的全部影响。在这种情况下，你可以在你未来的顾客明白之前看到滞后需求的出现，从而为解决滞后需求做好准备。

在推进此过程时，你可能会发现一系列机会（虽然不是太多），你的公司正好可以加以利用。下一步是验证这些洞见。

将创业洞见转化为业务主张

在你确定了一些可能对未来突破非常关键的核心创业洞见之后，你的下一个挑战是将它们中的每一个都转化为强劲有力且可行的业务主张。业务主张要想变得强劲有力，它必须具有三个属性：①简洁；②可执行；③能让负责执行它的人产生共鸣。

谈到简洁，我们认为，一个严格的检验标准就是你能否在仅有一张名片大小的纸上写下你的业务主张，并且还能完整无误地表达你的意思。如果你能做到这种简洁程度，你就可以使业务主张更易于理解和沟通。佳能（Canon）关于个人复印机的业务主张就非常简洁："出售一种小巧、便宜且可靠的复印机，供秘书放在其办公桌上使用。"雅马哈（Yamaha）也是如此，"出售键盘"这一简洁的业务主张就打破了其被视为仅仅是一家钢琴公司的局限。提出业务主张的一个好方法是使用以下开头语与市场联系起来："顾客应当会为……付出高价格"，或"顾客应当会选择（喜欢）……"。请注意使用"应当"一词，这表示我们仍在谈论一个假设，它还不是事实。

与"划定大致领域"一样，如果能够将业务主张简化为一个简洁、有力且可行的图景，那么它的力量就会增强。想象一下Priceline.com的"你来定价"这一业务主张背后的清晰性、简洁性和可操作性。一旦你的脑海中有了业务主张的图景，实现它所面临的挑战就会变得明确。人们也由此能够围绕它动员起来，专注于它，并谈论它。可执行的图景可以是图片、符号、隐喻、类比，也可以是任何方便人们立刻理解它，并能对基本的操作性挑战产生共鸣的东西。

打造决心

提出业务主张后，下一步就是让人们投身于创业项目。这需要公司中其他人的承诺和决心。

对员工而言，决心始于具有内在意义的商业目的。你的创业项目对个人的情感吸引力越强，人们就越愿意为完成它付出超乎寻常的努力。因此，你应该尝试在创业项目中建立针对个人的意义。当你可以用对员工有吸引力的方式描绘出应对挑战所带来的好处时，你就能增强他们的决心。这些方式包括利用他们的自我价值、好胜心、成就感和职业自豪感等。简言之，你得使创业项目的产出与员工内在的价值观联系起来。

促使人们投身于一个项目的另一种方法是尽早让他们参与进来，以便他们可以亲自参与制订计划。让他们在过程中尽早发声的一个优点是，人们更倾向于将精力投入到他们已经参与创造的事物上。另一个优点是，你可以得到关于业务主张的不同看法。没有人是绝对正确的，你最初的基本假设也有可能是错的（考虑到大多数管理者面临的大量不确定性），因此必须对业务主张进行调整。每个人的认知都有局限性并存在偏见，你也一样。通过和与你观点不同的人进行建设性辩论可以对新出现的业务主张进行严格的检验，这一点很重要。你和负责执行的员工必须确定没有自欺欺人。这也有助于打造人们坚守该项目的决心。

打造决心的另一种方法是，避免提出看起来遥不可及的崇高的长期目标。请把崇高的长期目标分解为更短期的、更容易实现的目标。这样一来，尽管前方的路还长，但可以在初期鼓舞人心和带来成就感。例如，一家从事出版业务的创业项目的管理者面临着这样一个挑战，她需要让销售人员走出去，并在两年内将市场份额提高20%。面对这个看似不可能完成的任务，她将其转换成了更易于管理的目标。她告诉销售人员，要实现此目标，他们要做的就是每个人每月搞定10个新订单。与宏大的长期目标相比，销售人员能够轻松地想象每月搞定10个订单所面临的挑战。

最后，你需要找到在过程中认可和庆祝短期成功的方法。在前面的例子中，销售经理每个月都会召集整个销售团队和支持团队，以庆祝销售量大增，以及他们又向最终目标迈进了一步。建立一个目标共同体，这样能够驱使执行项目的每个人都加倍努力。

担负创业领导者的责任

随着业务主张的形成，人们将指望你去承担一些重要的领导责任，我们将在下面讨论这一话题。如前所述，承担这些责任是创业领导者的基本特征。如果你要向公司中的每个人灌输创业主动性的信念，请务必严格认真地练习如何承担这些责任。

搭建框架

正如我们在第 2 章中讨论的那样，启动创业项目的方法就是搭建一个具有挑战性的框架。但是重要的是，你必须意识到其他种类的框架同样必不可少。例如，第 10 章中所讨论的逆向财务报表和基准参数可以用于克服技术和组织方面的挑战。然后，你可以充分利用组织里的工程人才和科学人才来应对这些挑战。

当我们与佳能的 Keizo Yamaji 会谈时，我们了解了搭建技术挑战框架的重要性。在 Keizo Yamaji 的带领下，佳能从一家表现一般的影像公司变成了如今在打印、复印成像方面都堪称巨头的公司。这一转变的灵感来自他阅读的一份咨询报告，该报告称"施乐的专利是无懈可击的"。看到这里，大多数管理者都会放弃。但 Keizo Yamaji 却认为，如果这一点已广为人知，那么就会把竞争对手拒之门外。如果他能够解决专利问题，就将独占这一市场。他在该领域花费了很长时间，观察人们如何与复印机交互，并注意到了当时的施乐公司根本无法满足的一系列需求，那就是仅复制几份短文件的需求。当时施乐公司主攻的是可以连续复印数百份文件的大型机器。

接下来，他仔细评估了工程师的技能，并将这些技能与他认为的所谓的个人复印机的特征做了比照。然后他打电话给工程师："我希望你们给我做一台复印机，不能比一个面包箱大，在美国的零售价不能超过 1 200 美元，且它永远都不需要维修。请在 18 个月内给我。"

正如他所说的："起初，工程师做了他们一贯擅长的事情——发牢骚！但是，猜猜之后发生了什么？他们迈出了这一步，他们做到了。个人复印机比我要求的大一点，花费也更多，还是需要维修，但需要维修的次数很少，制造时间不到两年，比 18 个月长。但是我得到了我的复印机以及其所代表的数十亿美元的业务。"

现在想象一下，如果他告诉工程师："我希望你不久就能为我制造一个小巧、便宜、可靠的复印机。"那将会是什么结果呢？

Keizo Yamaji 搭建了该项目的框架，但他没有对其进行细微的管理。当他向我们解释如何制造个人复印机时,他认为自己遇到的最大挑战是对工程技术提出挑战,既要追使他们发挥出自己的能力,但又不能超过他们的能力范围。在这一点上,组织非常需要管理者的个人判断。

正如 Keizo Yamaji 所认识到的那样,作为一名推动创业项目的管理者,其职责是清楚地为他的员工搭建有挑战性的框架,然后就靠边站。他说:"我的工作是搭建框架,明确地说明结果应该是什么样子的,然后让他们去做。"

吸收不确定性

通过控制人们感知到的风险的数量,从而帮助他们应对不确定性,这一点尤为重要。如果不这样做,会严重阻碍创业项目的发展。因为大多数人在面临巨大的不确定性时很难果断采取行动。因为害怕犯错,他们陷入了困境。但关键问题是,我们正处在一个迟缓比犯错代价更高昂的时代——如果你推动人们以厉行节约的态度开展工作,尽管你可能依然会付出不少代价,但你可以通过不断犯错来找到未来发展的机会究竟在何处。

作为管理者,你的任务是减少不确定性。你要帮你的员工建立一种自信,使他们能够在不寻求管理许可的情况下就对机会采取行动。在许多业务环境中,固有的复杂性会把员工击溃,一定要防止发生这种现象。

如何做到这一点呢?通过消除情境中的不确定性。他们需要听你说:"我假设 X、Y 和 Z 会发生。你按照这些假设执行,如果错了不是你的问题,是我的问题。你需要做的是在假设我是正确的情况下认真执行。我可能稍后会找你说我错了,我们必须假设 A、B 和 C 会发生。但是现在,请先假设我是对的。"这句话的重要性以及人们听到这样的话之后所得到的宽慰,无论怎么强调都不过分,就像下边这个例子所展现的那样。

我们正在与保险业的一个项目团队开展合作,这个团队准备在全国范围内推出其主要的新产品。要理解这个故事,你需要先了解一些背景知识。在美国,保险是按州进行监管的。从本质上说,在你明确要在哪里销售产品之前,你必须知道有多少个州的监管机构已批准该产品在其所在州发行。项目经理正在询问他的主要运营人员。

"你准备好了吗?"项目经理问。

"我觉得好了……"主要运营人员的回答明显带着迟疑。

"嗯，好了还是没好？"项目经理又问。

"如果我没有遇到太多的计算机故障，同时曼哈顿西区的团队能够全力以赴……"这位运营人员开始喋喋不休。

我们都清楚发生了什么——这位运营人员根本无法回答这个问题！他不但要保证自己的团队已经完全待命，还要预测可能面临的挑战的水平，尤其是还要考虑不同州的监管机构的不同监管政策。

这时，我们进行了干预，将项目经理叫到一边。我们告诉他，他的工作首先是告诉运营人员必须搞定多少个州。如果没有这些信息，运营人员只能原地待命，因为他无法确定自己是否真的准备就绪。项目经理显然很感兴趣，他说他知道该怎么问了。我们回到小组，项目经理问："那么，如果我们要在第一天就获得十五个州的批准，你是否准备好了？"

气氛和信心的变化显而易见。"哦，没问题，十五个绝对没问题——实际上，我已经做好了备用方案以防万一，就是多几个也没问题！"有力、自信的回答出现了。事后我们对此进行反思并得出了结论，所有犹豫的根源是对挑战水平的不确定性。在高级管理人员解决这些不确定性之前，操作层面的人根本无法自信地回答这些问题。这就是高级管理人员存在的理由——帮助人们应对并消除不确定性，避免情况陷入瘫痪。

这确实给你带来了麻烦，那就是应对你自己面临的不确定性，但归根到底，创业思维能力的本质就是应对不确定的情况。请记住，你不必永远保持100%正确，你只需要在大部分时间大体正确就够了。此外，一支有能力、有信心并富有韧性的团队通常可以应对你所设定的目标与实际情况的差异。至关重要的是，要认识到何时必须吸收不确定性，以便他人可以继续执行。这种不确定性通常只有由高级管理人员去吸收才可靠——你才是那个最能承担错误的人。

管理者们往往不能为他们的团队摆脱不确定性的羁绊，这是因为对他们而言，这样做的必要性并不是那么明显就能感受到。现代管理理论有一个本质矛盾，那就是管理者有责任去明确期望，但又不能采取过去那种明确告诉员工具体怎么做的做法。

有时，你吸收不确定性的能力将极大地加速业务的发展。具体来说，请确保你已经为员工如何设置他们自身的优先级提供了指南——真正重要的是什么，什么可以等待。确保员工知道你期望他们做些什么——多长时间，多大规模，以多大的进取心。你可以通过提供最佳猜测指导来让他们更有效率地做好准备，直到获得更多信息为止。

定义引力

管理者的另一个任务是定义引力，即必须接受什么和不能接受什么。"引力"这一术语通常用来表示人们理所当然接受的限制性条件。诚然，地球上存在万有引力，但这并不意味着我们任由它主宰我们的生活。如果我们可以摆脱"引力导致飞行不可能"这一心理预设，那么就可以利用我们自身的创造力发明飞机。这就是成功的创业者需要做的——他们在其他人看到障碍和限制的地方看到了机会。

可见变化公司（Visible Changes）的约翰·麦科马克（John MacCormack）就是一个很好的例子。他曾两次将自己的公司带入《公司》杂志所评选的美国发展最快的公司名单。你可能会问，他创立了什么公司？一家高科技初创公司吗？还是一个有突破性的制造商？其实都不是。他创立的是一家在美国西南地区连锁的美发沙龙。人们普遍认为这个行当又艰难，利润又低。在经济衰退期间，情况则会变得更糟，因为人们剪发的频率会降低。因此，当得克萨斯州上次陷入衰退时，麦科马克本可以接受经理们对业绩不佳的解释。然而，与此相反，他要求经理们对即将到来的衰退进行创造性思考："我们是要在这场衰退中随波逐流，还是要战胜这场衰退？"经理们认识到，毫不抵抗地在衰退中缴械投降并不是他们想做的事情，接着他们将注意力转移到了他们依然能够做的事情上——即使面对的是充满限制条件的情形。

接下来，经理们要做的工作就是，确保那些确实需要理发的顾客会来他们的美发沙龙。经理们主动联系顾客搞促销。他们利用对顾客的了解，针对顾客生活中的特殊事件，例如周年纪念日和假期来提供服务。他们竭尽所能，以确保他们的沙龙在顾客心目中始终处于最高地位。结果如何呢？顾客平均每五周拜访一次（相对于经济衰退前的每四周拜访一次），但他们没有等待六周，也没有更换沙龙。麦科马克通过设定挑战让大家实现了潜力，而且这些挑战也没有超出他们的能力范围。

你的职责之一是为即将执行创业项目的人定义引力。你需要查看机会清单中列出的那些障碍，并为你的团队明确哪些障碍是必须接受的给定限制（他们的"引力"），哪些障碍被视为约束条件是不可容忍的（去造飞机）？这需要你做出判断，这些判断反映了你对员工能力极限的理解，以及在他们不崩溃的前提下可以推动他们挑战自己到何种程度。

清除路障

管理者还有一个任务，那就是清除因内部资源竞争而产生的障碍。这可能是一个难题，尤其是当创业业务开始显著地增长时。一个成长中的业务通常会在此时第一次直接与公司的其他（通常是之前建立的）业务抗衡，涉及激烈的内部资金争夺和员工争夺等诸多方面。竞争将会造成其他部门的经理对你的创业业务心生不满，有时甚至连你自己所在部门的直线经理也会不满，都可能迫切需要那些被你拿走的资源。[5] 如果不顾及这些经理，他们可能会调动自身所拥有的全部力量并摆出历史惯例，来阻碍新创业业务获得迫切需要的资源，或者他们可能会将资源分配延迟足够长的时间，而这会导致竞争对手也有时间参与竞争。

你可能确实需要进行干预，并在必要时提醒公司需要重新编制整个预算。这意味着需要修改人员计划以适应快速增长的创业业务的发展需求。

随着当前部门的资源需求增加，此类干预的必要性也随之增加。来看一下这个创业案例，它来自我们研究过的一家电子公司中的某个部门。该创业项目开发了一项具有数十亿美元长期收益潜力的技术。不幸的是，在该技术的重大应用即将迎来突破的关键时刻，该公司核心业务的资源需求也开始猛增。核心业务部门的负责人迫切需要大量资金来提升产能。公司的高层管理人员来自核心业务，对核心业务更了解，他们也更能从核心业务中获利。因此，创业项目的管理人员为了保住手里的资源而承受了巨大的压力。在这种情况下，创业项目的业务增长速度放慢，初创管理团队的高级管理人员沮丧地辞职，新应用晚了大约一年时间才推向市场。幸运的是，竞争对手还是远远落后于此，创业项目后来也取得了相当大的成功，但是这个故事也很容易有一个不愉快的结局。

背书

创业项目通常会面临一个严峻的问题，即如何消除潜在顾客和供应商的疑虑。

他们的态度很可能是"为什么我们要支持一个尚不可行并且可能会倒闭的项目？"你的任务是解决这些问题，方法是让具有足够信用的人来为创业项目提供背书，并承诺即使发生了重大初始损失也能坚持下去。如果你没有这种信用，那可能就需要向你的上级，甚至上级的上级去寻求它。没有信用，就没有你的业务。

考虑一下我们在第11章中讨论过的那家公司。该公司正在开展数据库创业项目——它们抓取那些购买包装商品的消费者在购买行为方面的特定信息，然后将这些信息出售给这些商品的制造商及其零售商。难点在于需要此类信息的主要顾客可能是包装商品行业里的巨头，例如宝洁、联合利华、通用食品、通用磨坊等公司。除非可以说服它们相信这个数据库能够给它们的业务带来增值，否则该创业项目将永远无法实现其乐观的收入预期。

这些主要顾客心存怀疑。尽管这个概念很吸引人，但这家公司在这方面几乎没有信用，况且它们的主要顾客也都已经习惯了在直邮广告和促销上支出大笔开支。开展数据库创业项目的部门是一家金融服务公司下属的一部分，该公司在零售商品或数据库营销方面从未涉足。因此，这些主要顾客担心的是，它们在对新技术及其应用进行重大投资（包括培训和系统开发）后，发现新创业项目的母公司无法为其提供积极支持。为了减轻它们的担忧，母公司的高级管理人员本可以亲自向这些主要顾客承诺并保证他们对创业项目的投入。遗憾的是，他们并未那样做。

因此，这些主要顾客从未签署支持该项目的合同。最终发生的事正如它们之前所担心的：母公司在亏损多年后终止了该项目。顾客的反应是可以预见的："我告诉过你！"这些顾客从未相信这样一个业务会在其母公司那里得到首要支持，现在它们的怀疑应验了。两年后，竞争对手成功推出了相同的概念。在今天，与个人购买行为方式识别相关的服务业务已经成了一个高速增长的市场。

决定是否以及何时为一个充满不确定性的创业项目背书绝非易事。你无法将注押在不断涌现的每一个创业项目上，你必须谨慎判断以决定何时介入并切断恶性循环。尽管你需要在下注之前就确信项目会成功，但是直到下注后，项目才能前进。

时刻把准脉搏

随着创业项目逐渐进入实施阶段并开始由其他人接手具体执行，你作为创业领导者,你的工作变成主要负责对发展机会进行建设性的监督和控制了。我们已经列出了一些问题,随着创业项目的开展,它们可能会需要你的持续关注。

1. 不断检查市场接受度。要想成功实施项目,成本最低的方法就是不断地寻找证据,看看你所设想的市场是否接受了创业项目的业务主张。正如我们在第 9 章中所强调的,在讨论进入策略时,没有什么比在投资创业项目前确保订单更能证明业务主张是有效的。这可能很难实现,但正如我们之前所说的那样,如果你不能得到订单,你能得到购买意向书吗?如果你得不到购买意向书,你能得到表达兴趣的意向书吗?如果你甚至不能让别人写一封表达兴趣的意向书,那么就应该警惕地重新评估创业项目的基本业务主张是否合理了。

2. 推动与关键利益相关者达成交易。实际上,每一个创业项目的成功与否都取决于能否与关键利益相关者达成 3~5 个关键的交易,它们的最初承诺对创业项目至关重要。推动创业项目的负责人需要识别哪些交易将决定创业项目的成败,然后确保他们可以在重大投资承诺之前在这些交易上取得进展。通常,这些交易可能是与关键供应商、分销商、投资者、员工或顾客达成的协议。如果不能得到他们的支持,整个创业项目就会面临风险。而且,如果你搞不定应当达成的交易,为什么要拿你的创业团队的命运去冒险呢?比如,如果你对某笔收购或者独家购买许可付出了太高的代价,那你的项目将很难获利;其他风险也会出现——你的创业团队中的人需要知道,如果有必要,他们可以退出这个项目,你也会支持他们的决定。

3. 在确保可以盈利之前要求团队不要轻易花钱。你应该提倡这样一种原则,即创业项目在有足够的收入来源之前,无权享有资产和承担固定成本。努力推动团队成员将初始投资尽可能降到接近于零的水平。你们通过购买二手资产而不是新的资产来最小化初始资产。比购买更好的办法是租赁,比租赁更好的办法是外包生产,最好的办法是"乞讨"现成的设备。

4. 推动你的团队努力在成本流之前启动收入流。要做到这一点,你需要确保提前支付,并推迟现金流出,比如支付薪酬。推动团队避免产生固定成本,而不是投入固定成本。所有这些策略都减轻了项目产生投资回报的负担。

5. 推动团队实事求是地发现技术缺陷。当使项目成功所需的技术对你来说是陌生的,或者更糟的是,对整个团队来说是陌生的,你可能会严重低估在保护、开发与部署它们时所面临的困难。实际上，缺乏这些技术，将使得你一开始推向市场的产品的质量有所不足，这将让最初那几个勇敢的购买者失望。你不能允许这种事情发生。在把你的产品投放到一个可信赖的市场之前，你和你的团队要确保开发出正确的技术并可以可靠地使用它们。

6. **精心安排市场进入**。不要让团队匆忙将不成熟的产品推向市场，也不要为了追求完美对产品进行无休止的修修补补，而不去市场上测试产品。确保你已经识别出了领先用户，他们会因承担测试者角色而得到认可和奖励。

7. **保持注意力在学习上**。你需要确保团队成员践行探索驱动计划的准则。在进行重大投资之前，你需要对假设进行记录和检验。当你将假设转化为知识时，你就可以系统地给你的项目重新定向，尤其要从惊喜和错误中学习。当你做得比预期的好时，就会出现惊喜。但即便如此，你要知道这意味着你做错了什么！通常，带来惊喜的结果不会被分析，因为它是积极的。但是，由于惊喜可能源自不正确的假设，所以你需要检查这些假设，以确保你能继续收获惊喜。

8. **确保团队持续监测关键变量**。有时，关键变量的微小变化预示着巨大的绩效差异。还有一种自然的倾向，就是人们总是喜欢花时间去检查那些容易检查的变量，而不是那些真正重要的变量。一定要确保有人在注意预警信号，以防高影响变量可能正在走向悬崖。

管理失败

任何创业项目都面临着失败的风险。对创业领导者而言，鼓励人们进行创新当然非常好，但当失败发生时，整个企业都会停下来看看你将要做什么。这个停顿是你可以用来检验的时间，而你的所作所为将为员工未来投身创业项目树立榜样。

我们发现，创业领导者在遇到失败时会采用三种重要措施：建设性的事后调查、回收，以及发现陷阱。

建设性的事后调查

没有人会因为做出错误的决定而得到奖励，成功的创业领导者也不会原谅愚蠢的失败。然而，对于那些团队决策始终正确的项目，如果由于超出团队的控制范围而失败，则团队应该得到认可和奖励。那些成功促进创业项目持续发展的创业领导者通常会进行建设性的事后调查，以区分项目是因运气不好而失败还是因为团队决策失误而失败。如果你一直通过探索驱动计划来跟踪假设以及假设的偏离情况，那么管理不善和运气不佳之间的区别就很容易搞清楚了。事后调查还带来了管理失败的第二种做法，即回收。

回收

即使在失败的项目中，通常也有很多值得学习和借鉴的地方。例如，在我们对收集消费者数据的创业项目的研究中，我们发现该创业项目已经开发了非常强大的数据压缩技术，这原本可以在公司的其他业务中使用，但是在做出关停业务的决定后，这种机会却被丢掉了。失败项目中所有的积极面都被忽视了。此外，回收行为有助于给团队中那些可能无法承受失败的感觉的成员传达这样一个信号：失败的是项目，不是他们。

发现陷阱

通常，你有必要去检查一下业务开发团队是否陷入了乐观情绪的陷阱，从而使他们无法意识到业务将要失败。发生这种情况的原因有很多——人们很难不对那些激动人心的项目抱有错误的乐观态度，或者因为担心失败的后果而否认即将发生的失败。但是，也可能会出现这样一种局面，所有参与这一创业项目的员工都离开了原本坚实的职业道路，业务开发经理无法接受这样一种牺牲是徒劳的现实，因此他坚持不懈地希望事情会好转。在其他情况下，不愿承认失败的压力来自外部力量。我们观察到，强势的分销商会迫使业务开发经理们继续实施它们想要继续的项目，尽管这一项目为团队所在的公司带来了损失。因此，重要的是要发现陷阱。如果创业项目似乎陷入了任何一个不佳的商业逻辑，那你可能需要亲自关闭该项目。

关键问题小结

最后，我们提出一些关键问题，让你用来检视自己，确保自己正在尽一切努力提升你所在公司的创业主动性。

◇ 我是否对团队成员的创业思维给予了一致的、可预测的且超出比例的关注？

◇ 创业项目是否一直在我的议程中占据重要位置？

◇ 我是否明显地将超出比例的资源分配给创业项目？

◇ 我是否有意识地向创业项目分配了超出比例的人才？

◇ 创业项目在整个公司中得到广泛认可吗？我是怎么知道的？

◇ 在我的机会组合中是否有足够多的新业务项目来支持我的战略，并把这些业务方案分配在了各个开发阶段？

◇ 我是否在有意识地精心安排创业项目的开发过程？

◇ 我是否已经划定了明确且有逻辑的大致区域？

◇ 是否有一个吸引人的、令人难忘的图景能描述这些？

◇ 我是否在创业项目中实行了实物期权推理和厉行节约准则？

◇ 我是否要对我们要采取的措施进行适当的计划、监测和控制？

◇ 我是否准备对已经采取的措施进行适当的干预？

◇ 我是否在可能需要我或上级干预的情况下保持警觉并做好准备？

◇ 创业项目是否已经被界定清楚？

◇ 对于每个特定的创业项目，特别是新业务的创业项目，我们是否需要内部清除路障？

◇ 如果需要清除路障，我是否已准备充分？

◇ 我的上级准备得如何？

◇ 对于每个具体创业项目，我们都需要外部背书吗？

◇ 如果需要背书或者从公司获得其他支持，我准备好了吗？

◇ 对于每个特定的创业项目，我是否都定义了引力——设定必须完成的任务的参数？

◇ 对于每个具体的创业项目，我都需要吸收不确定性吗？

◇ 我有一个建设性的事后调查吗？

◇ 我是否注意到可以从失败的项目中回收损失？

◇ 我是否有发现陷阱的警惕性？

The Entrepreneurial Mindset

13 第13章
创业优势：探索即战略

我们⊖都创立过企业，并且我们都在战略管理方面受过专业的训练。在一起工作的十年中，我们看到创业和战略之间的界限日益模糊。这是因为在今天的商业环境下，我们再也没有办法坚持过去的业务模式，必须创建能持续提出新业务模式的创业型企业。

无法持续创新和变革的企业，很快就会丧失其市场地位。这时，对于它们而言，最好的情况是被收购，最坏则会解散。若想谋求战略主动性，管理者别无选择，只能接受创业思维。这么做，他们将不得不放弃一些原本让人舒服的前提假设，在这些前提假设下，战略作为一种为将之道，已被实践太久。在这一章中，我们将总结这对管理者和战略家个人意味着什么，以及为什么通过减少复杂性和观察不确定性，以让事情变得简单是如此重要。

与传统战略观点相比，创业思维对竞争优势持有一种更加动态的看法。例如，当有关优势共享、规模经济和报酬递减的旧规则失效时，我们就会在竞争环境中失去一直以来所依靠的路标。利文索尔（Levinthal）的研究证明了这一点。他认为，人和企业只能处理有限的复杂性，当他们面临竞争环境和技术环境的快速变化时，就会产生系统性的功能失调行为。他为我们带来的一线希望是，如果能够捕捉到这些环境的主要特征，就可以将复杂性降低到一个企业能够承受的水平，从而提高适应能力。

换言之，尽管环境的复杂性和不确定性越来越高，但总有一些方法可以把它简化到足以加以利用。从快速变化的环境中识别出最显著的几个特征，比试图捕捉每一个细节和线索更好。在这本书中，我们提供了一些思考复杂事物的简单方法，我们的目标不是假装世界不是一个复杂的地方，而是帮助你充分理解在复杂和不确定的情况下应该如何采取行动。

除了日益增加的复杂性和不确定性之外，我们越来越多地看到了另一种压力，它与人们如何应对需要耗费大量注意力的问题和事件有关。在我们研究和工作的企业里，管理者们感受到的压力明显增加。他们迫切需要更好的工具来管理自己的日程，处理好那些侵占他们注意力的海量信息和输入，节约稀缺的时间和精力，为其他重要的事情腾出空间。

这就是为什么在整本书中我们一直强调专注、设定优先级、做出选择、有的

⊖ 此处指本书的两位作者。——译者注

放矢，以及接受新事物。你选择不做某事和你选择做某事一样，都是创业思维的一部分。

以创业思维进行管理的核心准则

下面，我们提供一些关键的指导方针，以便你基于创业思维进行管理，这实际上再次强调了我们在书中提出的一些观点。

在一个充满不确定性的世界里，你可以和任何人一样正确。使用这本书中的工具，你可以改变你的命运，就像鲍勃·格尔根那样的习惯性创业者一样，他在一个已经缓慢衰落了300年的行业里建立了一个价值12亿美元的蜡烛企业，还有约翰·麦科马克，他把一家美发沙龙连锁店变成了美国增长最快的企业之一。

尽管我们说你可以改变你的命运，但是我们也同意只有傻瓜才相信命运可以被自己完全支配这一观点。因此，在整本书中，我们都建议你在思考战略的时候充分考虑现实情况。无论是对客户对新属性的反应的实际检验，还是在探索驱动计划中确立基准来客观地评估你的优势，或是在到达主要里程碑时重新进行严格的评估，抑或是我们坚持要求你在行动时厉行节约并运用实物期权推理，我们都建议你设法减少竞争现实的影响。

你要认识到的第一个事实是，所谓业务模式，指的是一种通过使用其能力，提供比竞争对手更能满足客户需求的产品以获取价值的机制。要想赢，你需要比客户更了解他们自己的体验，当然也要比竞争对手更了解。你需要"进入"客户的头脑，了解你的产品对他们需求的影响，并弄清楚他们愿意为什么付钱，而不仅仅是他们希望你做什么。这就引出了最终的指导方针。

深入了解客户的行为背景

这是你创业武库中的一个强力武器。谈论"跳出框架"是一种时髦，但很难找到一个人能向你展示如何将之转化为重新设计、重新划分、重组、重新差异化的机会。毕竟，人们试图超越的那些框架从一开始就在那里，而它们在当时是有商业意义的。成功的创业者通常并不需要革命性的产品。相反，他们对客户所处的环境有着革命性的洞见，并对如何在这种环境下为客户解决重要问题有自己独特的想法。

我们已经强调了消费链、属性映射图以及细分和重组等想法，以帮助你构建你的创业思维。

创业思维需要人人参与

我们强调你不需要独自一人使用这本书中的工具。无论你有多聪明，你都不可能像一个学会了动员整个企业的竞争对手那么聪明。让其他人参与创业过程是至关重要的，你可以利用我们提供的工具，调动所有人的积极性创造机会。他们必须相信，一切新思想都是受欢迎的，但也要明白，并非所有的机会在商业上都是可行的，即使它们是好的。他们必须强烈地感觉到，是执行，而不是分析，才会给企业带来真正的不同。

聪明地试验

你无法单独依靠分析获得竞争优势。如果你能通过简单理性地思考创造优势，那么你的竞争对手也能做到。时至今日，相比分析和预测，战略更多体现为战略试验和试错式学习。那么你如何进行试验呢？我们建议你基于实物期权推理去执行战略：不断地启动、选择、追求、放弃项目和业务，然后再积极地实施那些最终显示出价值的项目和业务。在一个不确定的世界里，实物期权可以带给你灵活性和学习的潜力，它也是一种对冲风险的方式。它们让你以尽可能低的成本学习。

2000年以后，管理者的主要任务之一是对企业的期权投资组合进行管理，正如未来战略家的一个关键角色将是最大限度地从实物期权投资中学习一样。

坚守准则

用成功的习惯性创业者的那些坚如磐石的准则来管理试验过程。他们不能接受使用大量资源来弥补他们所犯下的重大而昂贵的错误。我们已经描述了他们用以达成必要准则的方法，并向你展示了如何使用它们。机会清单、期权组合、探索驱动计划等，都是为你的企业的新业务施加准则和进行建设性控制的方法。

使用创造力和想象力，而不是资金

这里提出的许多想法实现起来并不昂贵。它们没有什么太大的风险，耗费的是创造力和想象力，而不是资金。在一个股东回报竞争日益残酷的世界里，厉行节约是必不可少的。当你继续建立自己的创业武库时，在请求调用物质资源之前，请先鼓励人们利用自己的创造力和想象力寻求解决之道。如果你和合适的同事在一起工作，他们会欢迎这种挑战的。

对创业领导者至关重要的框架

如果没有一个框架用以指导工作，人们就会在不确定性到来时不知所措。作为创业领导者，你最重要和严肃的工作就是为人们提供一个框架以便他们能够迎接未来的挑战。你可能会发现自己在框定一个产品应该是什么样子，就像 Keizo Yamaji 在推出个人复印机业务时所做的那样；你也可能在通过"划定大致领域"来框定什么是可接受的生意，就像彼得和他的"50 的 4 次方"规则一样；你还可能在框定一个业务所必须面临的具体挑战，就像我们在探索驱动计划中所做的那样；或者你在框定业务的优先级，就像托马斯·安吉伯推动德州仪器公司专注于数字信号处理技术时所做的那样。

严格设定优先级

尝试做过多的事情毁掉了很多创业企业，同样也能毁掉你的企业。我们提供了一些经验法则。不管你是否使用它们，了解企业的能力都是很重要的。试图做超出企业能力范围的事情等于什么也不做。放弃那些不值得你或同事们注意的事情，和开始做那些可能会给你带来光明未来的事情一样重要。你需要明确指出哪些事情是不会去做的，或哪些事情是不会再继续做的，然后再采取行动。

早期模糊的衡量标准要好过精确但太迟的衡量标准

作为一名创业领导者，你想从衡量标准中得到两件事：预警（这样你就能在问题严重到无法处理之前看到警告信号）和可操作性。衡量标准应该作为你的指南。人们越了解衡量标准，他们就越能把自己的工作与推动战略的东西联系起来，也就越能更好地控制自己的行动，帮助企业创造一个有吸引力的未来。你需要确保你的衡量标准是可操作的，不要说增加 20% 的市场份额这样的话，而应该说"我们的目标是在本周比去年同期多销售 50 台"。这为人们提供了一致行动的基础。

把注意力放在失败的代价而不是失败的概率上

正如我们一直强调的,你有时会失败。如果你做的是你确实应该做的试验性的、以选择为导向的工作,你可能会失败很多次。对于从传统学校中毕业,接受过一贯以数字为导向的领导风格训练的创业领导者来说,坦然面对真实的或潜在的失败是最困难的挑战之一。我们一直在强调这一点,现在再强调一次。在非常不确定的情况下,你对失败概率几乎没法控制。事实上,失败往往是你为获得新机会而付出的学费。你能控制的是那些失败的代价。使用本书中的准则,在投资前验证假设,精打细算地操作,重新定向,设定优先级,这些都能帮助你做到这一点。

积极的一面

我们已经多次谈到在不确定的情况下运营的压力。可以理解,这些风险、明显的下降趋势和持续的变化让人很难应对。身为创业领导者,你要长时间与新信息做斗争,为了解情况进行激烈的讨论,为实现自己对企业的期望付出真诚的个人努力,这些有时会让人筋疲力尽。

我们几乎从来没有花过足够的时间来享受在创业环境中获胜的喜悦。但创造新事物并看着它发展是很有趣的;战胜你的竞争对手是很有趣的;看到客户对你在满足需求和消除不满方面的努力做出真诚的反应是很有趣的;在经历了失望之后,选择坚持下去,最后被证明是正确的是很有趣的;为你的企业或你自己赚很多钱也是很有趣的;赢,更是充满了乐趣。

这就是我们对你的鼓励。请使用对你有用的内容。先跳过复杂的部分,从简单的开始,直到你的团队建立了一些信心。然后,再次回到书中,重新学习更具挑战性的部分。逐渐适应你作为一个创业领导者的新角色。当你和你的团队一起赢得胜利时,请尽情地享受你应得的庆祝吧!

译 后 记

唯一不变的就是变化,唯一确定的就是不确定。

逢此百年未有之大变局时代,估计大家对这句话都有了更直接和深刻的体验。在这样的时代,对于不确定性的认识和管理能力,越来越成为优秀组织和个体的核心竞争力,因此越来越多的组织和个体开始思索:

◇ 应该以何种思维方式认识、理解和看待不确定性?

◇ 又该以何种行动策略应对、驾驭和利用不确定性?

创业,天然地面临着巨大的不确定性。因此,相比普通人,我们有理由相信,以创业为职业的人(本书中称之为"习惯性创业者"),在不确定性管理方面积累了更深刻的洞见和更丰富的经验。《创业思维》一书正是对这些洞见和经验的系统总结与提炼。

本书的两位作者在创业教学、研究和咨询等领域久负盛名。麦格拉思就是一位以创业为职业的人,创业思维在她的身上有完美的体现:一是总是充满热情地寻找新的机会;二是在追求机会的同时保持着严格的行动准则;三是只追求少数绝佳的机会,不随波逐流地追求每个可能的风口,以免耗尽组织和个人的有限精力;四是关注执行,特别是适应性的执行,保持随机应变;五是从身边的每个人身上汲取能量,而不是单打独斗。本书和她称得上是相得益彰。

本书的翻译不是单打独斗而是团队合作的结果。在此,感谢我的学生孙涛、田中耘、胡尊朔、李楠、李明雨、于明永,他们承担了初稿的翻译工作;感谢我的学生贾兴泽、刘雨婷、姚丽、韩志玮、邱雪莹、管怡雪、王育铭、孙昕如、李静雯,他们是初稿的首批读者,帮助发现和改正了很多文字性错误。

我要特别感谢我的好朋友和本科室友侯瑞鹏,他目前是一家创业投资公司的高管,中文和英文俱佳,对整本译稿进行了仔细的阅读、修改和校对。没有他的无私帮助和持续鼓励，我很难坚持完成本书的翻译工作。

我还要特别感谢机械工业出版社华章分社的吴亚军老师。在研读了本书内容和作者背景后，我建议吴亚军老师将本书引进国内。他欣然同意，并鼓励我承担本书的翻译工作。没有他的鼓励和信任，我难以有勇气承担本书的翻译工作。

最后，我想用一句话和本书的读者共勉：

在一个充满不确定性的世界里，
以开放的心态接纳不确定性，
用积极的行动应对不确定性，
用主动的进化驾驭不确定性！

蔡 地
2021年9月26日于山东大学知新楼

注　释

前言

1. 创业者如何在面临重大不确定性时创造财富的话题在 Kirzner（1973，1997）、Knight（1921）、Hayek（1945）、Schumpeter（1950）的著作中占有重要地位。Venkataraman（1997）指出，着眼于未来的市场是创业研究的独特贡献。我们认为，创造未来的新业务是创业思维的独特焦点。

2. 花旗银行的研究代表了我们的第一次重大合作。该项目被称为 Citiventures，历时三年，对该银行的数十个创业项目进行了实地调查。在这项研究中，我们观察到在一家公司内进行了许多新业务创新的尝试。我们对这个项目进行了 300 多次的访谈，涉及组织各个级别和大部分业务部门的经理。从早期对企业创业过程的研究中获得的见解见于 Block 和 MacMillan（1993）、Starr 和 MacMillan（1990）。

3. McGrath（1997）；McGrath（1996）；McGrath（1999）；McGrath and MacMillan（2000）. See also McGrath, MacMillan, and Tushman（1992）；MacMillan and McGrath（1994）.

4. McGrath（1993）；McGrath, MacMillan, and Venkataraman（1995）；McGrath et al.（1996）；Nerkar, McGrath, and MacMillan（1996）；McGrath（1998）.

5. MacMillan, Zemann, and SubbaNarasimha（1987）；Hambrick, MacMillan, and Day（1982）；Hambrick and MacMillan（1984）；MacMillan, Siegel, and SubbaNarasimha（1985）；Macmillan, Block, and SubbaNarasimha（1986）.

6. MacMillan and Day（1987）；MacMillan, McCaffery, and Van Wijk（1985）；Chen and MacMillan（1992）；MacMillan（1988）；McGrath,

Chen, and MacMillan（1998）；D Aveni（1994）.

7. McGrath and MacMillan（1995）；Block and MacMillan（1985）. See also Low and MacMillan（1988）.

8. MacMillan（1987）；MacMillan（1983）；Guth and MacMillan（1986）；MacMillan（1986）；McGrath, Venkataraman, and MacMillan（1992）；Venkataraman, MacMillan, and McGrath（1992）；McGrath（1995）.

第1章 需求：一套创业思维体系

1. 朗讯科技前首席执行官亨利·沙克特曾对我们说过这句话。

2. 麦克米兰早在十多年前就提出了这一观点。学术界现在认识到了解习惯性创业者的重要性（MacMillan, 1986, Birley and Westhead, 1993; Wright, Westhead, and Sohl, 1999）。

第2章 框定挑战

1. Christensen（1997）.

2. 在Collins 和 Porras（1994）著作中可以找到对工作愿景的精彩描述。

3. 例如，Garud 和 Nayyar（1994）指出，随着时间的推移，组织回顾技术和想法的能力往往会带来实质性的竞争优势。

第3章 打造轰动性的产品和服务

1. Drucker（1973）.

2. 属性映射图及其用法最早见于 MacMillan 和 McGrath（1996）。关于市场营销、属性和总体定位的补充阅读，可以从 Kotler（1994）的著作开始。也可以参考 Day（1990）关于市场营销和战略的文章。有关信息产品的属性，请参考 Shapiro 和 Varian（1998）。

3. Dos Santos and Peffers（1995）.

4. 参考网站 http://www.hoovers.com。

5. Hart and Milstein（1999）.

6. Clark and Fujimoto（1991）.

7. Reichheld（1996）.

8. Silverman and Osterland（1999）.

9. 关于如何从顾客愿意支付的价格中挑选出他们想要的服务的详细描述，请参考 Greg Brenneman（1998）关于决定大陆航空公司在转型后提供哪些服务的描述。

10. 本例中的数据取自哈佛商学院的一个案例：前进公司（Progressive Corporation[N9-797-109]）。

11. Brenneman（1998）.

12. 参考 Brown 和 Eisenhardt（1998）对其工作原理的进一步描述。

13. Abernathy and Clark（1985）；Christensen（1997）.

14. Dana Canedy and Reed Abelson, Can Kellogg Break Out of the Box? New York Times, January 24, 1999.

15. Porter（1980）.

16. Schoemaker and van der Heijden（1992）；Schoemaker（1992）.

17. Van der Heijden（1996）.

第 4 章 重新差异化产品和服务

1. MacMillan（1975）.

2. 1999 年 10 月 4 日，与 MMG 总裁 Bernie Gunther 的谈话。

3. McGrath and MacMillan（1997）.

4. Jamie Beckett, Oral-B Polishes Sales with Blue Dye, San Francisco Chronicle, January 2, 1992.

5. Popular Science Awards Energizer Best of What's New Title, PR Newswire Association, Inc., November 12, 1996.

6. 有关智能、广泛分布的和相互关联的机器智能如何创造巨大机遇的有趣想法，请参考 Kelly（1997）以及 Evans 和 Wurster（1997）。关于智能卡车的资料取自 Tapscott（1995）。

7. Brock Yates, I'll Trade You Two Camels for One New Car, Washington Post Magazine, Sunday final ed., September 6, 1987, 237.

8. Mobile Speedpass Surpasses Three Million Users Innovative Payment Technology Sets Standard for the Next Millennium, Business Wire, August 31, 1999.

9. Aldo Morri, Wireless to Monitor Elevators, Wireless Week, July 20, 1998.

10. Paul Kemezis and Jim Cowhie, Industrial Gases: Prospects Brighten in 95, Chemical Week, February 22, 1995.

11. Lucio Guerrero, E-Tailer s Return Policies Critical, Chicago Sun-Times, December 26, 1999; Eric Wieffering, Dayton Hudson to Roll Out New Target Web Site Return Policy Minneapolis Star Tribune, August 28, 1999.

12. 这个细分市场实际上是存在的，麦克米兰和他的妻子就是用这种方式买车。这种类型的买家是汽车制造商梦寐以求的，只要是你生产的汽车他们就会购买。

第5章 颠覆游戏规则

1. 在撰写本书时，亚马逊还很活跃，其业务模式是否有效还有待进一步观察。

2. 本节以 McGrath、MacMillan 和 Tushman（1992）以及 MacMillan 和 McGrath（1994）为基础。

3. Tushman and Anderson（1986）；Christensen（1997）；Utterback（1994）。

4. Porter（1998）。

5. 访问 e-STEEL.com 网站。Estats.com 和 DeepCanyon.com 是另外两个获取此类开发新闻的优秀网站，它们都专注于信息产业。

6. Business Week, June 1, 1999.

7. Aldrich 和 Fiol（1994）强调了企业试图在尚未被视为理所当然的全新行业空间竞争时所面临的许多困难。其中，包括难以让交易伙伴签署协议、难以与监管机构和其他机构达成协议，以及普遍缺乏合法性，这可能导致业务难以获得资源。

8. 多重属性的实际权衡可以使用联合分析技术（conjoint analysis）来处理，比如沃顿商学院 Green 和 Krieger 在 1996 年开发的 Bundopt 软件包中的技术。

联合分析是一种分析技术，受访者可以在不同的属性组合中进行选择。选择并展示这些组合，以便进行统计分析，确定对受访者最有吸引力的属性组合。

9. 当然，这假定现有产品（如日益普及的掌上设备）的发展不能很好地满足这些需求。

10. 关于如何通过联盟建立世界级的、突破性的价值链的精彩讨论，请参考 Doz 和 Hamel（1998）。

第 6 章 打造突破性的能力

1. Pfeffer 和 Salancik（1978）有力地阐述了企业依赖外部资源提供者生存的影响。

2. 例如，参考 Vasconcellos 和 Hambrick（1989）。

3. 这并不意味着交付这些数字的组织构成很简单。事实上，大多数非常成功的组织通过相互加强以及相互关联的复杂实践来实现他们的关键比率，这也是传统的基准测试经常带来失望的原因之一。请参考 Nadler 和 Tushman（1988）、Porter（1996）以及 Levinthal（1997）的学术观点。

4. 参考 Reichheld（1996）关于如何获得这种负面客户评价的要点的一些优秀想法。他概述了一些有用的想法，以评估客户流失的原因，并采取一些措施。

5. 公司员工的这种反应在一开始是意料之中的，因为在一个领域工作的人通常很难发现系统性问题。处理这种趋势在几年前为系统范围的方法创造了巨大的需求，例如业务流程再造。我们对类似业务流程再造的方法的主要保留意见是，在热切地消除冗余或低效操作的同时，许多好的、没有创新的想法也会被淘汰，从而使公司变得精简，但无法产生新的业务。参考 Levinthal 和 March（1993）对这类困境的理论分析。

6. McGrath et al.（1996）.

7. McGrath（1998）.

8. 我们可以用这个例子，因为这些能力已经普及，现在在各个行业已经司空见惯。

9. 1993 年与 GEFS 经理的对话。

10. 我们认为，这是很少有公司只考虑基于产品的战略，而不是将产品、流程和服务捆绑在一起的原因之一。对产品进行模仿和改进要容易得多,因为创新者的洞察力已经被编码为可定义的功能。而模仿复杂的产品、服务和信息交易要困难得多。看看日本和其他亚洲公司在产品创新方面的成功,以及它们在国际银行等服务领域的竞争。这是除少数行业(如制药和先进材料)外,专利申请作为竞争保护来源的地位下降的另一个原因。

11. 顺便说一下,这可以解释来自基准测试工作的令人失望的结果。基准测试的能力创建工作的结果通常忽略了它最初工作的实际驱动因素。

12. 在我们个人最喜欢的书中,有 Slywotsky 和他的同事写的 *Value Migration* 和 *The Profit Zone*。

13. *Value Line Investment Survey* 在大多数公共图书馆和网上都有。

14. Fuld(1995)是关于情报能力的很好的参考文献,为数据来源提供了丰富的想法。

15. 对群体层面的行动和企业层面的期望产出之间关系的理解是绩效的关键驱动力,这一观点可以追溯到 Weick 和 Roberts(1993)。在麦格拉思(1993)的论文和随后的文章中,从这个概念基础出发,实证检验了这种关系对组织努力创建新的独特能力(以及随后的竞争优势)的重要性。

第 7 章 选择竞争领域

1. 众所周知,这是一个探索新知识和利用现有知识之间的权衡(March,1991)。

2. 战略形势和在该形势下争夺竞争领域的概念来自 Kauffman(1993)在生物学中的适应性景象概念,并被 Levinthal(1997)等学者应用于战略问题。

3. 这就是为什么从战略角度来看,追求大的市场份额并不总是取胜的最佳方式。

4. Singh(1986)。

5. Garud and Kumaraswamy(1993)。

6. 多业务公司还可以对其不同的部门进行分层,以帮助其思考不同的投资组合决策。

7. 在这个阶段,为了简单起见,我们没有讨论新的业务或公司创业项目。我们将在第 12 章讨论公司创业项目。同时，如果你的清单中包含这样的创业项目，它们也应该被归类为竞争领域构建类型。

8. 因此，我们有了波特著名的"五力"模型（1980）、波士顿咨询集团的产品/投资组合矩阵（Henderson，1980），还有通用电气的业务吸引力矩阵以及其他各种有影响力的衡量吸引力的方法。这些是开发出来的实用工具，时至今日仍然在被使用。然而，对于任何工具，都需要注意它们起作用的条件。在不确定性增加的情况下，这些模型的许多核心前提（例如，稳定的价值链和相对清晰的行业边界）都不成立。

9. McGrath（1997）；MacMillan, Siegel, and SubbaNarasimha（1985）.

10. 数据来自 www.pfizer.com。

11. 这是 Christensen（1997）的观点。

12. "Genetically Modified Food: Food for Thought," Economist, June 19, 1999, 19-21.

13. Lieberman and Montgomery（1988）.

14. Saba（1999）.

15. 我们的信息来源是调查问卷，使用 7 分的量表，其中 1 分表示很低（完全不同意），7 分表示很高（完全同意）。对于我们来说，判断分数高低的前提是平均值必须高于 5。如果我们有来自一个团队的数据，我们对每个人的回答结果计算平均来获得一个团队得分。这点可以参考 McGrath 和 MacMillan（2000）。

16. 参考 Harrigan（1980）。

17. 如今，吉列的新任首席执行官即将开始一个类似的过程，对公司中一些表现不佳的部门（如华特曼钢笔）所做的贡献进行严格评估，可能的结果是这些部门将被出售。

18. Bower（1970）的作品是一本关于资源配置的开创性著作，Burgelman（1983；1988；1991）将其框架应用于企业投资过程。

19. McGrath, Venkataraman, and MacMillan（1992）.

20. Schon（1963）；Chakrabarti（1974）；Day（1994）；Ginsberg and Abrahamson（1991）.

21. 参考 Itami（1987），也可以参考第 6 章中 Block 和 MacMillan（1993）

关于定位新业务开发的内容。

22. 有关管理与新业务发展战略相关的广泛政治性讨论，请参考 Block 和 MacMillan（1993）的第10章和第11章。

23. 关于如何管理内部政治，有一些很好的参考资料。可以参考 Pfeffer, Managing With Power（1992）；Tushman and O'Reilly, Winning through Innovation（1997）；MacMillan and Jones, Strategy Formulation: Political Concepts（1986）。要详细了解权力的使用及其后果，Robert Caro 为 Robert Moses 写的传记 The Power Broker（1974）仍是经典之作。

24. The Economist, June 19, 1999.

第8章 搭建机会组合

1. Brown 和 Eisenhardt（1998）观察到，能够应对高速变化的公司的一个显著特征是：整个公司的发展优先级是明确的。

2. Bowman and Hurry（1993）；Kogut（1991）；McGrath（1997）。

3. Black and Scholes（1973）。

4. 侦察兵期权也被称为"探针"（参考 Brown 和 Eisenhardt，1998）。

5. 关于牺牲品，参考 Lynn, Morone 和 Paulson（1997）。关于探针，参考 Brown 和 Eisenhardt（1998）。

6. McGrath 和 MacMillan（1995），也可参考 Block 和 MacMillan（1985）。我们在第8章中对此进行详细讨论。

7. McGrath and Boisot（1998）；Ashby（1956）。

8. 或者是 Ned Bowman 所说的"一揽子"期权。

9. 有关美国电话电报公司的信息来自网站 www.hoovers.com 上的胡弗斯在线公司简介。

10. Baldwin and Clark（1997）。

11. 这种方法与 Wheelwright 和 Clark（1995）处理生产中产品的方法是一致的——我们扩展了这个概念，以便更广泛地查看你可能探索的业务想法。

12. Galbraith（1973）很久以前就注意到，当系统面临过载且无法增加处理能力时，除了通过降低性能来为自己争取时间外，几乎没有其他选择。

第9章 选择并执行进入策略

1. D'aveni（1994）的书中充满了各种不同行业中激烈竞争的精彩例子。

2. Venkataraman（1989）是最早明确认识到交易集的重要性的人之一，交易集包括最初的客户、供应商、买家以及其他与创业项目有联系的人。他发现，当合作伙伴离开新兴业务的交易集时，该企业的脆弱性会急剧增加，因为此时创始团队不得不匆忙替换交易伙伴集合中的弱势部分。

3. 有关这方面的更多信息见 Christiansen（1997）。他的主要论点是，关注优秀的现有客户的需求会系统性地阻碍企业了解新客户的需求。

4. Von Hippel（1988）称这些为"领先用户"（lead users）。

5. Stinchcombe（1965）的一篇关于"新事物责任"的论文首次引起了学者对这一问题的关注。这些责任包括缺乏合法性和声誉，无法说服潜在客户（和其他盟友），让他们相信新创企业将是可持续的、值得信赖的，并将履行自己的义务。高声望的个人和公司对新业务的认可是克服这些责任的有效方法。最近的实证研究证实了这一点。例如，Stuart、Hoang 和 Hybels（1999）发现获得高声望合作伙伴认可的新生物技术公司在吸引投资和其他形式的支持方面更为成功。

6. 这可能看起来微不足道，但事实并非如此。我们已经见过不少对客户公司整体来说有意义的业务主张，但遭到了抵制，因为公司中的某些团体会获利，而不是做出购买决定的一方。这是一个公司的奖励和激励结构与对它有益的东西不一致的例子。这种情况比你想象的还要多。

7. 例如，Chen 和 MacMillan（1992）。

8. Chen（1996）。

9. 这种讨论背后的核心理论始于 Edwards（1955）关于"相互宽容"的讨论。

10. 这种情况的正式术语是"资源转移"——参考 McGrath、Chen 和 MacMillan（1998）。

11. Grove（1996）。

12. 英特尔随后将其资源转移到当时规模不大但后来取得巨大成功的微处理器芯片业务上。

13. MacMillan（1985）。

14. 为了保护业务，我们在此讨论中使用了一个虚构的产品。

15. 这种竞争信号被认为导致了在多点竞争中建立稳定的势力范围，在这个范围中，他们相互约束，抑制其重要的竞争领域中产生直接的互相攻击。参见 Edwards（1955），Bernheim 和 Whinston（1990）。

16. Myron Levin, "Targeting Foreign Smokers," Los Angeles Times, November 17, 1994.

17. 该讨论也借鉴了 Richard D'aveni 的观点，他在为哈佛案例准备的教学笔记中详细讨论了宠物食品行业。

第10章 让探索驱动计划发挥作用

1. 人们也倾向于忽略与先前假设相矛盾的证据（Kiesler and Sproull, 1982）。此外，假设可能很难记住。Russ Ackoff（1981）的一项经典研究发现，在六个星期后，一个典型组织的管理者们无法回忆起他们所做的关键决定背后一半的假设。该研究对于预期异常和对此可以做些什么是一个很有用的分析。

2. Winter（1995）对重复从战略中获取利润的行为进行了深入讨论。

3. 这种对学习过程的描述源于对行为学习理论的长期研究（Cyert and March, 1963; March and Simon, 1993）。

4. 参考 Weick（1979）讨论制定的概念，Cheng 和 Van de Ven（1996）讨论将这一概念应用于创业行为。麦格拉思在一个新业务创业项目样本中发现了创建学习差异重要性的实证证据。

5. Maister（1982），也可以参考 Maister（1993）。

6. 关于许多不同业务模式的详细阐述，请参考 Slywotsky 和 Morrison（1997）。

7. 在学术文献中，技能、资产和系统的复杂组合可以为进化经济学（Nelson and Winter, 1982）和企业资源基础观（Wernerfelt, 1984; Teece, Pisano, and Shuen, 1997）提供竞争绝缘的强大资源支持。

8. 基于假设的里程碑计划的概念最早由 Block 和 MacMillan（1985）提出。

9. 我们非常感谢日本东京早稻田大学的 Shuichi Matsuda 教授，感谢他提供了关于花王公司磁盘创业项目的数据。我们从未与该公司有过任何咨询关系（事实上，我们是在《哈佛商业评论》上发表了对该案例的说明性重构之后，才与该公司的代表见了面）。

10. 关于记录假设以及从里程碑中学习的部分在很大程度上借鉴了 Zenas 的成果，此处参考 Block 和 MacMillan（1985）。

11. Ming Jer Chen 的研究表明，竞争对手往往愿意压低价格以持有股票，这一点尤其是在不可逆转的投资情况下体现得更为明显（Chen and MacMillan, 1992）。

12. 如果 Monte Carlo 模拟技术看起来工作量太大，有一个简单的选择。运行系列"假设"，对每个假设的上下限进行分析，找出最能影响结果的变量。

13. 我们要感谢 Yasu Kitahara 的洞察力，他已将其纳入专门为探索驱动计划开发的软件包中。如果你感兴趣，可以通过 kitahara@integratto.co.jp 联系他。

第 11 章　管理结果不确定的项目

1. 本章所基于的研究源于麦格拉思的博士论文（McGrath, 1993）。这在很大程度上归功于其博士委员会的大力参与，该委员会由 Ned Bowman（已故）、Harbir Singh、Jitendra Singh、George Day 和 S. Venkataraman 组成。另外，麦克米兰同样对此研究做出了贡献。

2. Meyer（1999）。

3. McGrath（1993）；McGrath, MacMillan, and Venkatraman（1995）；McGrath et al.（1996）。

4. Wageman（1995）。

5. 韦氏大学词典（Merriam-Webster's Collegiate Dictionary），第 10 版，线上版本。

6. Nelson and Winter（1982）。

7. 这种方法的一个问题是，人们往往会根据之前的结果来调整自己的期望。我们通过在研究中控制这一点来避免我们的结果受到影响。我们纳入的是目标期望和难度随时间变化的数据，以避免因目标期望的降低而导致的趋同程度的增加而产生误导（Lant, 1992）。从实际的角度来看，要做的是确保人们不会对自己太过宽容。

8. Barney（1986）。

9. Williamson（1991）.

10. MacMillan, McCaffery and Van Wijk（1985）.

11. See Meyer（1999）.

第12章　最重要的工作：领导创业

1. 我们对韦尔奇在通用电气取得的成就的赞赏源于与该公司多年的合作，在这期间，该公司经历了从传统战略管理方法的最佳典范到具有创业思维的企业典范的转变。

2. 1999年2月17日，杰克·韦尔奇在宾夕法尼亚大学沃顿商学院茨威格系列讲座上的讲话。

3. March and Shapira（1987）.

4. Hambrick and MacMillan（1984）.

5. 我们发现了一个创业的努力会招致强烈不满的特定时间点，就是当承担创业风险的奖励系统因为创业的成功而启动的时候，以及内部创业开始比现有业务产生更多回报的时候。

参考文献

Abernathy, W. J., and K. Clark. 1985. "Innovation: Mapping the Winds of Creative Destruction." *Research Policy* 14:3–22.

Ackoff, R. 1981. *Creating the Corporate Future: Plan or Be Planned For.* New York: John Wiley and Sons.

Adler, P. S. 1989. "Technology Strategy: A Guide to the Literature." In *Research in Technological Innovation, Management and Policy,* edited by R. Rosenbloom and R. Burgelman. Volume 4: 25–151. Greenwich, Conn.: JAI Press.

Aldrich, H. E. 1979. *Organizations and Environments.* Englewood Cliffs, N.J.: Prentice-Hall.

Aldrich, H. E., and C. M. Fiol. 1994. "Fools Rush In? The Institutional Context of Industry Creation." *Academy of Management Review* 19:645–670.

Amburgey, T. L., D. Kelly, and W. P. Barnett. 1993. "Resetting the Clock: The Dynamics of Organizational Change and Failure." *Administrative Science Quarterly* 38:51–73.

Amit, R., and P. Schoemaker. 1993. "Strategic Assets and Organizational Rent." *Strategic Management Journal* 14:33–46.

Ashby, W. R. 1956. *An Introduction to Cybernetics.* London: Chapman and Hall.

Bain, J. S. 1959. *Industrial Organization.* New York: John Wiley and Sons.

Baldwin, C., and K. B. Clark. 1997. "Managing in an Age of Modularity." *Harvard Business Review* 75:84–93.

Barney, J. B. 1991. "Firm Resources and Sustained Competitive Advantage." *Journal of Management* 17:99–120.

———. 1986. "Strategic Factor Markets: Expectations, Luck, and Business Strategy." *Management Science* 32:1231–1241.

Belanger, K. 1999. "Strategic Investing in Schumpeterian Environments: The Case of Enron." Paper presented at the 1999 Babson College–Kauffman Foundation Entrepreneurship Research Conference at Columbia, S.C., May 12–15, 1999.

Bernheim, B. D., and M. D. Whinston. 1990. "Multimarket Contact and Collusive Behavior." *Rand Journal of Economics* 21:1–26.

Birley, S., and P. Westhead. 1993. "A Comparison of New Businesses Established by 'Novice' and 'Habitual' Founders in Great Britain." *International Small Business Journal* 12:38–60.

Birnbaum-More, P. H., and A. R. Weiss. 1990. "Discovering the Basis of Competition in Thirteen Industries: Computerized Content Analysis of Interview Data from the U. S. and Europe." In *Mapping Strategic Thought,* edited by A. Huff. New York: John Wiley and Sons.

Birnbaum-More, P. H., A. R. Weiss, and R. Wright. 1994. "How Do Rivals Compete: Strategy, Technology and Tactics." *Research Policy* 23:249–265.

Black, F., and M. Scholes. 1973. "The Pricing of Options and Corporate Liabilities." *Journal of Political Economy* 81:637–654.

Block, Z., and I. C. MacMillan. 1985. "Milestones for Successful Venture Planning." *Harvard Business Review* 62:4–8.

———. 1993. *Corporate Venturing: Creating New Business within the Firm*. Boston: Harvard Business School Press.

Bower, J. L. 1970. *Managing the Resource Allocation Process*. Boston: Harvard Business School Press.

Bowman, E. H. 1980. "A Risk/Return Paradox for Strategic Management." *Sloan Management Review* 21:17–31.

Bowman, E. H., and D. Hurry. 1993. "Strategy through the Option Lens: An Integrated View of Resource Investments and the Incremental-Choice Process." *Academy of Management Review* 18:760–782.

Brenneman, G. 1998. "Right Away and All at Once: How We Saved Continental." *Harvard Business Review* 76:162–179.

Brown, S., and K. Eisenhardt. 1998. *Competing on the Edge*. Boston: Harvard Business School Press.

Burgelman, R. A. 1996. "A Process Model of Strategic Business Exit: Implications for an Evolutionary Perspective on Strategy." *Strategic Management Journal* 17:193–214.

———. 1991. "Intraorganizational Ecology of Strategy Making and Organizational Adaptation: Theory and Field Research." *Organization Science* 2:239–262.

———. 1988. "Strategy Making as a Social Learning Process: The Case of Internal Corporate Venturing." *Interfaces* 18:74–85.

———. 1983. "A Process Model of Internal Corporate Venturing in the Diversified Major Firm." *Administrative Science Quarterly* 18:223–244.

Caro, R. A. 1974. *The Power Broker*. New York: Knopf.

Carroll, G. R. 1993. "A Sociological View on Why Firms Differ." *Strategic Management Journal* 14:237–249.

Chakrabarti, A. 1974. "The Role of Champion in Product Innovation." *California Management Review* 17:58–62.

Chandler, A. D. 1962. *Strategy and Structure*. Garden City, N.Y.: Doubleday.

Chen, M-J. 1996. "Competitor Analysis and Interfirm Rivalry: Toward a Theoretical Integration." *Academy of Management Review* 21:100–134.

Chen, M-J., and I. C. MacMillan. 1992. "Nonresponse and Delayed Response to Competitive Moves: The Roles of Competitor Dependence and Action Irreversibility." *Academy of Management Journal* 35:359–370.

Cheng, Y., and A. H. Van de Ven. 1996. "Learning the Innovation Journey: Order Out of Chaos?" *Organization Science* 7:593–614.

Christensen, C. 1997. *The Innovator's Dilemma: When New Technologies Cause Great Firms to Fail.* Boston: Harvard Business School Press.

Clark, K. B., and T. Fujimoto. 1991. *Product Development Performance: Strategy, Organization and Management in the World Auto Industry.* Boston: Harvard Business School Press.

Cohen, W. M., and D. A. Levinthal. 1994. "Fortune Favors the Prepared Firm." *Management Science* 40:227–251.

———. 1990. "Absorptive Capacity: A New Perspective on Learning and Innovation." *Administrative Science Quarterly* 35:128–152.

Collins, J. C., and J. I. Porras. 1994. *Built to Last: Successful Habits of Visionary Companies.* New York: HarperBusiness.

Coser, L. A. 1956. *The Functions of Social Conflict.* New York: Free Press.

Coy, P. 1999. "Exploiting Uncertainty: The Real Options Revolution in Decision Making." *Business Week* (June 7):118–124.

Crockett, R. O., and P. Elstrom. 1998. "How Motorola Lost Its Way." *Business Week* (May 4):140–148.

Cyert, R. M., and J. G. March. 1963. *A Behavioral Theory of the Firm.* Englewood Cliffs, N.J.: Prentice-Hall.

D'Aveni, R. A. 1994. *Hypercompetition: The Dynamics of Strategic Maneuvering.* New York: Free Press.

D'Aveni, R. A., and I. C. MacMillan. 1990. "Crisis and the Content of Managerial Communications: A Study of the Focus of Attention of Top Managers in Surviving and Failing Firms." *Administrative Science Quarterly* 35:634–657.

Day, D. L. 1994. "Raising Radicals: Different Processes for Championing Innovative Corporate Ventures." *Organization Science* 5:148–172.

Day, G. 1990. *Market Driven Strategy.* New York: Free Press.

Dierickx, I., and K. Cool. 1989. "Asset Stock Accumulation and Sustainability of Competitive Advantage." *Management Science* 35:1504–1513.

Dos Santos, B. L., and K. Peffers. 1995. "Rewards to Investors in Innovative Information Technology Applications: First Movers and Early Followers in ATMs." *Organization Science* 6:241–259.

Doz, Y., and G. Hamel. 1998. *Alliance Advantage: The Art of Creating Value through Partnering.* Boston: Harvard Business School Press.

Drucker, P. 1973. *Management Tasks, Responsibilities, Practices.* New York: Harper and Row.

Edwards, C. D. 1955. "Conglomerate Bigness as a Source of Power." In *Business Concentration and Price Policy* (The National Bureau of Economics Research conference report). Princeton: Princeton University Press, 331–352.

Eisenhardt, K. 1989. "Agency Theory: An Assessment and Review." *Academy of Management Review* 14:57–74.

Evans, P. B., and T. S. Wurster. 1997. "Strategy and the New Economics of Information." *Harvard Business Review* 75:71–82.

Fuld, L. 1995. *The New Competitor Intelligence: The Complete Resource for Finding, Analyzing, and Using Information about Your Competitors.* New York: John Wiley and Sons.

Galbraith, J. 1973. *Designing Complex Organizations.* Reading, Mass.: Addison-Wesley.

Garud, R., and A. Kumaraswamy. 1995. "Technological and Organizational Designs for Realizing Economies of Substitution." *Strategic Management Journal* 16:93–109.

———. 1993. "Changing Competitive Dynamics in Network Industries: An Exploration of Sun Microsystems' Open Systems Strategy." *Strategic Management Journal* 14:351–369.

Garud, R., and P. R. Nayyar. 1994. "Transformative Capacity: Continual Structuring by Intertemporal Technology Transfer." *Strategic Management Journal* 15:365–385.

Gersick, C. J. G. 1991. "Revolutionary Change Theories: A Multi-Level Exploration of the Punctuated Equilibrium Paradigm." *Academy of Management Review* 16:10–36.

Ginsberg, A., and E. Abrahamson. 1991. "Champions of Change and Strategic Shifts: The Role of Internal and External Change Advocates." *Journal of Management Studies* 28:173–190.

Grove, A. 1996. *Only the Paranoid Survive: How to Exploit the Crisis Points That Challenge Every Company and Career.* New York: Doubleday.

Guth, W. D., and I. C. MacMillan. 1986. "Strategy Implementation versus Middle Management Self-interest." *Strategic Management Journal* 7:313–327.

Hambrick, D. C., and I. C. MacMillan. 1984. "Asset Parsimony: Managing Assets to Manage Profits." *Sloan Management Review* 25:67–74.

Hambrick, D. C., I. C. MacMillan, and D. L. Day. 1982. "Strategic Attributes and Performance in the BCG Matrix: A PIMS-Based Analysis of Industrial Product Businesses." *Academy of Management Journal* 25:510–531.

Hannan, M. T., and J. Freeman. 1977. "The Population Ecology of Organizations." *American Journal of Sociology* 82:929–964.

Harrigan, K. R. 1981. "Deterrents to Divestiture." *Academy of Management Journal* 24:306–323.

———. 1980. *Strategies for Declining Businesses.* Lexington, Mass.: Lexington Books.

Hart, S. L., and M. B. Milstein. 1999. "Global Sustainability and the Creative Destruction of Industries." *Sloan Management Review* 41:23–33.

Harvey, J. B. 1974. "The Abilene Paradox: The Management of Agreement." *Organizational Dynamics* 3:63–80.

Haveman, H. 1992. "Between a Rock and a Hard Place: Organizational Change and Performance under Conditions of Fundamental Environmental Transformation." *Administrative Science Quarterly* 37:48–75.

Hayek, F. 1945. "The Use of Knowledge in Society." *American Economic Review* 35:519–530.

Henderson, B. D. 1980. *The Experience Curve Revisited.* Perspective No. 229. Boston: The Boston Consulting Group.

Henderson, R., and I. Cockburn. 1994. "Measuring Competence? Exploring Firm Effects in Pharmaceutical Research." *Strategic Management Journal* 15:63–84.

Herbert, R. F., and A. N. Link. 1988. *The Entrepreneur.* New York: Praeger.

Itami, H. 1987. *Mobilizing Invisible Assets.* Cambridge, Mass.: Harvard University Press.

Janis, I. L. 1972. *Victims of Groupthink.* Boston: Houghton Mifflin.

Kamien, M., and N. Schwartz. 1975. "Market Structure and Innovation: A Survey." *Journal of Economic Literature* 13:1–37.

Kauffman, S. 1993. *The Origins of Order.* Oxford: Oxford University Press.

Kelly, K.. 1997. "New Rules for the New Economy: Twelve Dependable Principles for Thriving in a Turbulent World." *Wired Magazine* (September): 140–197.

Kemezis, P., and J. Cowhie. 1995. "Industrial Gases: Prospects Brighten in '95." *Chemical Week,* February 22.

Kiesler, S., and L. Sproull. 1982. "Managerial Responses to Changing Environments: Perspectives on Problem Sensing from Social Cognition." *Administrative Science Quarterly* 27:548–570.

Kirzner, I. 1997. "Entrepreneurial Discovery and the Competitive Market Process: An Austrian Approach." *Journal of Economic Literature* 35:60–85.

———. 1973. *Competition and Entrepreneurship.* Chicago: University of Chicago Press.

Knight, F. H. 1921. *Risk, Uncertainty and Profit.* Midway reprint 1971. Chicago: University of Chicago Press.

Kogut, B. 1991. "Joint Ventures and the Option to Expand and Acquire." *Management Science* 37:19–33.

Kotler, P. 1994. *Marketing Management: Analysis, Planning, Implementation and Control.* 8th ed. Englewood Cliffs, N.J.: Prentice-Hall.

Lant, T. K. 1992. "Aspiration Level Adaptation: An Empirical Exploration." *Management Science* 38:623–644.

Leonard Barton, D. 1992. "Core Capabilities and Core Rigidities: A Paradox in Managing New Product Development." *Strategic Management Journal* 13:111–126.

Levinthal, D. 1997. "Adaptation on Rugged Landscapes." *Management Science* 43:934–950.

Levinthal, D., and J. G. March. 1993. "The Myopia of Learning." *Strategic Management Journal* 14:95–112.

Levitt, B., and J. G. March. 1988. "Organizational Learning." *Annual Review of Sociology* 14:319–340.

Lieberman, M. B., and D. B. Montgomery. 1988. "First Mover Advantages." *Strategic Management Journal* 9:41–58.

Low, M. B., and I. C. MacMillan. 1988. "Entrepreneurship: Past Research and Future Challenges." *Journal of Management* 14:139–161.

Lynn, G. S., J. G. Morone, and A. S. Paulson. 1997. "Marketing and Discontinuous Innovation: The Probe and Learn Process." In *Managing Strategic Innovation and Change*, edited by M. L. Tushman and P. Anderson. New York: Oxford University Press.

MacMillan, I. C. 1988. "Controlling Competitive Dynamics by Taking Strategic Initiative." *Academy of Management Executive* 2:111–118.

———.1987. "New Business Development: A Challenge for Transformational Leadership." *Human Resource Management* 26: 439–454.

———. 1986. "To Really Learn about Entrepreneurship, Let's Study Habitual Entrepreneurs." *Journal of Business Venturing* 1:241–243.

———. 1985. "How Business Strategists Can Use Guerrilla Warfare Tactics." *Journal of Business Strategy* 1:63–66.

———. 1983. "The Politics of New Venture Management." *Harvard Business Review* 62:8–13.

———. 1975. "The Classification of Buyers into 'Behavioural Sets' in Order to Refine Industrial Marketing Efforts." *Business Management* (South Africa) 6:19–27.

MacMillan, I. C., Z. Block, and P. N. SubbaNarasimha. 1986. "Corporate Venturing: Alternatives, Obstacles Encountered, and Experience Effects." *Journal of Business Venturing* 1:177–191.

MacMillan, I. C., and D. Day. 1987. "Corporate Ventures into Industrial Markets: Dynamics of Aggressive Entry." *Journal of Business Venturing* 2:19–39.

MacMillan, I. C., and P. Jones. 1986. *Strategy Formulation: Power and Politics*. 2d ed. St. Paul, Minn.: West Publishing Company.

MacMillan, I. C., M. L. McCaffery, and G. Van Wijk. 1985. "Competitors' Responses to Easily Imitated New Products: Exploring Commercial Banking Product Introductions." *Strategic Management Journal* 6:75–86.

MacMillan, I. C., and R. G. McGrath. 1996. "Discover Your Products' Hidden Potential." *Harvard Business Review* 74:58–73.

———. 1994. "Technology Strategy." In *Advances in Global High-Technology Management*, edited by M. W. Lawless and L. R. Gomez-Mejia. Volume 4: 27–66. Greenwich, Conn.: JAI Press.

MacMillan, I. C., R. Siegel, and P. N. SubbaNarasimha. 1985. "Criteria Used by Venture Capitalists to Evaluate New Venture Proposals." *Journal of Business Venturing* 1:119–128.

MacMillan, I. C., L. Zemann, and P. N. SubbaNarasimha. 1987. "Criteria Distinguishing Successful from Unsuccessful Ventures in the Venture Screening Process." *Journal of Business Venturing* 2:123–138.

Maister, D. 1993. *Managing the Professional Service Firm*. New York: Macmillan.

———. 1982. "Balancing the Professional Service Firm." *Sloan Management Review* 24:15–29.

Mao Zedung. 1964. *Selected Military Writings of Mao Zedung*. Peking: Peking Press.

March, J. G. 1991. "Exploration and Exploitation in Organizational Learning." *Organization Science* 2:71–87.

March, J. G., and Z. Shapira. 1987. "Managerial Perspectives on Risk and Risk Taking." *Management Science* 33 (11):1404–1418.

March, J. G., and H. Simon. 1993. *Organizations*. New York: John Wiley and Sons.

McGrath, R. G. Forthcoming. "Exploratory Learning, Innovative Capacity and the Role of Managerial Oversight." *Academy of Management Journal*.

———. 1999. "Falling Forward: Real Options Reasoning and Entrepreneurial Failure." *Academy of Management Review* 24:13–30.

———. 1998. "Discovering Strategy: Competitive Advantage from Idiosyncratic Experimentation." In *Strategic Flexibility: Managing in a Turbulent Economy*, edited by G. Hamel et al. New York: John Wiley and Sons.

———. 1997. "A Real Options Logic for Initiating Technology Positioning Investments." *Academy of Management Review* 22:974–996.

———. 1996. "Options and the Entrepreneur: Towards a Strategic Theory of Entrepreneurial Wealth Creation." *Best Papers, Academy of Management Proceedings*, Cincinnati, Ohio, August 1996.

———. 1993. "The Development of New Competence in Established Organizations: An Empirical Investigation." Doctoral dissertation, University of Pennsylvania.

McGrath, R. G., and M. Boisot. 1998. "Corporate Level Real Options: The Strategic Equivalent to Requisite Variety." Paper presented at the Strategic Management Society's annual meeting, Orlando, Fl., November 1998.

McGrath, R. G., and I. C. MacMillan. 2000. "Assessing Technology Projects Using Real Options Reasoning: The STAR Approach." *Research-Technology Management*. Forthcoming.

———. 1997. "Discovering New Points of Differentiation." *Harvard Business Review* 75:133–145.

———. 1995. "Discovery Driven Planning." *Harvard Business Review* 73:44–54.

McGrath, R. G., M-J Chen, and I. C. MacMillan. 1998. "Multimarket Maneuvering in Uncertain Spheres of Influence: Resource Diversion Strategies." *Academy of Management Review* 23:724–740.

McGrath, R. G., I. C. MacMillan, and M. L. Tushman. 1992. "The Role of Executive Team Actions in Shaping Dominant Designs: Towards the Strategic Shaping of Technological Progress." *Strategic Management Journal* 13:137–161.

McGrath, R. G., I. C. MacMillan, and S. Venkataraman. 1995. "Defining and Developing Competence: A Strategic Process Paradigm." *Strategic Management Journal* 16:251–275.

McGrath, R. G., S. Venkataraman, and I. C. MacMillan. 1992. "Outcomes of Corporate Venturing: An Alternative Perspective." *Best Papers, Academy of Management Proceedings*, Las Vegas, Nev., August 1992.

McGrath, R. G., et al. 1996. "Innovation, Competitive Advantage and Rent: A

Model and Test." *Management Science* 42:389–403.

Meyer, M. 2000. *Finding Performance*. Boston: Harvard Business School Press, forthcoming.

Miles, R. E., and C. C. Snow. 1978. *Organizational Strategy, Structure and Process*. New York: McGraw-Hill.

Miller, D. 1993. "The Architecture of Simplicity." *Academy of Management Review* 18:116–138.

Morri, Aldo. 1998. "Wireless to Monitor Elevators." *Wireless Week*, July 20.

Mowery, D. C., and N. Rosenberg. 1982. "The Influence of Market Demand upon Innovation: A Critical Review of Some Recent Empirical Studies." In *Inside the Black Box: Technology and Economics*, edited by N. Rosenberg. Cambridge, UK: Cambridge University Press.

Myers, S., and D. G. Marquis. 1969. *Successful Industrial Innovations: A Study of Factors Underlying Innovation in Selected Firms*. No. NSF 69 17. Washington, D.C.: National Science Foundation.

National Commission on Space. 1986. *Pioneering the Space Frontier*. New York: Bantam Books.

Nelson, R. R., and S. J. Winter. 1982. *An Evolutionary Theory of Economic Change*. Cambridge, Mass.: Harvard University Press.

Nerkar, A., R. G. McGrath, and I. C. MacMillan. 1996. "Three Facets of Satisfaction and Their Influence on the Performance of Innovation Teams." *Journal of Business Venturing* 11:167–188.

Penrose, E. 1959. *The Theory of the Growth of the Firm*. New York: John Wiley and Sons.

Pfeffer, J. 1992. *Managing with Power*. Boston: Harvard Business School Press.

Pfeffer, J., and G. Salancik. 1978. *The External Control of Organizations: A Resource Dependence Perspective*. New York: Harper and Row.

Porter, M. E. 1998. "Clusters and the New Economics of Competition." *Harvard Business Review* 76:77–90.

———. 1990. *The Competitive Advantage of Nations*. New York: Free Press.

———. 1985. *Competitive Advantage*. New York: Free Press.

———. 1980. *Competitive Strategy*. New York: Free Press.

Reichheld, F. F. 1996. *The Loyalty Effect*. Boston: Harvard Business School Press.

Reinhardt, A., and C. Yang. 1999. "Risks Soar, the Rockets Don't." *Business Week* (May 31): 44.

Romanelli, E., and M. L. Tushman. 1994. "Organizational Transformation as Punctuated Equilibrium: An Empirical Test." *Academy of Management Journal* 37:1141–1166.

Ross, J., and B. M. Staw. 1993. "Organizational Escalation and Exit: Lessons from the Shoreham Nuclear Power Plant." *Academy of Management Journal* 36:701–732.

———. 1986. "Expo 86: An Escalation Protoype." *Administrative Science Quarterly*

31:274–297.

Rumelt, R. P. 1987. "Theory, Strategy and Entrepreneurship." In *The Competitive Challenge: Strategies for Industrial Innovation and Renewal*, edited by D. J. Teece. New York: Harper and Row.

Saba J. 1999. "Casebook No. 39." *MC Technology Marketing Intelligence* 19:42 –45.

Scherer, F. M. 1979. *Industrial Market Structure and Economic Performance*. Chicago: Rand McNally.

Schmookler, J. 1966. *Invention and Economic Growth*. Cambridge, Mass.: Harvard University Press.

Schoemaker, P. 1992. "How to Link Strategic Vision to Core Capabilities." *Sloan Management Review* 34:67–81.

Schoemaker, P., and C. A. J. M. van der Heijden. 1992. "Integrating Scenarios into Strategic Planning at Royal Dutch/Shell." *Planning Review* (May/June): 41–46.

Schon, D. A. 1963. "Champions for Radical New Inventions." *Harvard Business Review* 41:77–86.

Schumpeter, J. 1950. *Capitalism, Socialism, and Democracy*. 3d ed. New York: Harper and Row.

Selznick, P. 1957. *Leadership in Administration: A Sociological Interpretation*. New York: Harper and Row.

Shapiro, C., and H. R. Varian. 1998. *Information Rules: A Strategic Guide to the Network Economy*. Boston: Harvard Business School Press.

Silverman, G., and A. Osterland. 1999. "A Panic over Plastic: Consumers Are Wising Up about Pricey Late Fees." *Business Week* (September 6): 32–33.

Singh, J. V. 1986. "Performance, Slack and Risk Taking in Organizational Decision Making." *Academy of Management Journal* 29:562–585.

Sitkin, S. B. 1992. "Learning through Failure: The Strategy of Small Losses." In *Research in Organizational Behavior*, edited by B. M. Staw and L. L. Cummings. Volume 14: 231-266. Greenwich, Conn.: JAI Press.

Slywotzky, A. J., and D. J. Morrison. 1997. *The Profit Zone*. New York: Random House.

Starr, J. A., and I. C. MacMillan. 1990. "Resource Cooptation and Social Contracting: Resource Acquisition Strategies for New Ventures." *Strategic Management Journal* 11:79–92.

Staw, B. M., L. E. Sandelands, and J. E. Dutton. 1981. "Threat-Rigidity Effects in Organizational Behavior: A Multilevel Analysis." *Administrative Science Quarterly* 26:501–524.

Stinchcombe, A. L. 1965. "Organizations and Social Structure." In *Handbook of Organizations*, edited by J. G. March. Chicago: Rand McNally.

Stuart, T., H. Hoang, and R. C. Hybels. 1999. "Interorganizational Endorsements and the Performance of Entrepreneurial Ventures." *Administrative Science Quarterly* 44:315–349.

Tapscott, D. 1995. *The Digital Economy: Promise and Peril in the Age of Networked Intelligence*. New York: McGraw-Hill.

Teece, D. J., G. Pisano, and A. Shuen. 1997. "Dynamic Capabilities and Strategic Management." *Strategic Management Journal* 18:509–533.

Tushman, M. L., and P. Anderson. 1986. "Technological Discontinuities and Organizational Environments." *Administrative Science Quarterly* 31:439–465.

Tushman, M. L., and C. A. O'Reilly III. 1997. *Winning Through Innovation: Leading Organizational Change and Renewal*. Boston: Harvard Business School Press.

Tushman, M. L., and E. Romanelli. 1985. "Organizational Evolution: A Metamorphosis Model of Convergence and Reorientation." In *Research in Organizational Behavior*, edited by L. L. Cummings and B. M. Staw. Volume 7: 171–122. Greenwich, Conn.: JAI Press.

Utterback, J. M. 1994. *Mastering the Dynamics of Innovation: How Companies Can Seize Opportunities in the Face of Technological Change*. Boston: Harvard Business School Press.

Utterback, J. M., and W. J. Abernathy. 1975. "A Dynamic Model of Process and Product Innovation." *Omega* 3:639–656.

Van der Heijden, K. 1996. *Scenarios: The Art of Strategic Conversations*. New York: John Wiley and Sons.

Vasconcellos, J. A. S., and D. Hambrick. 1989. "Key Success Factors: Test of a General Theory in the Mature Industrial-Product Sector." *Strategic Management Journal* 10:367–382.

Venkataraman, S. 1997. "The Distinctive Domain of Entrepreneurship Research." In *Advances in Entrepreneurship, Firm Emergence, and Growth*, edited by J. Katz and R. Brockhaus. Volume 3: 119–138. Greenwich, Conn.: JAI Press.

———. 1989. "Problems of Small Venture Start Up Survival and Growth: A Transaction Set Approach." Ph.D. dissertation, University of Minnesota.

Venkataraman, S., I. C. MacMillan, and R. G. McGrath. 1992. "Progress in Research on Corporate Venturing." Chap. 19 in *State of the Art of Entrepreneurship Research*, edited by D. L. Sexton and J. D. Kasarda. Boston: PWS-Kent Publishing.

Venkataraman, S., and A. H. Van de Ven. 1993. "Hostile Environmental Jolts, Transaction Set, and New Business." *Journal of Business Venturing* 13:231–255.

von Hippel, E. 1988. *The Sources of Innovation*. New York: Oxford University Press.

Wageman, R. 1995. "Interdependence and Group Effectiveness." *Administrative Science Quarterly* 40:145–180.

Weick, K. E. 1979. *The Social Psychology of Organizing*. Reading, Mass.: Addison-Wesley.

Weick, K. E., and K. H. Roberts. 1993. "Collective Mind in Organizations: Heedful Interrelating on Flight Decks." *Administrative Science Quarterly* 38:357–381.

Wernerfelt, B. 1984. "A Resource-Based View of the Firm." *Strategic Management Journal* 5:171–180.

Wheelwright, S. C. and K. B. Clark. 1995. *Leading Product Development: The Senior Managers' Guide to Creating and Shaping the Enterprise*. New York: Free Press.

Williamson, O. E. 1991. "Comparative Economic Organization: The Analysis of Discrete Structural Alternatives." *Administrative Science Quarterly* 36:269–296.

Winter, S. 1995. "Four Rs of Profitability: Rents, Resources, Routines and Replication." In *Resource-Based and Evolutionary Theories of the Firm: Towards a Synthesis*, edited by C. Montgomery. Boston: Kluwer Academic Publishers.

Wright, M., P. Westhead, and J. Sohl. 1999. "Editor's Introduction: Habitual Entrepreneurs and Angel Investors." *Entrepreneurship, Theory and Practice* 22:5–21.

推荐阅读

中文书名	作者	书号	定价
公司理财（原书第11版）	斯蒂芬·A. 罗斯（Stephen A. Ross）等	978-7-111-57415-6	119.00
财务管理（原书第14版）	尤金·F. 布里格姆（Eugene F. Brigham）等	978-7-111-58891-7	139.00
财务报表分析与证券估值（原书第5版）	斯蒂芬·佩因曼（Stephen Penman）等	978-7-111-55288-8	129.00
会计学：企业决策的基础（财务会计分册）（原书第19版）	简·R. 威廉姆斯（Jan R. Williams）等	978-7-111-71564-1	89.00
会计学：企业决策的基础（管理会计分册）（原书第19版）	简·R. 威廉姆斯（Jan R. Williams）等	978-7-111-71902-1	79.00
营销管理（原书第2版）	格雷格·W. 马歇尔（Greg W. Marshall）等	978-7-111-56906-0	89.00
市场营销学（原书第13版）	加里·阿姆斯特朗（Gary Armstrong）菲利普·科特勒（Philip Kotler）等	978-7-111-62427-1	89.00
运营管理（原书第13版）	威廉·史蒂文森（William J. Stevens）等	978-7-111-62316-8	79.00
运营管理（原书第15版）	理查德·B. 蔡斯（Richard B. Chase）等	978-7-111-63049-4	99.00
管理经济学（原书第12版）	S. 查尔斯·莫瑞斯（S. Charles Maurice）等	978-7-111-58696-8	89.00
战略管理：竞争与全球化（原书第12版）	迈克尔·A. 希特（Michael A. Hitt）等	978-7-111-61134-9	79.00
战略管理：概念与案例（原书第12版）	查尔斯·W. L. 希尔（Charles W. L. Hill）等	978-7-111-68626-2	89.00
组织行为学（原书第7版）	史蒂文·L. 麦克沙恩（Steven L. McShane）等	978-7-111-58271-7	65.00
组织行为学精要（原书第13版）	斯蒂芬·P. 罗宾斯（Stephen P. Robbins）等	978-7-111-55359-5	50.00
人力资源管理（原书第12版）（中国版）	约翰·M. 伊万切维奇（John M. Ivancevich）等	978-7-111-52023-8	55.00
人力资源管理（亚洲版·原书第2版）	加里·德斯勒（Gary Dessler）等	978-7-111-40189-6	65.00
数据、模型与决策（原书第14版）	戴维·R. 安德森（David R. Anderson）等	978-7-111-59356-0	109.00
数据、模型与决策：基于电子表格的建模和案例研究方法（原书第6版）	弗雷德里克·S. 希利尔（Frederick S. Hillier）等	978-7-111-69627-8	129.00
管理信息系统（原书第15版）	肯尼斯·C. 劳顿（Kenneth C. Laudon）等	978-7-111-60835-6	79.00
信息时代的管理信息系统（原书第9版）	斯蒂芬·哈格（Stephen Haag）等	978-7-111-55438-7	69.00
创业管理：成功创建新企业（原书第5版）	布鲁斯·R. 巴林格（Bruce R. Barringer）等	978-7-111-57109-4	79.00
创业学（原书第9版）	罗伯特·D. 赫里斯（Robert D. Hisrich）等	978-7-111-55405-9	59.00
领导学：在实践中提升领导力（原书第8版）	理查德·L. 哈格斯（Richard L. Hughes）等	978-7-111-73617-2	119.00
企业伦理学（中国版）（原书第3版）	劳拉·P. 哈特曼（Laura P. Hartman）等	978-7-111-51101-4	45.00
公司治理	马克·格尔根（Marc Goergen）	978-7-111-45431-1	49.00
国际企业管理：文化、战略与行为（原书第10版）	弗雷德·卢森斯（Fred Luthans）等	978-7-111-71263-3	119.00
商务与管理沟通（原书第12版）	基蒂·O. 洛克（Kitty O. Locker）等	978-7-111-69607-0	79.00
管理学（原书第2版）	兰杰·古拉蒂（Ranjay Gulati）等	978-7-111-59524-3	79.00
管理学：原理与实践（原书第9版）	斯蒂芬·P. 罗宾斯（Stephen P. Robbins）等	978-7-111-50388-0	59.00
管理学原理（原书第10版）	理查德·L. 达夫特（Richard L. Daft）等	978-7-111-59992-0	79.00

推荐阅读

中文书名	作者	书号	定价
创业管理（第5版）（"十二五"普通高等教育本科国家级规划教材）	张玉利 等	978-7-111-65769-9	49.00
创业八讲	朱恒源	978-7-111-53665-9	35.00
创业画布	刘志阳	978-7-111-58892-4	59.00
创新管理：获得竞争优势的三维空间	李宇	978-7-111-59742-1	50.00
商业计划书：原理、演示与案例（第2版）	邓立治	978-7-111-60456-3	39.00
生产运作管理（第6版）	陈荣秋 等	978-7-111-70357-0	59.00
生产与运作管理（第5版）	陈志祥	978-7-111-74293-7	59.00
运营管理（第6版）（"十二五"普通高等教育本科国家级规划教材）	马风才	978-7-111-68568-5	55.00
战略管理（第2版）	魏江 等	978-7-111-67011-7	59.00
战略管理：思维与要径（第4版）（"十二五"普通高等教育本科国家级规划教材）	黄旭	978-7-111-66628-8	49.00
管理学原理（第2版）	陈传明 等	978-7-111-37505-0	36.00
管理学（第2版）	郝云宏	978-7-111-60890-5	49.00
管理学高级教程	高良谋	978-7-111-49041-8	65.00
组织行为学（第4版）	陈春花 等	978-7-111-64169-8	49.00
组织理论与设计	武立东	978-7-111-48263-5	39.00
人力资源管理（第2版）	刘善仕 等	978-7-111-68654-5	55.00
战略人力资源管理	唐贵瑶	978-7-111-60595-9	39.00
市场营销管理：需求的创造与传递（第5版）（"十二五"普通高等教育本科国家级规划教材）	钱旭潮 等	978-7-111-67018-6	49.00
管理经济学：理论与案例（"十二五"普通高等教育本科国家级规划教材）	毛蕴诗 等	978-7-111-39608-6	45.00
基础会计学（第2版）	潘爱玲	978-7-111-57991-5	39.00
公司财务管理（第2版）	马忠	978-7-111-48670-1	65.00
财务管理	刘淑莲	978-7-111-50691-1	40.00
企业财务分析（第4版）	袁天荣 等	978-7-111-71604-4	59.00
数据、模型与决策：管理科学的数学基础（第2版）	梁樑 等	978-7-111-69462-5	55.00
管理伦理学	苏勇	978-7-111-56437-9	35.00
商业伦理学	刘爱军	978-7-111-53556-0	39.00
领导学	仵凤清 等	978-7-111-66480-2	49.00
管理沟通：成功管理的基石（第4版）	魏江 等	978-7-111-61922-2	45.00
管理沟通：理念、方法与技能	张振刚 等	978-7-111-48351-9	39.00
国际企业管理	乐国林	978-7-111-56562-8	45.00
国际商务（第4版）	王炜瀚 等	978-7-111-68794-8	69.00
项目管理（第2版）（"十二五"普通高等教育本科国家级规划教材）	孙新波	978-7-111-52554-7	45.00
供应链管理（第6版）	马士华 等	978-7-111-65749-1	45.00
企业文化（第4版）（"十二五"普通高等教育本科国家级规划教材）	陈春花 等	978-7-111-70548-2	55.00
管理哲学	孙新波	978-7-111-61009-0	59.00
论语的管理精义	张钢	978-7-111-48449-3	59.00
大学·中庸的管理释义	张钢	978-7-111-56248-1	40.00